Reinhild von Brunn

Reisegast
in Ägypten

Herausgeber der Reihe Reisegast:

Buch & Welt GmbH

IWANOWSKI'S *i* REISEBUCHVERLAG

www.iwanowski.de

Hier finden Sie aktuelle Infos
zu allen Titeln, interessante Links –
und vieles mehr!

© 2007 Buch & Welt GmbH, München
und Iwanowski's Reisebuchverlag, Dormagen

1. Auflage 2007

Konzept, Redaktion, Bildredaktion: Buch & Welt GmbH, München

Lektorat: Ute Diergarten-Wandel, München

Fachberatung: Osman Ragheb, München

Projektleitung (Iwanowski): Rüdiger Müller, Dormagen

Satz und Produktion: Rolf Eder, Glonn

Bildnachweis:
Volkmar E. Janicke Titelbild, Umschlagseite 3 (zwei Motive) und Seite 2, 3, 9,
10/11, 12, 14, 15, 17, 23, 24, 26, 31, 34, 36, 37, 40, 41, 42, 46, 48, 50, 51, 57,
64/65, 66, 70, 73, 74, 78, 83, 84, 87, 92, 98, 101, 102, 105, 106, 112, 118, 120,
122, 128, 130, 133, 134, 136, 137, 139, 140, 142, 145, 146, 152, 156, 158, 165,
170, 176, 180, 184, 186, 188, 190/191, 200.
Konstanze Abouleish Seite 68, 80.
Erika Camargo Seite 22, 33, 38, 59, 96, 160, 182.
Werner Schönau Seite 30, 90, 162, 193.
Anja Söger Seite 199.
Chicko Strunk Seite 45, 108.
Reinhild von Brunn Seite 11, 20, 21, 44, 55 (beide Motive), 76, 85, 100, 116,
124, 132, 148, 150, 154, 175, 203, 208.
wikipedia Seite 189.
Leo Purmann Cartoons Seite 209–215.
Rolf Eder Karte Seite 18.

Gesamtherstellung: B.o.s.s.-Druck und Medien, Goch

ISBN: 978-3-933041-36-4

Inhalt

Hausen, Wohnen, Residieren

Einkaufen im Paradies

Deine Hand sei gesegnet! – Essen und genießen

Kleidung: Lieber over- als underdressed

Rollenspiele

Vorwort von Reinhild von Brunn
»Suchst du ein Ägypten, so findest du hundert«

Abdallah Mahmoud – kein Philosoph, sondern ein schlichter Blumenhändler aus Kairo gab mir dies mit auf den Weg, als ich mich vor nunmehr über einem Vierteljahrhundert erstmals um einen Zugang zu den Menschen im »Land der Pharaonen« bemühte. Finden wir am Fuß der Pyramiden die Wiege der abendländischen Kultur oder des muslimischen Fundamentalismus? Es kommt darauf an, wen wir danach fragen.

Oben:
Chephren-
Pyramide
und Sphinx,
Gizeh

Wie demokratisch geht es am Nil zu? Fühlen sich die dort Lebenden arm oder reich? Orientiert sich Ägypten nach Westen oder Osten? Woher kommt die Attraktion des Landes auf uns Europäer? Ägyptens geschichtliche und kulturelle Tiefe, seine »Einheit im Widerspruch« — sie irritieren und faszinieren den Besucher und lassen ihn nicht wieder los.

Wie soll sich ein Ausländer orientieren?

Seit der ersten Veröffentlichung meiner in einem Buch zusammengefassten Ägypten-Erfahrungen sind 17 Jahre vergangen. Inzwischen hat sich das Land sehr verändert. Meine gleichaltrigen weltoffenen Freunde am Nil sind darüber Großeltern geworden. Sie schütteln heute verwundert die Köpfe über ihre erwachsen gewordenen Kinder: Ihre bärtigen Söhne lehnen den Aperitif vor dem Abendessen ab, stehen im Morgengrauen zum Beten auf, ihre Töchter kleiden sich in graue Gewänder und werfen sich die Haube über, wenn auch nur der zahnlose Koch um die Ecke schaut. Als hätte sich die Welt verkehrt zwischen Alt und Jung: Wollen die »alten« Eltern heutzutage mal »über die Stränge schlagen«, müssen sie warten, bis die Moralwächter der neuen Generation das Haus verlassen und ausgehen. Bei meinem letzten Ägyptenaufenthalt habe ich dies einigermaßen erstaunt zur Kenntnis genommen.

Nach welcher der beiden Seiten soll sich ein Ausländer nun orientieren, wenn er in Ägypten zu Gast ist, sei es für nur kurze oder auch längere Zeit. Nicht dass Deutschland sich einem Ägypter gar so einheitlich präsentierte. Wie passt bayerischer Lederhosen-Look zu den flippigen Fans der Berliner Love Parade? Wie Dunja Hayali mit deutschem Pass zu Michael Schulz? Wir Deutsche haben uns daran gewöhnt, Ungereimtes in unserer Heimat automatisch in »Gruppenkästchen« einzusortieren, zu ignorieren, entweder als »deutsch« anzuerkennen oder als »importiert« zurückzuweisen. Das will uns im fremden Land nicht gelingen. Dort suchen wir nach einem Raster, das uns hilft, die Merkwürdigkeiten zu deuten und richtig darauf zu reagieren.

Unsicherheit ist keine Schande.

Ägyptens Anziehungskraft lebt primär von der herzlichen, warmen und gastlichen Art des zwischenmenschlichen Umgangs. Seiner freundlichen Umarmung kann sich keiner entziehen. Wir sehen uns als Ausländer auf einen Sockel gestellt, der uns peinlich daran erinnert, wie wir daheim mit Fremden umgehen. Andererseits spüren wir eine starke Empfindlichkeit, mit der unsere ägyptischen Gastgeber auch noch die leiseste Kritik unsererseits registrieren, obwohl sie versuchen, ihre Verletztheit zu verbergen.

Wie können Deutsche und Ägypter miteinander offen kommunizieren, über alle Unterschiede hinweg? Zugegeben, einfach ist es nicht. Möglich aber doch. Am besten nehmen wir uns selber nicht so ernst und fragen viel, zeigen unsere Unsi-

cherheit unverblümt. Denn diese ist keine Schande. Ein befreiendes Lachen auf beiden Seiten beweist, dass wir einen verdeckten Konflikt vermieden haben. Und davon lauern in Ägypten für den noch unerfahrenen Reisenden viele. Neugierig geworden? Dieser vorliegende Band *Reisegast in Ägypten* möchte kulturelle Hintergründe erhellen und Ideen vermitteln, wie neuen und ungewohnten Situationen im Ägypten von heute zu begegnen ist.

Über die Autorin

Reinhild Margarita von Brunn, M. A., geboren 1947, lebte mit Mann und drei Söhnen von 1980 bis 1983 in Kairo. Begeistert vom kulturellen Reichtum des Landes gründete sie damals die deutschsprachige Monatszeitschrift *Papyrus,* um Ausländern das Einleben in Ägypten zu erleichtern. Die *Papyrus*-Redakteure, mehrheitlich deutsche Ehepartnerinnen von Ägyptern, leisten seit 25 Jahren ei-

nen wichtigen Beitrag zur Verständigung zwischen den Kulturen. Nach ihrer Rückkehr studierte die Autorin die arabische Sprache und Kultur am Institut für Geschichte der arabisch-islamischen Wissenschaften in Frankfurt am Main. Mehrere Jahre lang vermittelte sie nach Ägypten ausreisenden Fachkräften aus Wirtschaft und internationaler Kooperation landeskundliche Kenntnisse im Auftrag der Deutschen Stiftung für Internationale Entwicklung in Bonn. 1989 schrieb sie den *Kultur-Knigge Ägypten,* auf dem dieses Buch aufbaut. Sie lacht gern: »Was ich früher selber falsch gemacht habe, biete ich heute als wertvolle Erfahrung anderen an«. Auch nach einem Jahrzehnt im Marketing europäischer Konzerne wie Siemens und Lafarge bleibt die interkulturelle Kommunikation weiterhin ein Thema für Reinhild M. von Brunn. Sie beschäftigte sich zuletzt sechs Jahre lang mit Museografie in Bolivien und lebt heute in Chile, ohne je den Kontakt mit Ägypten verloren zu haben. Sie widmet das Buch Salma Galal und Farid Abou Alam und allen ägyptischen Freundinnen und Freunden, die es verstanden haben, sie mit ihrer Liebe zu ihrem Land für immer anzustecken.

Unten:
Silhouette
von Kairo

Binnen vier Stunden in einer anderen Welt

Ab in den Orient!

Der moderne europäische Reisende findet vielfach nicht die Muße, sich innerlich auf seine neue Umgebung einzustellen. Er ist in seiner voll klimatisierten Jumbo-Kabine innerhalb von vier Stunden zehnmal weiter geflogen, als er glaubt. Das Fliegen hat ihm sein Gefühl für die tatsächliche Entfernung genommen. Hätte er die Chance gehabt, auf dem Landweg über Griechenland, die Türkei und Syrien wie ehedem zu Pferde gemächlich in den Orient hineinzutraben, würde ihm Ägypten vom ersten Augenblick an fast vertraut erscheinen. So aber erfährt er sich brüsk hineingeworfen in eine andere Welt mit neuem Klima, fremden Gerüchen, Lauten, Regeln. »Normal« ist plötzlich eigenartig, »seltsam« die Norm. Er ist im Orient gelandet.

Abstellgleise

Ägypten ist für den, der hin will, nicht weit.

Gern werfen die deutschen Medien den ganzen Nahen Osten in einen »Terroristentopf«. Zumindest entsteht dieser Eindruck, da tagtäglich vor allem aus den dortigen Krisenregionen berichtet wird. Und Ägypten liegt mittendrin. Das hat Auswirkungen auf das Reiseverhalten der Touristen. In der Tat ist Sicherheit zu einem relativen Begriff geworden.

Spätestens nach dem mörderischen Attentat im Tal der Könige 1997 hat sich deshalb das Angebot der europäischen Reiseveranstalter für Ägypten radikal verändert. Tauchgänge plus Badeaufenthalt etwa an den Stränden der Sinai-Halbinsel laufen den Pyramiden inzwischen den Rang ab. Gepflegte Hotelanlagen am Roten Meer, die sich von denen in der Dominikanischen Republik allenfalls im Tausend-und-eine-Nacht-Dekor unterscheiden, gewährleisten eine beruhigende Allerweltsatmosphäre. Wirklich ägyptisches Leben erlebt aber nur derjenige, der den sicheren Strand verlässt und sich ins Menschengewühl am Nil stürzt.

Offen sein für Unbekanntes!

Wer sich auf Ägypten einlässt, muss offen sein und sich wundern können: Die einen schwärmen von unsagbar schönen Landschaften, Herzlichkeit und Gastfreundschaft, von uralter Geschichte und Kultur. Die anderen klagen über Bettelei, Aufdringlichkeit und Dreck. Ob des Reisenden Stimmungspendel zur einen oder zur anderen Seite ausschlägt, hängt weniger von seinen Erlebnissen ab als von seiner inneren Einstellung: Ägyptische Wirklichkeit ist beides. Die schmutzigen Straßenkinder, die sich mit Ihrem bisschen Bakschisch nicht zufriedengeben und Sie als Touristen nachhaltig nerven, ebenso wie die gepflegte Familie aus Ihrem ägyptischen Bekanntenkreis, die Ihnen selbstverständlich ihr Sommerhaus für die Zeit Ihres Urlaubs zur Verfügung stellt.

Links:
Lastkamele am Nil-
seitenkanal

INFO

Ägypten ist der Nil – eine quantitative Annäherung

- ▶ **Bevölkerung:** 74 Millionen (Zuwachs pro Jahr: ca. eine Million)
- ▶ 98 % der Bevölkerung leben auf 4 % der Landesfläche (so, als lebten alle Deutschen in Niedersachsen)
- ▶ **Bevölkerungsdichte:** 73 Einwohner pro Quadratkilometer
- ▶ **Einwohner Groß-Kairo:** 16 Millionen (Nordrhein-Westfalen: 18 Millionen)
- ▶ **Lebenserwartung** Frauen: 74 Jahre, Männer: 69 Jahre
- ▶ 65 % der Ägypter sind jünger als 30 Jahre, die 14jährigen stellen ein Drittel
- ▶ **Säuglingssterblichkeit:** 3,1 %
- ▶ Ohne WC und Trinkwasser-Anschluss: 20 Millionen
- ▶ Offizielle **Analphabetenrate:** 30 %
- ▶ 85 % der Beschäftigten unversichert
- ▶ **Ägyptische Gastarbeiter** in arabischen Nachbarländern: ca. 2 Millionen

- ▶ **Landwirtschaftliche Nutzfläche:** 3 %
- ▶ **Wirtschaftswachstum:** 7 %
- ▶ **Inflation:** 4,2 %
- ▶ **Schiffe pro Jahr im Suez-Kanal:** 15 000 (14 % der weltweit transportierten Schiffsfracht)
- ▶ **Flughäfen** mit geteerter Piste: 72
- ▶ **Telefonanschlüsse:** 11 Millionen
- ▶ **Handys:** 14 Millionen
- ▶ **Internet-Nutzer:** 5 Millionen
- ▶ **Computer:** 3 Millionen
- ▶ **Erdgasproduktion:** 27 Milliarden Kubikmeter, wird komplett im Inland verbraucht
- ▶ **Export-Partner:** USA 13,4 %, Italien 9,6 %, Spanien 7,8 %, Syrien 6 %, Frankreich 4,9 %, Deutschland 4,9 %, England 4,5 %
- ▶ **Import-Partner:** USA 10,8 %, Deutschland 7,3 %, China 6,6 %, Frankreich 6,4 %, Italien 5,9 %, Saudi-Arabien 4,5 %

- ▶ **Moscheen:** ca. 70 000
- ▶ **Kirchen:** ca. 250
- ▶ **Universitäten:** 22

Quellen:
Central Bank of Egypt *(www.cbe.org.eg);* iXPOS – Das Außenwirtschaftsportal *(www.ixpos.de);* Konrad-Adenauer-Stiftung, Länderbüro Ägypten *(www.kas.de);* Egypt Today *(www.egypttoday.com);* Bundesagentur für Außenwirtschaft *(www. bfai.de);* CIA – The World Factbook *(https://www.cia.gov/library/publications/ the-world-factbook/geos/eg.html,* deutsche Version: *www.welt-in-zahlen.de)*

Symptome des Schocks – Vorbeugung und Therapie

»Ein Atom ist leichter zu spalten als ein Vorurteil.«
Albert Einstein

Sie planen also unbeirrt eine Ägyptenreise, erwarten mehr als nur einen Strand-
urlaub, wollen vielleicht sogar für eine Zeitlang bleiben, dort arbeiten und
leben, womöglich mit der ganzen Familie? Dann werden Sie es unweigerlich
erfahren: Die Erschütterung des eigenen Weltbildes und die Erkenntnis, dass es
mehrere Nabel der Welt gibt, kann – außer zu Heimweh – auch zu neuartiger
Heimatliebe führen.

Noch im Flugzeug können Sie dem Kulturschock allerdings mit einem kleinen
Trick vorbeugen. Putzen Sie Ihre »innere Festplatte«, leeren Sie Ihren Kopf von
eingravierten Stereotypen, von denen einige sich schon in betonharte Vorurteile
verwandelt haben. Nehmen Sie ein Blatt Papier und schreiben Sie auf: »Wie
stelle ich mir einen Ägypter, eine Ägypterin, einen ägyptischen Fremdenführer,

*Putzen Sie
Ihre »innere
Festplatte«!*

Ägyptische
Wirklich-
keit, Deirut

einen Geschäftsmann, ein Hotelzimmer, eine Hochzeit, einen Kamelmarkt, den Alltag meiner Kollegen und so weiter … vor?« Notieren Sie alles bis ins Detail mit Farben, Lauten und Gerüchen.

So, nun wissen Sie wenigstens, was Sie insgeheim erwarten. Einiges mag stimmen, vieles aber auch nicht. Am verhängnisvollsten wirken diese unbewussten Brocken, wenn sie unerkannt unsere Wahrnehmung der Wirklichkeit trüben. An den meisten Stereotypen ist etwas Wahres, aber keines stimmt vollständig: Nicht alle Ägypter rauchen Wasserpfeife, nicht alle Deutschen trinken Bier, nicht alle Engländer Tee, nicht alle Schotten Whisky und nicht alle Franzosen Wein.

Und es erwischt Sie doch.

Ja, und dann erwischt es Sie trotzdem. Nach Ihrer ersten, himmelhoch jauchzenden Begegnung mit allem, was Sie in Ägypten »exotisch« anmutet, können Sie Seltsames an sich beobachten:

▶ Sie werden plötzlich übergenau und achten strengstens auf Sauberkeit, selbst wenn Sie sich zu Hause eher locker kannten. Sie geraten außer sich, wenn etwas anders verläuft, als Sie es planen.

▶ Sie brauchen Ihre deutschsprachige Clique um sich, denn nur von diesen Mitmenschen glauben Sie sich verstanden.

▶ Sie fürchten ständig, übers Ohr gehauen zu werden. Ihr Kontakt zu Ägyptern beschränkt sich auf das Notwendigste und bereitet Ihnen jedes Mal »Stress«.

▶ Sie fühlen sich körperlich krank, leiden an Verdauungs- oder Hautproblemen, sind überzeugt, Luftverschmutzung und Essen seien daran schuld.

▶ Sie finden die arabische Sprache unüberwindlich schwierig und verspüren auch keine Lust, sie zu erlernen.

▶ Sie vergraben sich, lesen und essen viel, schreiben lange Mails an alte Freunde daheim …

»Wenn du dich entwurzelt fühlst, wurzle neu und fang schnell an zu blühen.«
Claire Francy (Herausgeberin des unentbehrlichen *Cairo Practical Guide*)

Dem Kulturschock entgehen!

Dieser Phase des Leidens entkommen Sie jedoch schnell, wenn Sie einige Tipps beherzigen:

▶ Immer mit der Ruhe! *(šwayya šwayya!* شوية شوية*)* Schonen Sie sich. Ihr Organismus muss sich an Hitze, Essen und den neuen Arbeitsrhythmus gewöhnen. Niemand verlangt, dass Sie gleich mit Höchstleistungen auftrumpfen.

▶ Beobachten Sie vielmehr zunächst Ihre Umgebung, die Umgangsformen, schreiben Sie Tagebuch.

▶ Versuchen Sie, ins Gespräch zu kommen, und sei es nur mit Händen und Füßen. Lernen Sie unbedingt das ägyptische Alltagsarabisch. Sprachführer passen in jede Handtasche.

▶ Meiden Sie Personen, die über Ägypten stets schimpfen. Unmut steckt an. Viele Auslandsgemeinden bieten Informationen für Neuankömmlinge und Freizeitaktivitäten an, z. B. die amerikanische *Community Services Association*. Nehmen Sie Ihre Kinder mit und geben Sie Ihren Hobby-Gelüsten nach.

▶ Beachten Sie das Zusammenwirken von Körper und Seele. Wer zu Hause unter Grippe leidet, wird auch dort gemütskränkelnd. Und es wird derjenige schneller krank, der sich in Ägypten unglücklich fühlt.

▶ Lernen Sie Backgammon *(ṭaula* طاولة*)* spielen, eine der nationalen Leidenschaften. Ein guter Weg zum Kontakt mit Ägyptern jeden Alters.

▶ Gehen Sie vorzugsweise zu Fuß. Überwinden Sie Ihre anfängliche Furcht, indem Sie als Frau eine hilfreiche Nachbarin, als Mann einen Nachbarn um Begleitung bitten.

▶ Erinnern Sie sich, dass Sie auch zu Hause nicht alle Leute gleich nett fanden? Ägypter sind ebenfalls Einzelwesen mit sehr unterschiedlichen Charakteren. Auch unter ihnen muss man sich Freunde erst suchen.

▶ Schützen Sie Ihre Privatsphäre! Arbeits-, Essens- und Schlafenszeiten liegen anders als zu Hause, und das Verständnis für Ihr Bedürfnis nach Ein- oder Zweisamkeit fehlt. Erklären Sie dem Hausbesitzer oder Vermieter Ihrer Wohnung oder dem Personal, falls Sie welches haben, wann Sie ungestört sein wollen, essen oder ausruhen möchten.

Nicht alle Ägypter rauchen Wasserpfeife, aber diese beiden in Shirbin am Nil.

Dieser Kulturschock war übrigens nicht Ihr letzter: An ägyptische Verhältnisse während eines längeren Aufenthaltes gewöhnt, kann Sie wieder zurück in Deutschland Ähnliches erwarten. Nach Ihrer Heimkehr werden Sie meinen, keiner höre Ihnen zu, wenn Sie von Ägypten erzählen. Sie vermissen die ägyptische Liebenswürdigkeit und finden es äußerst schwierig, sich wieder auf Ihre alte deutsche Umgebung einzustellen. Versuchen Sie deshalb, nicht dort anzuknüpfen, wo Sie vor Jahren aufgehört haben, sondern schauen Sie sich nach neuen Aktivitäten und Gruppen in Ihrer Heimat um.

Eingeklemmt zwischen streitenden Nachbarn

Friedlicher Alltag in Ägypten?

Ein paar Einblicke in zeitgeschichtliche und politische Zusammenhänge tragen ebenfalls zum besseren Verständnis Ihrer ägyptischen Gastgeber bei. Kriege prägen die jüngere Geschichte des Nahen Ostens. Kriege um den Weg nach Asien, ums Öl und um die Macht. Ägypten sitzt dabei zwischen allen Stühlen. Eingekeilt zwischen Libyens Ghaddafi im Westen, dessen politischer Zickzack-Kurs vom einstigen »Amerika-Hasser« zu einem dem Westen wohl gesonnenen »Musterknaben« irritiert, und Israels mühsam gebremstem Expansionskurs im Osten, Wand an Wand mit den zum Selbstmord bereiten Palästinensern im Gaza-Streifen und den allgemeinen Solidaritätsansprüchen der Arabischen Liga. Im Süden drängen sudanesische und somalische Flüchtlinge über die ägyptische Grenze, zeitweilig sogar Rebellen aus dem Tschad. Friedlicher Alltag in Ägypten – fast ein Wunder.

Kriege und Konflikte im Nahen Osten

1916: Sykes-Picot-Abkommen zwischen England und Frankreich, die Arabien unter sich aufteilen. England erhält Irak, Transjordanien und Palästina als »Mandatsgebiete«. Frankreich erhält Syrien und den Libanon.

1917: Balfour Declaration, mit der England dem jüdischen Volk »eine nationale Heimstätte in Palästina« verspricht.

1948/49: Die Vereinten Nationen teilen Palästina in zwei Hälften, um beiden Völkern einen eigenständigen Staat zuzuweisen. Dieses akzeptieren nur die Juden, woraufhin einseitig der Staat Israel ausgerufen wird. Ägyptische, jordanische, syrische, libanesische und irakische Truppen greifen Israel tags darauf an. Israel bereitet der arabischen Koalition eine empfindliche Niederlage. 1,3 Millionen Palästinenser fliehen oder werden vertrieben.

1956: Suez-Krise. Am 26. Juli 1956 verstaatlicht der ägyptische Staatspräsident Nasser die mehrheitlich britische Suez-Kanal-Gesellschaft. Israel, unterstützt von England und Frankreich, greift Ägypten an. 1957 werden UN-Truppen in der Pufferzone stationiert. Die USA treten auf den Plan.

1967: Sechs-Tage-Krieg. Die israelischen Streitkräfte zerstören drei Viertel der ägyptischen Luftwaffe, erobern die Sinai-Halbinsel und den Gaza-Streifen. Vernichtende Niederlage für Ägypten.

1973: Oktoberkrieg. Mit einem Überraschungsangriff am israelischen Feiertag Yom Kippur erobert Ägypten zunächst einen Teil des Sinai zurück, wird später zurückgedrängt. Syrien und Jordanien greifen unterstützend ein. Ölboykott der arabischen Länder.

1977: Überraschungsbesuch Präsident Sadats bei Menachem Begin in Israel.

1978: Friedensverhandlungen in Camp David mit US-Präsident Jimmy Carter zwischen Israel und Ägypten. In der Folge: Rückgabe des Sinai.

1979 – 88: Erster Golfkrieg. Irak greift Iran an. Obwohl Irak von der westlichen Welt, Sowjetunion und China unterstützt wird, kommt es erst 1988 zum Waffenstillstand. Irak geht ausgeblutet, aber hochgerüstet aus dem Krieg hervor.

1990/91: Zweiter Golfkrieg. Irak marschiert in Kuwait ein. Die Kriegsallianz, an der sich die USA und u. a. Ägypten (belohnt durch amerikanischen Schuldenerlass) beteiligen, befreit Kuwait. Krieg und nachfolgende Wirtschaftssanktionen gegen den Irak haben Verelendung der Bevölkerung zur Folge.

1993: Osloer Friedensabkommen zwischen PLO und Israel. Selbstverwaltung der Palästinenser wird anerkannt.

2003: Dritter Golfkrieg. USA unterstellt Irak die Produktion von Massenvernichtungswaffen und attackiert das Land mit Hilfe der »Koalition der Willigen«. Die Waffen werden nicht gefunden, eine Befriedung kommt nicht zustande. Ägypten beschließt, keine Soldaten in Krisengebiete zu schicken.

2006: Hizbollah-Israel-Konflikt. Stationierung europäischer UN-Truppen im Südlibanon.

Kompli-
zierte
Vettern

Äußerst komplex und kaum zu erklären: das Verhältnis Ägyptens zu Saudi-Arabien. Dort liegt der heiligste Wallfahrtsort Mekka, wohin jeder fromme Muslim einmal in seinem Leben pilgern soll und will. Dort arbeiten fast eine Million Ägypter als »Erdöl-Proletariat«. Dort wachen einerseits wahabitische Fundamentalisten (vgl. Seite 56) über die Renaissance des Ur-Islam und strahlen ihre strengen Botschaften über mehrere Radio- und Fernsehsender aus, bis hin ins letzte ägyptische Dorf. Andererseits landen alljährlich Tausende vergnügungssüchtiger Saudis auf dem Kairiner Flughafen und verprassen ihre Petrodollars keineswegs korankonform in den Nachtclubs der Feisal-Straße in Gizeh. Nun ja, das reiche Beduinenvolk kann den Erben der vieltausendjährigen Nilkultur auf keinen Fall das Wasser reichen – meinen die Ägypter und grübeln: Warum sind sie dann reich und wir nicht?

Kein Wort
über Israel!

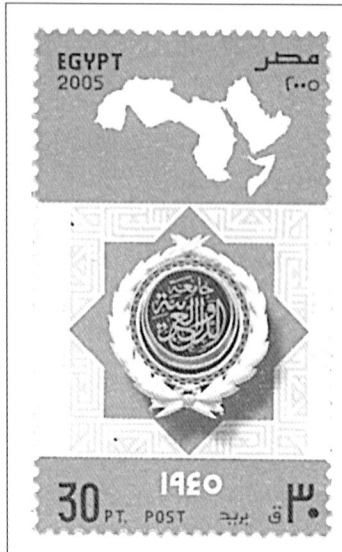

Auf eine
Briefmarke
gebannt:
Solidari-
täts-An-
spruch der
Arabischen
Liga

Israel bereitet auch nach Sadats Friedensabkommen die größten Probleme. Immer wieder werden palästinensisch-israelische Konflikte auf ägyptischem Rücken ausgetragen. Die arabischen Verbündeten feuern periodisch zum Kampf gegen den »Eindringling« Israel an und nötigen sowohl Jordanien als auch Ägypten zur Konfrontation, obwohl den drei Staaten ein friedliches Zusammenleben viel zuträglicher wäre. Kein Ausländer sollte das heikle Thema anschneiden, wenn er nicht im Streit mit allen Beteiligten enden will! Interessanterweise zeigt eine aktuelle Nordafrika-Karte für den ägyptischen Schulgebrauch nur den Gaza-Streifen, das Westjordanland und »Palästina«. Klare Botschaft an die Schüler: Israel existiert nicht!

Amerika
nagt am
National-
stolz.

Von Westen her fordert die übermächtige graue Eminenz aus Übersee, ohne deren milliardenschwere Finanzspritzen am Nil Ziviles und Militärisches zusammenbräche, ihren Tribut an Loyalität, ständig und unmissverständlich. Die USA reklamieren Demokratie, freie Wahlen und Entgegenkommen in Richtung Israel. Dass drei von fünf Broten und acht von zehn Panzern amerikanisches Geschenk sind, nagt am Nationalstolz. Ägypten erhält nach Israel die umfangreichste amerikanische Unterstützung weltweit.

Hausgemachte Probleme tun ein Übriges: Der kaum gebändigte Babyboom erhöht den sozialpolitischen Druck vor allem in den Städten. Und dennoch hat der nach Sadats Ermordung 1981 als »Übergangspräsident« herbeigeholte Präsident Hosni Mubarak ein Vierteljahrhundert lang mit Hilfe des immer wieder verlängerten Notstandsgesetzes einen brüchigen Frieden im Land und ein ebenso zerbrechliches Gleichgewicht in der Außenpolitik bewahrt. Im Schulterschluss mit den religiösen Würdenträgern der Al-Azhar-Moschee und einem allgegenwärtigen Geheimdienst

Auf jedem Brief Mubarak, Ägyptens Staatspräsident

versuchte er, Extremisten im Zaum zu halten. Ende 2005 ließ er in Ägypten erstmals eine Parlamentswahl mit mehreren Parteien zu. Aus dieser umstrittenen Wahl, an der nur 23 Prozent der Berechtigten teilnahmen, ging der 77jährige Mubarak nach offiziellen Angaben mit 88 Prozent der Stimmen für eine fünfte Amtszeit gewählt hervor. Sein Sohn Gamal wird als Nachfolger gehandelt, sehr zum Ärger der Opposition.

Wir können uns die Situation besser erklären, wenn wir uns vorstellen, dass etwa der ehemalige Bundeskanzler Kohl seine Amtszeit bis heute verlängert hätte, ununterbrochen per Notstandsgesetz regieren und seinen Sohn Peter als Kronprinz fördern würde.

Aus dem festen Händedruck der beiden Staatsmänner entstand übrigens eine segensreiche Einrichtung: Seit 1996 bilden deutsche Berufsschullehrer im Rahmen der »Mubarak-Kohl-Initiative« ägyptische Lehrlinge im dualen System aus.

Angst ist kein guter Ratgeber

Überfälle von Terroristen unterschiedlicher fanatischer Couleur in Märkten, U-Bahnen, Kirchen, Moscheen und touristischen Anlagen nehmen weltweit zu. Die Reisewarnungen des Auswärtigen Amtes sind vor Reiseantritt deshalb immer abzurufen und ernst zu nehmen, denn wer sie nicht befolgt, akzeptiert die juristischen Konsequenzen. Wer vor der Warnung einreiste und in Schwierigkeiten gerät, muss von seinem Reiseveranstalter zurückgeholt werden.

Reisewarnungen ernst nehmen!

Solange keine offizielle Reisewarnung aus Berlin erfolgt, schätzen die in der Regel eher vorsichtigen Mitarbeiter des Auswärtigen Amtes die Lage in Ägypten unkritisch ein. Aktuelle Hinweise des Auswärtigen Amtes finden Sie im Internet. In jedem Fall empfiehlt es sich, eine Rückholversicherung, auch für Krankheit oder Unfall abzuschließen.

Vergessen Sie nie, dass Sie sich in einem islamischen Land aufhalten! Spontane Kundgebungen können in Ägypten jederzeit stattfinden, meist sind diese gegen die eigene Regierung gerichtet, aber auch die Ungläubigkeit der »Westler« kann aufs Korn genommen werden. Und jenen »Westlern« ähneln Sie bedau-

Vorsicht bei Kundgebungen!

*Keine
Sekunde
ohne Poli-
zeiaufsicht*

*Im Notfall
zum Apo-
theker!*

*Melden Sie
sich an!*

erlicherweise. Man erkennt Sie auf Anhieb. Wenn sich also eine erregte Menge zusammenrottet, bleiben Sie nicht neugierig stehen, biegen in eine Seitenstraße ab und versuchen Sie, nicht weiter aufzufallen. Ansonsten keine Sorge! In Mittelägypten und auf intensiv frequentierten Plätzen um Luxor und Assuan lässt einen die Polizei sowieso nicht aus den Augen.

Sollten Sie doch einmal in Not geraten, halten Sie sich an den nächsten Apotheker (*ʾaǧzaǧī* اجزجي). Er spricht englisch; das gehörte zu seinem Curriculum. Oder schlagen Sie sich zur Botschaft auf der Kairiner Insel Zamalek am Fischgarten (*ǧeneinit ʾal ʾasmāk* جنينة الاسماك) durch. Die Telefonnummern der Botschaften und Konsulate ihres Heimatlandes sollten Sie auf jeden Fall im Geldbeutel haben.

Die Botschaft führt eine Datei der in Ägypten ansässigen Deutschen, die allerdings nur so gut sein kann wie sie gepflegt wird. Wollen Sie also länger im Lande bleiben, dann melden Sie sich an – und bei der Ausreise auch wieder ab. Sonst können Sie im Krisenfall nicht benachrichtigt werden. Angst jedoch taugt nicht als Ratgeber. Angst macht unsicher und verleitet zu unüberlegten Reaktionen. Terroristische Anschläge sind nicht vorhersehbar und machen glücklicherweise weniger als ein Prozent des täglichen Lebens aus, sowohl in Potsdam wie in Kairo. Leider geben sich die Medien selten Mühe, den friedlichen Alltag Ägyptens abzubilden, der, genau wie in Deutschland, überwiegt.

Fremd in Ägypten

Keine Chance, als Ausländer in Ägypten nicht sofort erkannt zu werden. Wie auch immer wir uns verkleiden, verstellen, uns anzupassen suchen, wir bleiben doch »die Fremden«. Man erkennt uns schon von weitem an der hellen Haut, am Gang, der schlaksigen Bewegung der Arme, am neugierigen Blick. Da wir allemal auffallen, tun wir's lieber angenehm. »Willkommen, fühl dich wohl!« (ʾAhlān wa sahlān اهلاوسهلا) ertönt es, sobald ein Ausländer sich zeigt. Das mit dem »Wohlfühlen« sollten wir jedoch nicht zu wörtlich nehmen, oder gar als Aufforderung zum westlich-legeren Auftritt missverstehen. Ohnehin treibt unsere Ungeniertheit den Eingesessenen oft genug die Schamröte ins Gesicht.

Ägyptens Sprache kennt zahlreiche Nuancen zur Einordnung von Ausländern. Wertneutral gilt zunächst ʾağnabī (اجنبي) für jeden Nicht-Ägypter. Seltsam ausländisch (ġarīb غريب) kann sich allerdings auch ein Japaner gebärden, obwohl er von Osten angereist ist, das Wort ġarīb aber von »Westen« (ġarb غرب) abstammt. Wer tatsächlich aus dem Westen oder Norden kommt, aus Europa oder den USA, verwandelt sich unweigerlich in einen ḥawāğa (خواجة), sobald er ägyptischen Boden betritt.

Je weniger Geld Ägypter selber zum Reisen haben, womöglich ihrerseits noch nie im Ausland waren, desto mehr schotten sie sich ab und entwerfen ein Zerrbild vom Rest der Welt. Westliche Besucher können daher die Gelegenheit nutzen, dieses – mit viel Takt – ein bisschen zurechtzurücken.

Wiege des Tourismus

»Alle Fremden sind miteinander verwandt.«
Arabisches Sprichwort

Kein anderes Land der Erde besitzt eine derart lange touristische Tradition wie Ägypten. »Den Tempel des Djoser fand ich, wie wenn der Himmel darin wäre und die Sonne aufginge … Möchte doch der Himmel frischen Weihrauch regnen lassen, damit der Ka des Djoser mit Wohlgerüchen übergossen würde«. So das rund 3000 Jahre alte Graffito des Touristen Ahmose im Grabbezirk von Saqqara. Kulturtouristen sind wahrlich nichts Neues. Neu ist ihre Anzahl. War es bis zum Zweiten Weltkrieg zumeist Einzelreisenden mit praller Brieftasche vorbehalten, die geheimnisvolle Gräberwelt am Nil zu studieren, so folgen derzeit jährlich vier Millionen Reiselustige aus aller Welt, darunter eine Million Deutsche, der Einladung des Tourismus-Ministeriums *»Egypt loves you! Come, see yourself!«* Dazu kommt eine steigende Anzahl ägyptischer Schulklassen und inländischer Urlauber.

Nachdem aber Tausende von hitzefeuchten Händen zum Beispiel die Reliefs in den Hallen des Herrn Ti gestreift haben, sind sie kaum mehr erkennbar. Der

Ausgra-
bungen
im Tal der
Könige,
Theben

Atemausstoß staunender Zeitgenossen zerstört zusehends die Farben in den Gräbern des thebanischen Königstals. Deshalb bedecken die Archäologen heute ihre
Funde nach der Katalogisierung wieder mit trockenem Sand, um sie der Nachwelt zu erhalten. Denn nur unter Luftabschluss und in trockener Wärme haben
die Malereien der alten Ägypter Jahrtausende überdauern können.

Individuelles Seien Sie darum nicht enttäuscht, wenn Ihrer Reisegruppe nur das »Übliche«
am besten gezeigt wird. Mit etwas *baqšīš (بقشيش)* und Freundlichkeit können Sie Zugang
mit Führer! zu weniger bekannten und hochinteressanten Stätten finden. Es gibt in Saqqara, Abusir, Maidum, Luxor und Assuan viele Monumente, die offiziell zugänglich, aber für Gruppen nicht begehbar sind. Sie müssen sich nur am Eingang
Ihres Ziels postieren. Ein Wächter wird aus dem Nichts vor Ihnen auftauchen,
Schlüssel und Lampe zücken und Ihnen ein privates kleines Abenteuer ermöglichen. Sie können auch schon von zu Hause aus Kontakt mit archäologischen
Instituten in Kairo aufnehmen und sich zu geführten Exkursionen anmelden
(vgl. Seite 109 ff.).
Anders verhält es sich, wenn Sehenswürdigkeiten für die Öffentlichkeit gesperrt
sind oder das Fotografieren verboten ist. Manche Touristen meinen in solchen
Fällen, Geld regle im Orient alles. Doch der brave Cicerone muss mit Strafen,
schlimmstenfalls Entlassung rechnen, ganz abgesehen vom schlechten Gewissen, das der Tourist häufig unterschätzt.

Tu & Tabu für Last-Minute-Reisende

Tu! Gönnen Sie sich die Zeit, dieses Buch wenigstens durchzublättern!

Tu! Machen Sie sich klar, dass Sie auf dieser Reise zum Botschafter Ihres Heimatlandes befördert sind und vor tausend aufmerksamen Augen im Rampenlicht stehen werden.

Tu! Betrachten Sie die Straße als öffentlichen Raum, der keine (!) Blöße an Ihrem Körper duldet.

Tu! Kaufen Sie sich leichte Baumwollkleidung, die Ihren Körper vom Hals bis zum Knöchel bedeckt.

Tu! Packen Sie Ihren Sonnenhut, Sonnenbrille und Sonnenschutzcreme mit Lichtschutzfaktor 30 ein.

Tu! Wenn Sie Menschen fotografieren, tun Sie es unbemerkt oder fragen Sie vorher und zeigen Sie das digitale Bild dann auf dem Display. Gestellte Fotos in Festkleidung werden bevorzugt.

Tabu! Männer mit kurzen Hosen und offenen Hemden über krausem Brusthaar, Frauen ohne Büstenhalter, in Shorts und Trägertops.

Tabu! Alkoholtrinken in der Öffentlichkeit, d. h. im Straßencafé, ist untersagt!

Tabu! »Bango« wird Haschisch genannt. Dies ist, wie alle Drogen, überall erhältlich und strikt verboten.

Wie sag ich's meinem Volke?

Tourismus muss sein, denn er bringt Devisen. Und wo das Kulturgeschäft an Grenzen stößt, bleibt immer noch die Natur-Reserve. Mobile Senioren waren um1980 die ersten, die mit doppelstöckigen Selbstversorger-Bussen die Wüste eroberten. Sie campten wild und genossen das elementare Erlebnis sternenheller Wüstennächte, heißer Quellen und friedlicher Kamelherden. Später durchstreiften individuelle »Naturliebhaber« Wanderdünen und Palmenhaine. Ihre Fährte war leicht auszumachen an kleinen Häufchen von Würstchendosen, Bierflaschen, malerisch verwehtem Toilettenpapier und stabilen Papierwindelpaketen.

Um solche Ausflüge einerseits für die ägyptische Wirtschaft rentabler, andererseits für die Landschaft schonender zu gestalten, wurden vor nunmehr über zwei Jahrzehnten an Süd- und Ostküste der Sinai-Halbinsel Bungalow-Dörfer, Tauchschulen, neue Hotels, Flughäfen, Wasserleitungen und Straßen geradezu aus dem Boden gestampft, die Küste des Roten Meeres für den Tourismus erschlossen. Dasselbe wiederholt sich heute am Mittelmeer. Gleichzeitig begann man aber auch, bestimmte Gebiete unter Naturschutz zu stellen, immerhin 24 sind es insgesamt, darunter das herrliche Korallenparadies um Ras Muhammad.

Touristen setzen hohe Standards. Selbst auf dem Nilschiff verlangen sie täglich frische Wäsche, klimatisierte Kabinen, ein ausladendes Buffetdiner und Alkohol schon am Nachmittag. Obwohl der Koran das Glücksspiel verbietet, drehen die

Sichtbare Widersprüche

Traum-
strand bei
Nuweiba,
Sinai

Croupiers das Rad im Casino von Taba Heights – Zutritt für Ägypter verboten.
Der Unterschied zwischen dem luxuriösen Hotelambiente und dem bitteren Alltag des gastgebenden Volkes könnte größer nicht sein.

*Gruppen-
zwang mit
hohem
Standard*

Um einen unmittelbaren Zusammenprall der Gegensätze von Arm und Reich
von westlich locker und streng traditionell zu vermeiden, ist gelenkter Gruppen-
tourismus erwünscht. Wo – wie in Nuweiba am Golf von Aqaba – alles neu oder
künstlich ist, das Feriendorf, das importierte Essen, die zugezogenen Arbeitskräfte, dort, so meinen die Tourismusstrategen in Kairo, sei nicht viel Gewach-
senes zu zerstören. Und im Tross ließen sich Ausländer am besten schützen. Wer
hingegen alleine querfeldein durch die Wüste zu wandern gedenkt, muss damit
rechnen, von Militärposten aufgegriffen zu werden. Wie ein verlorenes Schaf
bringt man ihn rasch wieder zur Herde zurück.

Also sicherheitshalber lieber in der Sonne oder im eigenen Saft schmoren? Touristen erleben die Folklore im klimatisierten Speisesaal, Getränke exklusive, den
Vorzeige-Beduinen beim organisierten Ausflug, eine geheimnislose Fußgänger-
zone statt des erhofften einheimischen Basars … Wer sich aus dieser Kunstwelt
auszubrechen traut, muss Spielregeln beachten. Denn der Fremde ist nicht nur
Tourist, er ist meist auch *ḥawāǧa*. Und *ḥawāǧa* klingt in ägyptischen Ohren
nicht allzu gut. Im vorigen Jahrhundert lautete so die Bezeichnung für Christen
aus dem Norden, für Kolonialherren mit ihrem oftmals arroganten Führungs-
anspruch: Keineswegs eine Gewähr für unkomplizierten Umgang.

Napoleon ist an allem Schuld

Ein *ḫawāǧa* ist also kein x-beliebiger Ausländer, er ist Christ und Europäer, reich und Achtung gebietend, Repräsentant des westlichen Fortschritts, zuweilen arrogant, aber naiv und bequem an der Nase herumzuführen. Bis heute schwingt in der Anrede *ḫawāǧa* ein respektvoller, leicht unterwürfiger Ton mit. Sie unterstellt, dass der so titulierte Fremde »besser« ist oder zumindest vieles besser kann und macht. Warum dieses?

»Napoleon ist an allem Schuld«, lautet ein geflügeltes Wort. Denn als Bonaparte 1798 mit seiner Flotte in Alexandria landete, fand er ein in 280 Jahren Türkenherrschaft verelendetes Land mit nur mehr zwei Millionen Einwohnern vor (unter Pharao Amenophis I. waren es sechs, heute nähern wir uns 80 Millionen!). Französische Gelehrte maßen, zeichneten und registrierten damals Ägypten und seine Altertümer der Länge und Breite nach. Mohammed Ali, ein Albaner in türkischen Diensten, half zwar, Napoleon zu vertreiben, schüttelte auch die Mamelucken ab und rüttelte an den Säulen der Hohen Pforte von Konstantinopel, doch die Franzosen und ihr Wissen hinterließen bei ihm einen tiefen Eindruck. Er schickte mehrere Studienmissionen ägyptischer Jugendlicher nach Paris. Diese Studenten, die Elite des Volkes, erlebten den technischen und militärischen Vorsprung Westeuropas als überwältigend. Ihr Schluss: eine Kultur, die einen solchen Machtvorsprung erzeugt, muss der ägyptischen überlegen sein.

Vorsicht Kolonialkomplex!

Eine anhaltende Art von »Kolonialkomplex« stellte sich in der Folge ein. Politiker und Wissenschaftler übernahmen die Vorstellung der Europäer, »der Orient« sei nach seinem jahrhundertelangen Dornröschenschlaf zu einer eigenen Entwicklung nicht mehr fähig. Damit war in europäischen Augen die Erweckung, Erziehung und Beherrschung des Orients durch die Großmächte Frankreich und England ganz selbstverständlich legitimiert. Zwar entwickelte sich zu Beginn des 19. Jahrhunderts eine erste nationale Bewegung, doch wurden gerade jene Ägypter, die an ihr beteiligt waren, durch die westliche Kultur geformt. Die ägyptische Intelligenz sah sich selbst durch die Brille derer, die sie beherrschten und verachteten.

Frankreich ist auch heute wieder »in Mode«: französische Privatschulen, französische Vornamen für die Kinder; französische Eisen-, Auto- und U-Bahn und *haute couture* für die Erwachsenen; französische Ausbildung für die Minister, das Modell der zentralistischen *planification* für die Regierung. Britische Investoren dominieren in der Wirtschaft, Amerikaner finanzieren Militär und Lebensmittelhilfe. Wer gleichzeitig die Fahne der Unabhängigkeit hochhält, muss zwei Seelen in seiner Brust vereinen.

Frankreich ist auch heute wieder in Mode.

Öl in dieses Feuer goss Präsident Sadat, als er 1973 die wirtschaftliche Öffnung (*ʾinfitāḥ* انفتاح) propagierte. Nun gelangten Dallas per Fernsehen und Coca-Cola per Lastwagen bis ins südlichste Dorf und setzten neue Maßstäbe. Ein Großteil der derzeitigen Elite holt sich seine Titel an amerikanischen Universitäten und schielt ständig über den Atlantik. Manchmal ist den Akademikern ihre innere Spaltung gar nicht bewusst: Ägyptische Architekten zum Beispiel zeichneten 2003 im Auftrag des Wohnungsbauministeriums eine Arbeitersiedlung mit Tannenbäumchen und Herrchen, die ihre Hunde (!) ausführen – Bilder vom anderen Stern.

Fingerspitzen

Über die Kunst des Hinwegsehens

Ein gebildeter ägyptischer Städter möchte beim »Smalltalk« mit dem westlichen Reisegast einem Bild gerecht werden, das er als Wunsch des *ḫawāǧa* zu kennen meint. Er plaudert also über pharaonische Altertümer, die er möglicherweise nur im Schulbuch gesehen hat, von schönen Stränden, die zu genießen ihm keine Zeit bleibt, vom schönen Wetter, das er keineswegs angenehm, weil viel zu heiß, findet. Lassen Sie sich nicht zu der Peinlichkeit verleiten, nach Einzelheiten zu fragen. So tiefsinnig ist die Unterhaltung nicht gemeint. Prüfen wir doch selbst einmal, wie genau wir über die Geschichte unserer Heimatstadt oder unseres Bundeslandes berichten könnten. Kämen wir da nicht auch ganz schön ins Schwitzen?

Heikel zu umschiffen sind die Klippen der Kritik. Da die ägyptischen Partner Ihre Anforderungen an Ordnung, Sauberkeit, Pünktlichkeit und Disziplin erahnen, fühlen sie sich gleichsam ertappt und beschämt, wenn Sie den Krüppel an der Ecke, den Dreck im Flur oder den in Spinnweben untergegangenen Aktenberg im Innenhof auch nur erwähnen. Jener Hobbyfotograf, der die Linse auf Müllhaufen, Bettler oder Altstadt-Ruinen richtet, riskiert, dass eine empörte Marktfrau ihren Gemüsekarton unsanft über seinen *ḫawāǧa*-Schädel stülpt.

Noch komplizierter gerät die Lage, wenn ägyptische Städter ihr Wunschdenken so weit treiben, dass sie nach dem Motto »Nicht sein kann, was nicht sein darf!« Sachverhalte und Tatsachen, die verboten oder verpönt sind, schlichtweg leugnen, obwohl sie sich vor ihren Augen abspielen. So zum Beispiel, wenn Amulette den Arztbesuch ersetzen, wenn bezahlte Klageweiber vor dem Trauerhaus krei-

INFO **Tu & Tabu – »Ausländer«-Knigge**

Tu! Loben Sie alles, was Sie in Ägypten aufrichtig und von Herzen schön und positiv finden!

Tu! Kommt Ihr Gesprächspartner selbst auf Missstände in Ägypten zu sprechen, beschränken Sie sich aufs Fragen und betonen Sie Gemeinsamkeiten mit Ihrem Heimatland: Energie- und Umweltprobleme zum Beispiel belasten beide Seiten!

Tabu! Diskutieren Sie nicht über Religion, Politik oder das Verhältnis zwischen den Geschlechtern.

Tabu! Schneiden Sie nie von sich aus Themen wie Überbevölkerung, Armut oder Schmutz an. Das hieße, den Finger in offene Wunden legen.

schen, kleine Mädchen beschnitten werden oder Menschen mit bloßen Händen den Abfall anderer sortieren und nicht allein ihr Vieh davon ernähren. Dies alles ist tabu, undenkbar und deshalb nicht wirklich, kann und darf also von Ihnen als Ausländer auch gar nicht wahrgenommen werden. Rechnen Sie lieber mit zu viel Empfindlichkeit als mit zu wenig. Die Kunst des Wegsehens will gelernt sein! Als einige deutsche Schriftsteller bei der Buchmesse 2006 aus ihren Kairo-Tagebüchern vorlasen, knickten die ägyptischen Zuhörer betrübt und gedemütigt in sich zusammen: Offenbar, so meinten sie, hatten sie als Gastgeber versagt, denn die Herren der schreibenden Zunft berichteten leider nur Unschönes von … chaotischem Verkehr, Staub, Lärm und unmelodischen Gebetsrufen … Tja, sie hatten eben den vorliegenden »Reisegast« nicht gelesen.

Der schwere Weg zum eigenen Profil

Die Stimmen waren laut und nicht zu überhören. Schon Ende der 1970er Jahre begannen ägyptische Journalisten, sich wortgewaltig gegen die von Ägyptens seinerzeitigem Präsidenten Sadat provozierte »Überfremdung« zu wehren. Fromme und nationalistisch gesonnene Intellektuelle erinnerten sich der muslimisch-arabischen Kultur. Das zwangsläufig pro-amerikanische derzeitige Regime sieht sich heute zunehmendem Druck von außen ausgesetzt, »Terroristennester« sowohl organisatorisch als auch ideologisch »auszutrocknen« und provoziert dadurch neuen Widerstand im Inneren.

Im Verbund gegen westlichen Einfluss

Ägyptische Politiker wettern gern gegen ausländische Einmischung, was sie jedoch nicht daran hindert, im gleichen Atemzug weitere Umschuldung zu fordern und neue Kredite entgegenzunehmen. Nur nicht zu viel Lärm um ausländische Direktinvestitionen! Die Presse könnte sich zu gegebener Zeit unter dem Reizwort »Neo-Kolonialismus« daran erinnern.

»Sich selbst aufessen« soll sich der Ägypter, so befahl es der mit Ausländern und deren Handlangern besetzte Prüfungsausschuss in Sonella Ibrahims Roman *Der Prüfungsausschuss ('Al laǧna* اللجنة *)*. Umzingelt von Coca-Cola, Samsonite, Chase-Manhattan, gewürgt von fremder Übermacht im eigenen Land, geht der Ägypter in Ibrahims Buch zugrunde.

In dieser Ecke des Boxrings, im zähneknirschenden Verbund gegen westlichen Einfluss treffen sich religiöse Fundamentalisten und Sozialisten, die sich ansonsten keineswegs hold sind.

Hotelanlagen gewähren einen Blick ins europäisch-amerikanische Schaufenster und gaukeln eine bequeme und von den Moscheen als lasterhaft abqualifizierte Luxuswelt vor, zu der ein normaler Ägypter höchstens als Kellner oder Kartoffelschäler Zutritt erhält. Ein unwirklicher Film gräbt sich in seine Netzhaut ein und verstört. Was bewegt Touristinnen, die Grenzen der Toleranz gnadenlos auszureizen? Wenn sich eine nur mit String bekleidete Bleiche in Sharm el Sheikh auf offener Straße massieren lässt, provoziert sie Gaffer, seltener laute Flüche.

Glitzerwelt, Moschee oder Militär

Fast zwei Drittel des ägyptischen Volkes zählt weniger als 30 Jahre, mehr als Dreiviertel von ihnen lebt in den Städten. Diese Jugendlichen können den Verlockungen von Handy, iPod und Videoclip nicht widerstehen. In der Zange zwischen frommen Ermahnungen, staatlicher Knute und globalisierten Glitzerwelten taumeln sie zweifelnd hin und her. Wohin sich orientieren? Zum Einkaufsparadies, zur Moschee oder zum Militär? Drei mächtige Rivalen kämpfen um die neue Generation.

Ägyptens Zukunft

Unerbittliche Gastfreundschaft

Vermächtnis der Beduinen

»O du mein Gast, der du gekommen bist, uns zu besuchen und unser Zelt zu ehren! Wahrlich, ich sage dir: Die Gäste sind eigentlich wir und du der Herr des Zeltes!« Wenn irgendwo der Gast König ist, dann in Ägypten. Selten noch werden Sie wohl Gelegenheit haben, die Spannseile eines Beduinenzeltes zu ergreifen und die hier zitierte Grußformel zu vernehmen. Aber auch wenn Sie eine biedere Stadtwohnung oder ein Fellachenhaus betreten, erklären Sie sich selbst zum Monarchen. Für den Gast rollt ein Pflichtprogramm ab, das den Gastgeber mitunter hohe Opfer kostet. Selbst wenn er eine Woche lang kein Fleisch gegessen hat: Für den Gast räumt er den Kühlschrank, schlachtet das letzte Huhn, metzgert das einzige Schaf. Essen gehört zur Gastlichkeit ebenso wie aufmerksames Zuhören.

Die Gastgeber lassen jede noch so wichtige Arbeit liegen, wenn Besuch eintrifft. Dem Gast wird gut verborgen, dass der Hausherr eigentlich unter Zeitdruck steht oder eine dringende Verabredung hätte. Die Aussage »Schön, dass du kommst, aber heute habe ich leider überhaupt keine Zeit« ist als unhöflich noch viel zu mild bezeichnet. Eine solche Haltung gilt in Ägypten als barbarisch. Auch bei der Speisenzubereitung ist nur das Beste gut genug, und wer sich Geld leihen muss, um angemessen bewirten zu können, dem bleibt keine andere Wahl – der soziale Zwang beherrscht ihn.

Dem Gast Schutz gewähren

Arabische Gastfreundschaft *(daḫāla* دخالة*)*, ein Vermächtnis der Beduinen, das uns immer wieder überwältigt, ist nicht unbedingt als überschwängliche Geste dem lieben Mitmenschen gegenüber gemeint. Die Gastlichkeit zieht ihre Wurzeln eher aus den wüstengerechten Spielregeln des vor-islamischen Nomadentums, aus der strikten Schutzpflicht. Wer gegen sie verstieß, verlor mehr als sein Leben, er verlor die Achtung. Das Sozialwesen der Wüstenbewohner brauchte nur wenige, aber unverbrüchliche Regeln. Dazu gehörte die Garantie, in jedem Zelt Schutz vor Verfolgern, Durst und Hunger zu finden. Dies führte so weit, dass auch ein Räuber, wurde er ertappt, an die Schutzpflicht des Hausherrn appellieren und damit seine Haut retten konnte.

Das Verabschieden fällt mittlerweile allerdings leichter als zu den legendären Zeiten des glücklichen Arabien. Blieb der Gast damals nicht wenigstens drei Tage, so schickte ihm der Gastfreund seine bewaffneten Söhne nach, um ihn zurückzuholen. Heute werden Sie zuweilen eher einen erleichterten Seufzer vermerken, wenn Sie zur Tür streben.

Weil wir an unseren eigenen Wünschen und Vorstellungen hängen, folglich die herzliche Aufnahme in Ägypten in vollen Zügen genießen, entgeht uns oft, dass wir unser Gegenüber geradezu nötigen. Dazu ein Beispiel: Eine aus Syrern, Ägyptern und Deutschen gemischte Gruppe sollte die Ausgangslage für ein Entwicklungsprojekt in einem Nildelta-Dorf studieren. Die Deutschen knüpften Kontakt mit der Bevölkerung, versuchten mit Händen und Füßen, sich den Bauern verständlich zu machen. Da die Ausländer sich bereits an der Schwelle des Hauses befanden, breitete der Landmann eine Schilfmatte aus, holte Fladenbrot, würzigen Käse, Tomaten und nach und nach den gesamten Inhalt seiner Vorratskammer herbei, um die Gäste zu bewirten. Die syrischen und ägyptischen Kollegen verschwanden derweil im Auto und taten, als hätten sie mit den Deutschen nichts zu schaffen. Sie waren nicht »hochnäsig«, wie die deutschen Kollegen ihnen später vorwarfen, sondern schämten sich zu sehen, wie wohlgenährte Fremde einen armen Familienvater seines Wochenvorrats beraubten.

Wirklich ernsthaft eingeladen sind Sie in Ägypten übrigens nur, wenn die Aufforderung mit Uhrzeit und Hausnummer besiegelt wird. Eine Einladung zum Besuch ohne genaue Zeitangabe bedeutet nichts weiter als eine unverbindliche Freundlichkeit.

Eiserne Pflicht

Großzügige Gastfreundschaft noch in der ärmsten Hütte

Der Einladende zahlt.

Viele ägyptische Geschäftspartner wähnen ihre Häuslichkeit unseren Maßstäben nicht gewachsen. Um den tatsächlich oft sehr großen Unterschied zwischen den Wohnverhältnissen zu verbergen, kann sich der Ausländer auf neutralem Boden, in einem schön gelegenen Lokal am Nil zum Beispiel, mit seinen Gästen treffen. Wer das Restaurant vorschlägt, bezahlt die Rechnung.

Kinder stören eigentlich nie.

Kinder gehören unbedingt zum Leben und stören eigentlich nie. Wenn Sie Zweifel haben, ob Kinder bei einer Einladung übers Wochenende oder bei einem eher offiziellen Event erwünscht sind, empfiehlt sich ein dreistufiges Abklopfen:

▶ »Sollen wir die Kinder mitbringen?« »Selbstverständlich!«, kommt die Antwort wie aus der Pistole geschossen.

▶ »Werden auch andere Kinder da sein?« »Ein paar vielleicht.« (Aha, wir kommen der Sache schon näher.)

▶ »Wir haben einen guten Babysitter ...« »Wenn Sie wirklich meinen, es wäre besser ...« (Nunmehr wissen Sie, dass Kinder bei dieser Veranstaltung ausnahmsweise fehl am Platze wären.)

Sollten ägyptische Freunde Sie später in Ihrer Heimat besuchen, so sind sie sicher klug genug, von Ihnen kein arabisches Verhalten zu erwarten. Aber enttäuscht wären sie wohl doch, wenn Sie nicht üppig für sie kochten, ein wenig Aufwand trieben und sich Zeit für sie nähmen.

INFO **Kleiner Gäste-Knigge**

▶ Gedruckte Einladungen sind in Kairo und Alexandria nur bei geschäftlichen Anlässen üblich. Sonst reicht eine handschriftliche Mitteilung, am besten mit Lageplan. Eine Erinnerung erfolgt ein paar Tage vorher telefonisch.

▶ Geschenke sind üblich. Blumen, Konfekt und edles Gebäck gehen immer. Sie werden scheinbar achtlos beiseite gelegt und erst ausgepackt, wenn alle Gäste gegangen sind – man will doch nicht gierig wirken. Auch soll kein Geber durch die möglichen Wertunterschiede der Geschenke beschämt werden.

▶ Ein Blumenbukett verschicken Sie am besten mit Visitenkarte wenige Stunden vor dem festlichen Anlass über den Blumenhändler.

▶ Obst zu schenken, ist eine Beleidigung. Sie unterstellen, dass der Beschenkte sich nicht einmal das leisten kann. Einen Beitrag zum Essen mitzubringen, etwa einen speziellen Salat oder ein besonderes Brot, können Sie nur bei allerengsten Freunden, sonst nicht. Alkoholika, nur wenn Sie ganz genau wissen, dass sie willkommen sind.

▶ Wer das Haus betritt, grüßt zuerst.

▶ Loben Sie alles, was Ihrem Gastgeber gehört, nur in allgemeinen Worten. Andernfalls wird man sich veranlasst fühlen, es Ihnen zu schenken. Wenn es so weit kommt, sagen Sie freundlich Danke und lassen den Gegenstand an seinem Platz.

▶ Wenn Sie pünktlich kommen, können Sie Ihre Gastgeber noch in der Unterwäsche antreffen. Gewähren Sie ihnen mindestens eine halbe Stunde Spielraum! Mehr als eine Stunde später sollten Sie aber nicht auftauchen.

▶ Pünktlichkeit ist erwünscht beim Opern- und Konzertbesuch und unbedingt beim Iftar, dem abendlichen »Frühstück« im Ramadan!

▶ Aufwand dürfen Sie gern treiben, wenn Besuch kommt, aber versuchen Sie nicht zu protzen. Ihr Wohlstand schüchtert ohnehin ein.

▶ Mengen von Speisen dürfen niemals zu knapp bemessen sein, wenn Sie Gäste erwarten. Berechnen Sie als Grundlage die doppelte Zahl an Personen. Reste verschenken Sie an das Personal im Haus und in der Nachbarschaft.

▶ Neutral sollte der Ort sein, an den Sie Geschäftspartner erstmals einladen: ein Restaurant, ein Club, aber nicht Ihr eigenes Heim. Bei einem Arbeitsessen kommt das Geschäftliche erst nach dem Mokka, vorher würzt Geplauder die Mahlzeit.

▶ Schwellen mitteloser Familien sollten Sie nur betreten, wenn Sie ein entsprechend großzügiges Gastgeschenk mitbringen, um sich für die unweigerlich folgende Einladung erkenntlich zu zeigen.

▶ Zeigen Sie Fotos von Ihrem Heimatort und Ihrer Familie, damit möglichst viel komplexe Wirklichkeit in die Stereotypen Ihrer Gastgeber eindringt.

▶ Zahlen müssen immer Sie, wenn Sie zum Ausgehen auffordern. Unmöglich, unverbindlich vorschlagen zu wollen: »Wir gehen noch in den Nachtclub«, ohne dass dies als Einladung verstanden wird. Getrennte Rechnung wäre unhöflich!

▶ Verabschieden können Sie sich frühestens eine halbe Stunde nach dem Essen. (»Ein verrückter Gast, der isst und geht«, sagt das Sprichwort.)

▶ Bis zum Servieren des Abendessens können Stunden vergehen. Beugen Sie mit einem kleinen Imbiss vor. Wohlgemerkt, einem kleinen, denn Sie werden Ihre Höflichkeit zu fortgeschrittener Stunde durch guten Zuspruch beweisen müssen. An Arbeitstagen erheben sich die Gäste – entgegen der oben zitierten Regel – unmittelbar nach dem Essen, d. h. um Mitternacht oder später.

▶ Begleiten Sie Ihre Gäste hinaus und warten Sie, bis sie ins Auto gestiegen und abgefahren sind oder bis sich die Fahrstuhltür geschlossen hat. Sonst fühlen sie sich rausgeworfen.

Gibt es »die Ägypter«?

ʾAš šaʿb ʾal miṣrī (الشعب المصري) – die Frage erübrigt sich. »Die Ägypter«
gibt es ebenso wenig wie »die Deutschen«. Griechen, Römer, Phönizier, Perser,
Türken, Franzosen und Engländer haben ihre Spuren hinterlassen. Afrikaner
und Araber wollen die Nilanrainer eigentlich nicht sein. Auch reißen soziale Hi-
erarchien, Bildung, Einkommen und Vermögen tiefe Gräben in die Gesellschaft.
Und es war ja auch eine willkürliche Grenzziehung seitens der englischen Kolo-
nialmacht, die 1924 mindestens fünf alteingesessene ethnische Gruppen in das
unregelmäßige Rechteck sperrte, das damals Königreich Ägypten hieß.

Fellachen, eine Mehrheit mit Minderheitsproblemen

»Fellache« heißt schlicht »Ackerbauer«. Fellachen brachten eine der frühesten und
komplexesten Kulturen der Welt hervor. Mit ausgeklügelten Bewässerungsmethoden
erhielten sie ihr Volk im rund 1000 Kilometer langen Niltal am Leben. Baumwolle, Zuckerrohr, Reis, Mais, Hirse, Weizen, Bohnen, Südfrüchte, Frischgemüse und
Fleisch produzieren sie auch noch heute, häufig ohne Maschineneinsatz.

*Als Urägyp-
ter arm
geblieben*

Was den Betrachter vor 50 Jahren wie ein idyllisches Gemälde aus vorchrist-
licher Zeit anmutete, die Lehmhütte, die braunhäutige, vielköpfige Familie,
Kinder mit den großen dunklen Augen, Büffel und Esel inmitten grüner Felder,
zeigt sich heute vielfach durch Zivilisationsmüll entstellt. Die enge Bindung der
Fellachen an das Niltal vereitelte mehrere Kolonisierungspläne, so zum Beispiel
»Mubaraks Pyramide«: die milliardenteure Urbarmachung der Toshka-Senke in
der Westlichen Wüste. Täglich verdampfen dort Tausende Kubikmeter kostbares
Nilwasser in einem 200 Kilometer langen Kanal, der eigentlich 30 000 Hektar
Sand zum Blühen hätte bringen sollen. Dazu müssten fünf Millionen Menschen
umgesiedelt werden. Die Straßen sind auch schon asphaltiert und beleuchtet.
Aber freiwillig zieht kein Fellache dort hinaus.

Gebildete Ägypter betonen gern, dass sie mit diesem einfachen Volk nicht viel zu
schaffen haben. Deshalb kam die Identifikation eines Staatsoberhauptes mit den
Fellachen umso besser an: Anwar as Sadat betonte in jungen Jahren gern seine
ländliche Herkunft und wertete bäuerliche Traditionen auf. Ägyptens derzei-
tigem Präsidenten Hosni Mubarak hingegen fehlt eben jene Erdverbundenheit,
obwohl auch er aus Minuf (Al-Minufiyya) stammt, der kleinen ägyptischen Provinz mitten im Nildelta. Er wird als Militär gesehen und eher kühl respektiert.

Saidi – Die Ostfriesen Ägyptens

Der erste Präsident der Ägyptischen Republik galt als einer der ihren. Gamal Abd
an Nasr stammt aus dem Saidi-Land. Die Saidi *(saʿīdī صعيدي)*, eine Mischung
aus Beduinen und Zentralafrikanern, sind zwischen Beni Suef und Assuan zu

*Links: Der
Glückliche
stammt aus
Abydos*

Wie im Alten Testament, Shirbin, Dorf im Nildelta

Hause. Ihr Dasein, weitab von der Hauptstadt Kairo und vom industriell erschlossenen Nildelta, drängte sie in die Ecke der Zurückgebliebenen. In zahlreichen Witzen macht man sich über sie lustig. Da ist zum Beispiel der Saidi, der von den erotischen Filmen der Satellitensender gehört hat und sich vor die Schüssel setzt, um auf die Ankunft jener wunderbaren Programme zu warten …

Clevere Grabräuber

Auch die Leute von Qurna sind Saidi, an ihrer Schläue kann wohl wahrlich keiner zweifeln. Sie schafften es, über Jahrhunderte die vor Gold strotzenden Pharaonengräber unter ihren Hütten auszubeuten und die heiße Ware diskret zu vermarkten. Und wer behauptet, die Saidi betrieben keine Industrie, irrt ebenfalls. Der hat sich nämlich nie die blühenden kunstgewerblichen Betriebe rund um Luxor angeschaut, wo »echt Pharaonisches« hergestellt wird, das jeder Radiokarbondatierung standhält. Selbst Experten verblüfft die »Truthahn«-Methode: Aus Knochen von vor 3000 Jahren verscharrten Arbeitern werden Skarabäen geschnitzt und dann ins lebendige Federvieh gestopft. Kommen die kleinen Kunstwerke dann wieder ans Tageslicht, haben sie durch Magensäure und Galle der Tiere die richtige Patina erworben, und beweisen der Welt, dass ein Saidi höchstens so dumm ist wie ein »Studierter aus dem Norden«.

Neuerdings wird den Saidi die Ehre zuteil, unverdorbene ägyptische Werte zu verkörpern. Filme über naive rechtschaffene Bauernbuben, die sich im verrohten

Kairo nicht zurechtfinden, wurden zu Kassenschlagern. Viel Staub wirbelte 1998 der Streifen *»Ein Saidi in der amerikanischen Universität«* auf, nicht nur, weil der verwirrte Stipendiat Khalaf eine israelische Fahne verbrennt, sondern weil die städtische Volksseele ihre verschütteten ländlichen Wurzeln erkannte und heiße Tränen um sie vergoss. Begeistertes Getrampel für das Landkind und Buh-Rufe für die Snobs erschütterten die Kinosäle, wenn der verlachte Saidi meint, mit senfgelbem Anzug und Krawatte gute Noten zu holen, während seine feinen, amerikanisierten Kommilitonen, lässig in Jeans und T-Shirt, die Nase über ihn rümpfen. »Am Anfang war ich überwältigt von Amerika. Nach drei Jahren möchte ich jedoch sagen, dass wir (Ägypter) auch niemanden hassen. Wir hassen nur die, die uns für rückständig halten«, lässt Regisseur Mohammed Heneidi den erfolgreichen Absolventen aus Sohag in seiner Abschlussrede an der *American University Cairo* formulieren: Balsam auf die Saidi-Seele.

Balsam auf die Saidi-Seele

Nubier – Brücke zum Herzen Afrikas

Die hamitisch-negride Gruppe der Nubier aus dem Süden brachte es in altägyptischen Zeiten durch den Binnenhandel mit Gold, Weihrauch, Ebenholz und Elfenbein zu Wohlstand.
Da der Nil bei Assuan auch schon vor der völligen Überflutung Altnubiens 1969 mehrfach aufgestaut wurde, sahen sich die nubischen Männer seit Generationen zur Landflucht gezwungen. Mit der Umsiedlung nach Kom Ombo und Es-

Seit Generationen zur Landflucht gezwungen

Der Nil bei Assuan

na verschwand auch ein großer Teil nubischen Brauchtums. Dennoch überlebt die Erinnerung an die heile Welt in den Dattelhainen unter dem »Buhayrat an Nuba«, wie der Nasser-See von Nubiern genannt wird. Die Geschichten von den »Moschus-Nächten in alter Zeit« die der Busfahrer Haggag Hassan Oddoul aufschrieb, beschwören eine große Trauer über den Verlust des Paradieses hinter dem Assuan-Damm. »Ramses ruft euch und lädt euch ein zu seinem Fest und zur Rückkehr in die Heimat«, singen die Nubier-Familien beim Sonnenfest in Abu Simbel. Einige Pioniere sind an die Ufer des neuen Sees zurückgezogen. Vielleicht finden sie in Zukunft ihr Auskommen im Fischhandel.

Konservativ   Fälschlicherweise als »islamisch« bezeichnete Bräuche wie die Mädchenbeschneidung oder der Trance-Tanz *zār* gehen auf den zentralafrikanischen Einfluss der Nubier zurück. Ihre hartnäckig konservative Haltung ließ sie länger als andere Bevölkerungsgruppen am Christentum festhalten. Heute beachten sie, strenger als andere, die religiösen Pflichten des Koran.

Fleißig   Städtische Arbeitgeber schätzen seit 100 Jahren nubische Hausdiener, Butler, Köche und Kellner als zuverlässige und diskrete Kräfte. Viele Nubier verdienen ihr Geld in den Golfstaaten, andere gar in Europa. Der international gefeierte Drummer Mahmoud Fadl versteht sich als Botschafter seiner uralten Kultur, als Mittler zwischen nubischer und arabischer Musik und macht selbst in Berlin Furore. Doch erst in dieser Generation schaffen die ersten Männer den Sprung an die ägyptischen Universitäten.

Nubier fühlen sich noch eng ihren Großfamilien in Oberägypten verbunden, leben auch in den Städten mit ihresgleichen und heiraten vorzugsweise untereinander. Da der negride Typus nicht dem ägyptischen Schönheitsideal entspricht, sind die nubischen Mädchen zudem oft auf Partner der gleichen Herkunft angewiesen.

Touristen-skipper auf dem Nil.

Rasse – Rassismus? Man respektiert die Andersartigkeit, indem man Distanz *Zuverlässig*
hält. Das landläufige, in diesem Fall einmal positive Vorurteil lautet, Nubier
seien »treu wie Gold«, verschwiegen, charakterfest bis zur Sturheit, sparsam
und fleißig. Und meistens stimmt dies auch.

Seit kurzem bekommen ägyptische Nubier als Dienstleister Konkurrenz von ihren Vettern aus dem Sudan. Die frisch aus dem Süden Angekommenen gelten
als noch sauberer, noch pflichtbewusster und noch bescheidener. Diese Besche-
idenheit wundert nicht: Hunger und Elend der sudanesischen Bürgerkriege ließen viele Tausende Familien nach Norden flüchten.

Beduinen in Ost und West

Ganz andere Wesenszüge werden den Beduinen nachgesagt. Unstet, nicht im- *Unstet, stolz*
mer ganz der Wahrheit verpflichtet, stolz, unerbittlich in der Rache, dem Ei- *und uner-*
gentumsbegriff gegenüber freizügig, freiheitsliebend und sehr gastfreundlich, *bittlich*
so will es der Volksmund.

Lange bevor 641 unserer Zeitrechnung die arabischen Eroberer den Islam nach
Ägypten brachten, waren die ersten arabischen Nomaden über den Sinai in die
Weidegebiete außerhalb des Niltals vorgedrungen. Ihre Überfälle sorgten bei den
Bauern »im Tal« *(ʾal wādī الوادي)* jahrhundertelang für Angst und Schrecken.
Heute wird den Beduinen Auto- und Rauschgiftschmuggel über die libysche und
israelische Grenze nachgesagt. Schließlich leben enge Verwandte jenseits des
Schlagbaums. Man wird ihnen doch wohl hin und wieder ein Geschenk mit-
bringen dürfen!

Menschenrechtsorganisationen prangern die willkürliche Inhaftierung der Si- *Sinai-*
nai-Beduinen an, die seit 2005 unter dem Verdacht, mit dem terroristischen Al- *Beduinen*
Qaida-Netzwerk zusammenzuarbeiten, wiederholt von der Militärpolizei drang-
saliert wurden. Allein, sie sind schwer zu fassen, denn nur Eingeweihte kennen
ihre Höhlen in den Bergen.

Die nicht sesshaften Beduinen, kaum eine Viertelmillion, leben noch immer *Der No-*
von der Weidewirtschaft und Fischerei. Sie respektieren die Natur und Wasser *maden*
als hohes Gut, dessen anscheinend sinnlose Verschwendung durch die Touristen *höchstes*
völliges Unverständnis erntet. Grüne Bäume stehen unter traditionellem Schutz. *Gut*
Wer einen lebenden Baum fällt »tötet eine Seele« und kann mit einer Strafe bis
zu drei zweijährigen Kamelfohlen rechnen. Die Männer fischen im Roten Meer,
aber Korallenriffe tasten sie nicht an.

Während die Beduinen im Süden der Halbinsel vom Tourismus ein wenig pro-
fitieren können, fühlen sich jene im Norden bedrängt durch Hotelanlagen und
Militärpräsenz. Die staatliche Tourismus-Förderungsgesellschaft schrieb ab
1990 Grundstücke am Roten Meer aus, und es geschah nicht selten, dass der
Investor nach dem Kauf plötzlich einen Beduinen-Clan mitten in seiner Parzel-
le fand. Er holte dann entweder die Polizei und ließ räumen, oder er zahlte die
Nomaden aus. Zahlreiche Angebote der Regierung, kleine Unternehmen junger

Durch die Wüste

Sesshafte in der Westlichen Wüste

Eine Frau für 100 Kamele

arbeitsloser Beduinen zu fördern, scheiterten bisher an der mangelnden Ausbildung und am fehlenden Kapital.

Der größte Beduinen-Stamm der Westlichen Wüste, die *ʾAulād ʾAlī* (اولاد علي), betrachten sich als Nachkommen des letzten »rechtgeleiteten« Kalifen Ali. Sie leben im Küstengebiet westlich von Alexandria und ziehen unter der Leitung ihrer Scheichs mit ihren Kamel-, Schaf- und Ziegenherden von Futterplatz zu Futterplatz. Viele Beduinen, auch anderer Stämme, haben inzwischen das schwarze Zelt gegen ein niedriges Steinhaus eingetauscht. An die freie Lebensweise erinnern nur noch der Gürtel um die männliche Taille, das Band um den Kopfschal, die »weidegerechte« Entfernung der Häuser voneinander, die noch den gleichen Abstand einhalten wie einst die Zelte.

Beduinenfrauen sind normalerweise nicht beschnitten und tragen den traditionell reich mit goldenen Nasen- und Ohrringen geschmückten Kopf hoch, sie werden für einen Brautpreis in Kamelen, Geld oder Autos vom werbenden Stamm gekauft, und sie zu schützen ist Ehrensache. Vergewaltigung gehört zu den allerschlimmsten Vergehen.

Solange die Stämme ihre Geschlossenheit bewahren, dürfen sie in Streitfällen ihr eigenes Gewohnheitsrecht anwenden. Diebstahl, Ehebruch, selbst Mord kann – von der Regierung toleriert – durch den weisen Schiedsspruch eines Ältesten genannt Scheich *(šīḫ* شيخ*)* gerecht beschieden werden. Der Nachweis der Unschuld innerhalb dieser rechtlichen Autonomie mag allerdings Europäer und auch ägyptische Städter gelegentlich das Grausen lehren. So kann die »Pfannenprobe« einen Lügner überführen: Wem tatsächlich die »Spucke wegbleibt« und wer sich folglich die Zunge am heißen Eisen verbrennt, gilt als schuldig. Auch die Blutrache deckt sich selbstverständlich nicht mit den Rechtsgrundsätzen der offiziellen Justiz. Aber solange beide Streitparteien Beduinen sind, bleibt Schlichtung *(ṣulḥa* صلحة*)* und Sühne ihre Angelegenheit.

Oasen – Orte der Verbannung und Entspannung

Lange glaubte man, ein versunkener Nilarm liege unter dem Bogen, den die ägyptischen Oasen *(wāḥāt الواحات)* in der Westlichen Wüste beschreiben. Doch die herrschende Geologenmeinung deutet die wundersamen Quellen eher als ein begrenztes fossiles Grundwasser-Reservoir. Die Tatsache, dass innerhalb des letzten Jahrhunderts 32 Flachbrunnen in Baharija versiegten, spricht sehr für diese These. Denn seit der Agrarreform entnahmen Tiefbohrungen für die Bewässerung ein Vieltausendfaches der früher geschöpften Wassermengen. Die Frage ist also durchaus berechtigt: Wie lange noch gibt es Wasser in der Wüste?

Baharija lockt heutzutage mit Thermalquellen und Bungalow-Hotels, während das traditionelle Lehmdorf in Dakhla den Besucher um ein Jahrtausend zurückversetzt. Besonders idyllisch und verträumt sind die verlassenen Oasen am Wegesrand zwischen Kharga und Baharija.

Die (relative) Unzugänglichkeit der Oasen erklärt, warum ihre Bewohner – etwa »die von Dakhla«, wie sie sich nennen, oder die *farafrūnī* – Reste ihrer alten Kultur bewahrten. Besonders deutlich zeigt sich dies am Beispiel der entlegenen Oase Siwa, deren Einwohner die Berbersprache Siwi sprechen. Siwa stand Libyen immer näher als Ägypten und wurde deshalb in den Jahren des »kalten Friedens« unter Sadat unter militärische Aufsicht gestellt. Ausländer können heute über Marsa Matruh einreisen, allerdings nur mit Passierschein.

Das lang gezogene Oasengebiet von Kharga diente bis vor 50 Jahren als Stützpunkt auf dem »40-Tage-Weg« *(darb ʾal ʾarbaʿīn درب الاربعين)* der Salzkarawanen zwischen Ägypten und dem Sudan. Kharga diente außerdem zu allen Zeiten als kostengünstiges Gefängnis. Wen wundert es dann, dass die in friedlich aufbauender Absicht dorthin versetzten Beamten an jedem Wochenende die Koffer packen, möglichst schon am Mittwochmorgen.

Kopten nennen sich selbst nicht so

*Frühe
Christen*

Christen seien sie, sagen die Kopten. Stolz betonen sie, sie seien die wahren Ägypter, soll doch das Wort »Kopte« vom griechischen »Aigyptos« und dieses wiederum vom pharaonischen »Hetka-Ptah« abstammen, dem alten Heiligtum in Memphis. Die ägyptischen Christen gründeten 451 n. Chr., nach dem Konzil von Chalkedon, die koptische Kirche und stellen seitdem einen eigenen Papst. Sie glauben, dass in Christus zwar die göttliche und die menschliche Natur zusammenkommen, die menschliche Natur sich aber in der göttlichen auflöst. Unbegreiflich bleibt der Tod Jesu am Kreuz, der als Gottessohn eigentlich nicht sterben dürfte. Und erst recht widersetzt sich der Logik, dass gerade die Kopten dem Glauben an den Gekreuzigten die höchste Bedeutung beimessen.

Doch dogmatische Spitzfindigkeiten finden in der Denkweise der meisten Kopten keinen Platz. Dafür nimmt das Wunder einen wichtigen Raum ein. Unsere westlich-rationale Art, mit Glaubensdingen umzugehen, kann Kopten sehr vor den Kopf stoßen. So lebt die historisch längst widerlegte Legende, der Apostel Markus selbst habe in Alexandria gewirkt, hartnäckig weiter.

Der Boden für das Christentum war durch die Eingott-Lehre Echnatons gut vorbereitet; darum mochten viele Ägypter sechs Jahrhunderte später den Schritt

Im heute griechisch-orthodoxen Katharinenkloster unterhalb des Berges Sinai befand sich angeblich der Dornbusch, in dem sich Gott Moses offenbarte. 50000 Besucher pilgern jährlich hierhin.

von Jesus zu Mohammed nicht nachvollziehen. Nach der Eroberung durch den Feldherrn Amr Ibn al As im Jahr 640 n. Chr. konnten die Kopten ihren Glauben beibehalten, waren aber zu höheren Abgaben verpflichtet als Muslime.
Traditionelle Hochburgen der Kopten sind die Gegend um Akhmim in Oberägypten und das Wadi Natrun. Die orthodoxen Klöster in der Wüste kennen keine Nachwuchssorgen und erfreuen sich großer Beliebtheit bei jungen akademisch gebildeten Priestern. Es mutet uns seltsam an, wenn ein in Cambridge graduierter Chemiker, mit Kutte und gesticktem schwarzen Häubchen angetan, leuchtenden Auges von den Wundern des heiligen Antonius erzählt.

Offiziell sind heute nur noch acht Prozent der Bevölkerung Christen, wozu nicht nur Kopten, sondern auch Griechisch-Orthodoxe, Römisch-Katholische, Protestanten, Presbyterianer und Aramäer gezählt werden. Wenn Sie Kopten nach ihrer Anzahl fragen, werden Sie von mindestens zehn Millionen hören. Dennoch fühlen sie sich als Minderheit ständig in der Defensive. *Als Minderheit in der Defensive*

Koptisch-muslimische Feindschaft tritt im Alltag nicht offenkundig ans Tageslicht. Doch das Erstarken fundamentalistisch-muslimischer Kräfte löst bei den Kopten – und nicht nur bei ihnen – große Ängste aus. Viele sind in den letzten Jahren nach Amerika ausgewandert. Zu den europäischen Christen fühlen sich die Kopten verständlicherweise hingezogen, ohne jedoch die Liberalisierung westlicher Kirchen nachvollziehen zu können.

Für Unruhe sorgen Nachrichten von Zwangsbekehrungen in beiden Lagern. Ein tätowiertes Kreuz an der Innenseite des Handgelenks soll Christen vor Übertritten zum Islam schützen. Es sitzt direkt über der Hauptschlagader und kann ohne Gefahr für Leib und Leben nicht entfernt werden.

Wenig beachtet in der von Fundamentalismen geschüttelten Gesellschaft treffen sich aufgeschlossene Muslime und Kopten im Rahmen der Bewegung »Die junge Generation« zum religiösen Dialog wie Scheich Atia al-Fiqqi, Angestellter des ägyptischen Waqf-Ministeriums für religiöse Stiftungen, und der evangelisch-koptische Priester Nabil Labib. Wichtig dabei für beide Seiten, die sich sonst wenig unterhalten: Verständnis für einander zu wecken ohne missionarischen Druck. *Dialog*

Solidarisch klagt ein ägyptisch-national denkender koptischer Star der Privatwirtschaft, der Tourismus-Magnat Samih Sawiris: »Es tut so weh, die Erleichterung in den Gesichtern von Europäern zu lesen, wenn sie erfahren, dass ich Christ bin und nicht Muslim«.

Selten noch wird die Liturgie auf koptisch, einem spät-pharaonischen Dialekt, gelesen. Normalerweise wird auf Arabisch gebetet, Bibel gelesen, Gottesdienst gehalten. Die arabische Sprache in der Kirche, die gesamtägyptischen Sitten, das gemeinsame Nationalgefühl verbinden Kopten und Muslime weit stärker, als beide es wahrhaben wollen. Auch der Aberglaube und das Rollenspiel von Mann und Frau unterscheiden sich kaum. Aber diese Tatsachen gehören zu den empfindlichen Punkten, die es im Gespräch mit ihnen besser zu meiden gilt. *Gebetet wird auf Arabisch.*

Übrigens: Bauern, ob Kopten oder nicht, rechnen noch nach dem koptisch-julianischen Kalender, dessen Monatsnamen die altägyptischen sind (vgl. Seite 192).

INFO — Die Müllkopten von Kairo

Eine ganz spezielle Gruppe koptischer Mitbürger kümmert sich, unsichtbar für den Verbraucher, um den Kairiner Müll: die *zabbālīn* (زبلين). Hinter der kommerziellen städtischen Müllabfuhr steht ein ausgeklügeltes Netz von familiären Sammel- und Sortierplätzen und Wiederverwertungsbetrieben oberägyptischer Kopten. Sie verfüttern den noch verwertbaren Abfall an Gemüse an ihre Ferkel. Das Schweinefleisch lässt sich an Glaubensgenossen gut verkaufen. Papier, Batterien, Glas oder Konservendosen tauchen später im Basar als Lampen, Sprühdosen oder Spielzeug wieder auf.

Ein Kairinern vertrautes Bild: ökologisch-apokalyptische Zustände

Die Zabbalin-Kopten leben in für europäische Vorstellungen unmenschlichen Verhältnissen. Nur die widerstandsfähigsten ihrer Kinder überleben. Sie wachsen statt auf Teppichboden oder Parkett im Inhalt der Küchenmülleimer auf, sie schneiden sich an Scherben, Dosenrändern, ihre Wunden eitern, die Fliegen bedecken sie mit einem schwarzen »Gesichtsschleier«. Wasser müssen die Familien in Fässern einkaufen, zum Abkochen fehlt oft der Brennstoff. Dennoch herrscht in dieser ökologisch apokalyptischen Umwelt eine wohldurchdachte Ordnung. Vor Sonnenuntergang wischen die Mütter ihren Kindern mit einem nassen Lappen über das Gesicht. Dann wird in manchen Hütten gebetet.

Christliche Hilfsorganisationen, von den Schwestern des Mutter-Teresa-Ordens bis zu deutschen Afrika-Freundeskreisen, versuchen, ein Mindestmaß an Hygiene und Schulbildung auf die Halden zu bringen. Auch alle reichen Kopten spenden, und im protestantisch-koptischen Hilfswerk CEOSS verpflichten sich ausgebildete Jugendliche, zwei Jahre lang unbezahlt mit den Armen zu leben und zu arbeiten.

Minderheiten

Afrikaner

Ägypten hat genug mit der eigenen Bevölkerung zu tun. Doch legale und illegale Einwanderer aus den kriegsgeschüttelten afrikanischen Ländern und Palästina drücken zusätzlich auf den Arbeitsmarkt und komplizieren die innenpolitische Situation.

Palästinenser

Die Palästinenser in Ägypten klagen über ihre zunehmende Rechtlosigkeit. Viele der offiziell in Ägypten registrierten Palästinenser besitzen keine Papiere, die ihnen das Reisen erlauben würden, und seit 25 Jahren erhalten sie keine Unterstützung vom ägyptischen Staat mehr, nicht einmal kostenlose Schul- bzw. Ausbildung. Natürlich haben sich seit 1948 viele von ihnen mit ägyptischen Staatsangehörigen verheiratet, und die wenigsten denken an eine Rückkehr in die überfüllten, umkämpften Palästinenser-Gebiete. Dennoch sitzen sie zwischen allen Stühlen. Die ägyptischen Behörden verschanzen sich hinter internationalen Verträgen wie dem Osloer Friedensabkommen von 1993 und der Zuständigkeit der Flüchtlingsorganisationen der Vereinten Nationen. Im politischen Diskurs gelten die Vertriebenen als willkommene Manövriermasse.

Europäische Aussteiger

Es kann an den schönsten Flecken Ägyptens vorkommen, dass sich der Beduine Mohammed als österreichischer Uwe, Berner Alex, deutscher Jens oder französischer Jean entpuppt, der Namen und Heimatland weit hinter sich gelassen hat. Integration einmal andersrum. Regenlose Wärme, die im Verhältnis zu Europa niedrigen Lebenshaltungskosten und die enorme Touristenanzahl haben viele Aussteiger ans Rote Meer und in die Oasen gezogen. Mit einem kleinen Startkapital, unternehmerischem Geschick und relativ hohem Qualitätsbewusstsein haben sie Bungalowhotels, Yoga-Refugien, Plantagen und Restaurants zur Blüte gebracht. So wenig hippie-flippiges Aussteigertum und strenger Islam auch miteinander zu tun haben mögen, man lebt Seite an Seite. Hier die lockere westliche Lebensart mit Alt-68er-Flair, da die ägyptisch-muslimische Strenge. Die niedergelassenen Europäer, Hoteliers, Hobbyfarmer oder Importeure, soweit sie sich hilfsbereit und anpassungsfähig gebärden, erfreuen sich einer gelassenen Anerkennung, wenn auch ihr Eifer bei der Arbeit belächelt wird. Sollten sie allerdings Gold oder Öl auf ihren Grundstücken finden, könnte sich das ändern.

Heimweh oder Sinn für Humor?

Religion und Spiritualität

»In Ägypten entstand die Lehre vom einen Gott, und hier erhielt der Islam eine tolerante Färbung. Wir sind sehr fromm, aber wir verbinden Frömmigkeit mit Freude«.
Naguib Mahfuz, ägyptischer Literatur-Nobelpreisträger

Religion durchweht den Alltag von Christen und Muslimen. Die Kirchen füllen sich freitags und sonntags, die Moscheen fünfmal täglich. In Büros weiß jeder, welche Ecke nach Mekka weist; zur Gebetszeit wird ein kleiner Teppich ausgerollt, die Besprechung unterbrochen.

Am Nil liegen die Ursprünge des Monotheismus und aller drei Buchreligionen Judaismus, Christentum und Islam. So wie Muslime ihre religiösen Wurzeln ständig spüren, so können Kopten den Glauben an einen einzigen Gott bis zu Pharao Echnaton zurückverfolgen. Einige Kapitel der Erzählgeschichte Salomonis stellen nachweislich eine Übersetzung des ägyptischen Weisheitsbuches von Amenemope ins Hebräische dar. Die revolutionäre Idee der Gleichheit aller Menschen vor Gott und die Idee der Brüderlichkeit hielten erstmals Einzug in Ägypten, dem biblischen Mizraim *(miṣr مصر)*, durch das neue Testament und den Koran.

Ursprünge des Mono-theismus

Es ist äußerst reizvoll, die Bibel in Ägypten nochmals zu lesen. Jene Kornkammern, die Joseph füllen ließ, stehen als Tonmodell im Ägyptischen Museum am Tahrir-Platz in Kairo, frisch in der Farbe – genau wie vor 3000 Jahren. Der heilige Baum, in dessen Schatten der Horusknabe gestillt wurde und unter dem sich später die Heilige Familie auf der Flucht vor Herodes verborgen hatte, stand in Matariya vor der Marienkirche.

Die Bibel lebt am Nil.

Wie Kulturen und Religionen schichtweise übereinander und gleichzeitig nebeneinander wirken, demonstriert anschaulich ein Bauwerk im Tempel von Luxor: Dort haben Archäologen eine Moschee freigelegt, die über einem römischen Tempel und pharaonischen Mauern thront. Ägypten – ein Schmelztiegel der Religionen.

Gemeinsame Ursprünge von Bibel und Koran streitet niemand ab. Abraham nehmen alle als Urvater in Anspruch. Erst bei seinen Söhnen trennen sich die Wege. Während die Juden Sarahs Sohn Isaak als Vorfahren ansehen, ist es bei den Muslimen Hagars Sohn Ismael. Dort, wo Gott die beiden Ausgestoßenen, die Magd und ihr Kind, vor dem Verdursten errettete, findet heute die Mekkanische Wallfahrt statt. Auch der Übergang vom Menschen- zum Tieropfer, als Abraham ein Lamm anstelle seines Sohnes Isaak auf den Altar legen sollte, kehrt alljährlich beim muslimischen Opferfest wieder. Kopten kennen die Bibel gut, Muslime den Koran. Zitate aus beiden Büchern zieren die tägliche Unterhaltung, Anspielungen werden sofort verstanden. Man lebt mit der Heiligen Schrift, entweder der einen oder der anderen.

Abraham nehmen alle in Anspruch.

Links: Vertieft in den Koran, Al-Azhar-Moschee, Kairo

Wie zu
Abrahams
Zeiten,
Schafherde
bei Memphis

Allah ist allmächtig

Allah ist ein Wesen ohne Farbe und Form, unfassbar. Er ist unendlich, allmächtig, mitleidsvoll und vergebend. Obwohl er über allem steht, ist er dem Einzelnen »näher als seine Halsschlagader«. ʾAllāhu ʾakbar! الله اكبر

Von Gott sollst du dir kein Bild machen!

Von Gott darf sich der Mensch kein Bild machen, sagt die … Bibel! Im Buch Moses heißt es sogar: »Du sollst dir kein Bildnis noch irgendein Gleichnis machen, weder von dem, was oben im Himmel, noch von dem, was unten auf Erden, noch von dem, was im Wasser unter der Erde ist«. Juden beachteten dies. Katholiken eher weniger. Im Koran steht davon kein Wort. Arabische Gelehrte dehnten dieses gegen die Verehrung von Naturgöttern, Steinen und Tieren gerichtete biblische Verbot erst im achten Jahrhundert auf Mohammed und die vier »rechtgeleiteten« Kalifen und ihre Frauen aus. Filme über Mohammed zeigen deshalb heute nur seine Gefährten oder aber einen gleißenden Schein statt der Person des Propheten.

Das Wort soll den Menschen führen!

Das Bild wurde im Islam als unnötig betrachtet, weil es den Gläubigen von der Suche nach Gott ablenkt. »Lies!«, befiehlt der Engel Gabriel, als er Mohammed die erste Sure offenbart. Das Wort soll den Menschen führen, nicht das Bild. Wo das Verbot der Abbildung von Lebewesen mit Seele (*rūḥ* روح) in der Geschichte beachtet wurde, entstand ausgleichend eine Fülle an mathematisch-ornamentalen Kunstformen in Bildhauerei, Malerei, Kalligraphie und Musik. Und in unserer heutigen multimedial geprägten Zeit? Widerstrebend beugten sich die islamischen Gelehrten dem globalen Siegeszug der Medien und begannen Fotografien zu akzeptieren – bis hin zum digitalen Bild.

Der Karikaturen-Streit

30. September 2005: Veröffentlichung von zwölf Karikaturen »Die Gesichter Mohammeds« in der dänischen Zeitung *Jyllands-Posten*. Die Cartoons zeigen den Propheten als Terroristen und Frauenfeind. Der Chefredakteur will »das Ausmaß der Selbstzensur in den dänischen Medien testen«.

Anfang Oktober: Als niemand reagiert, sendet die Redaktion Kopien der Karikaturen an muslimische Organisationen in Dänemark, mit der Bitte um Kommentar …

12. Oktober: Elf Botschafter muslimischer Länder bitten um ein Gespräch bei Regierungschef Rasmussen. Die Bitte wird erst neun Tage später abgelehnt, mit Hinweis auf die Pressefreiheit. Die Beschwerdeführer könnten sich ja an ein Gericht wenden … Dort werden sie später ebenfalls abgewiesen.

17. Oktober: Nachdruck der Karikaturen im ägyptischen Boulevardblatt *»²Al faǧr« (*الفجر*)*. Keine Reaktion in Kairo.

Mitte/Ende Oktober: Die dänischen Karikaturen sickern über das Internet in die arabische Welt. Eine radikale Studentenorganisation in Pakistan ruft zum Mord an den Zeichnern der Karikaturen und den Journalisten der *Jyllands-Posten* auf.

1. Februar 2006: Nachdruck der Karikaturen in der deutschen Tageszeitung *Die Welt*.

Anfang Februar: Zum Teil blutige Demonstrationen in Europa, Afrika und Asien. In Ägypten gehen Zehntausende auf die Straße. Auf Plakaten steht zu lesen »Meinungsfreiheit heißt nicht Recht auf Beleidigung anderer«. Das an Autoritarismus gewohnte ägyptische Publikum versteht nicht, dass die dänische Regierung »nicht genug Autorität« hat, um die Blasphemie zu unterbinden. Dänische Waren werden wochenlang boykottiert.

9. Februar: Ägypten gewinnt zum fünften Mal den *Africa-Cup* im Fußballspiel, in Luxor wird ein neues Grab entdeckt, und die Karikaturen verschwinden allmählich aus den ägyptischen Schlagzeilen. Stattdessen rücken der umstrittene Ausgang der Parlamentswahlen und die Proteste der Richter wieder ins Rampenlicht.

Zum Vergleich:
1998 wurde vom Oberlandesgericht Nürnberg ein Urteil gefällt, nach dem die Darstellung eines gekreuzigten Schweins den Sachverhalt der Beschimpfung eines religiösen Bekenntnisses nach § 166 StGB und der »Störung des öffentlichen Friedens« erfüllt.

Jeder ist seinem Gott allein verantwortlich. Zum Glauben braucht es weder Klerus noch Heilige. Dennoch: Die Azhar-Rechtsfakultät in Kairo, der juristische Rat des Mufti und erst recht das Votum des Groß-Scheichs der Azhar-Universität nehmen Einfluss auf die Gläubigen. Mehr als 7000 Azhar-Institute in den Provinzen unterstützen die Entscheidungen der ältesten Universität Ägyptens mit

Gutachten von Al Azhar haben Gewicht

Al-Azhar-
Moschee in
Kairo

Nachdruck. Seit Sultan Süleyman der Prächtige im Jahr 1537 die Position des
Šīḫ ʾal ʾislām (شيخ الاسلام) schuf, kommt immer auch Politik ins Spiel. Und
der Einfluss ägyptischer Theologen endet nicht am Mittelmeer: Der Azharite
Scheich Youssef al Khardawi hat den Vorsitz der »Europäischen Fatwa-Kommis-
sion« inne; sein Adlatus Tariq Ramadan lenkt die nördlichen Muslime von England aus und hält Vorlesungen in Berlin.

Kein Islam, Mohammed meinte in einer großen Umarmung, das Vorzügliche anderer Völker
aber viele sei ebenfalls als »Islam« zu betrachten. In diesem Sinne berichtete der Reformer
Muslime. und Mufti Mohammed Abduh im 19. Jahrhundert, als er von einer Europareise
nach Kairo heimkehrte: »Ich sah keinen Islam, aber ich traf viele Muslime«.
Toleranz gegenüber den Ungläubigen *(kāfirūn* كافرون*)* lässt sich auch an einer
kurzen Offenbarung aus Mekka ablesen. In der Sure 109 heißt es in typischer
Reimprosa: »Sag: Ihr Ungläubigen! Ich verehre nicht, was ihr verehrt, und ihr
verehrt nicht, was ich verehre. Und ich verehre nicht, was ihr bisher immer
verehrt habt, und ihr verehrt nicht, was ich verehre. Ihr habt eure Religion
und ich die meine«. Extremisten bezweifeln selbstverständlich die Echtheit
dieser Verse ...

Moham-
med-Ali-
Moschee,
eines der
Wahrzei-
chen Kairos

Die Pflicht ruft – fünfmal täglich

Die Rechts- und Pflichtenlehre *(fiqh* فقه*)* schreibt dem Muslim das unbedingte Einhalten von fünf Pflichten vor: das Bekenntnis, das Gebet, das Almosen, das Fasten und die Pilgerfahrt.

▶ Das Glaubensbekenntnis *(ʾat tašāhud* التشاهد*):* Er muss stets bereit sein, sich öffentlich zu Gott zu bekennen: »Ich bezeuge, dass es nur einen einzigen Gott gibt und dass Mohammed Gottes Gesandter ist« *(ʾAšhadu ʾanna lā ʿllaha ʾillā ʿllaha wa ʾanna Muhammada rasūlu ʿllah* اشهد ان لا اله الا الله و ان محمد رسل الله*).* Diese Formel genügt auch zur Bekehrung, selbst wenn diese erst kurz vor dem Tode stattfindet. Da ein Übertritt juristische Konsequenzen nach sich zieht, muss das Bekenntnis *(šahāda* شهادة*)* vor zwei Zeugen notariell beglaubigt werden.

▶ Das Gebet *(ʾAṣ ṣalāt* الصلاه*):* Jeder Mensch muss täglich fünf rituelle Gebete in arabischer Sprache verrichten. In festgelegter Reihenfolge sind vorher Gesicht, Mund, Nase, Ohren, Haare, Hände und Füße dreimal mit Wasser zu reinigen. Wo kein Wasser fließt, genügt Sand. Auch der Gebetsplatz sollte sauber sein, notfalls genügt eine auf dem Boden ausgebreitete Zeitung. Die Betenden lassen sich auf die Knie nieder und beugen die Stirn bis zum Boden. Besonders eifrige Beter erkennt man an der »Rosine« *(zebība زبيبة)*, einem dunklen Fleck an der Stirn. Manche Moscheen verfügen über getrennte Räume oder Emporen für Frauen. Ist dies nicht der Fall, müssen die Frauen zu Hause beten.

Das **Freitagsgebet** um die Mittagszeit schließt eine Schriftauslegung ein. Das ist der Augenblick, an dem aktuelle Nachrichten über den Krieg, das Kopftuchurteil oder die Hizbollah auch dem letzten Analphabeten subjektiv erklärt werden. Während dieser zwei Stunden ruhen fast alle Geschäfte, und die Läden sind geschlossen. Ab etwa 15 Uhr geht alles wieder seinen gewohnten Gang, denn der Freitag ist zwar Feiertag, aber nicht Ruhetag. Gott in seiner Allmacht musste am siebten Tag nicht ruhen!

Die **Gebetszeiten,** vor Sonnenaufgang, vor Sonnenhöchststand und nach Sonnenuntergang, vermeiden sorgsam jede Übereinstimmung mit alten Sonnenkulten. So weckt Sie der Muezzin *(muʾaḏḏin مؤذّن)* gegen 5:30 Uhr, leider selten live, sondern über dröhnende ungenehmigte Lautsprecher mit dem Gebetsruf *(ʾaḏān أذان):* »Kommt zum Gebet! Kommt zum Heil!« *(Hayya ʿalaṣ ṣalāt! Hayya ʿalal falāḥ!* حيّ عاى الصلاة حيّ عاى الفلاح *)*

Am **Donnerstagabend** schwingt und schwebt die Luft von wirren Gesängen aus allen Minaretten. In Zukunft soll die Stimmenvielfalt – vor allem der schlechten Sänger– einem professionellen, von Al Azhar synchron gesendeten Gebetsruf weichen. Der Radiosender »*ʾAl qurʾānʾal karīm* (القرآن الكريم)« soll die besten Rufer auswählen.

► Die Armensteuer *(Az zakāt زكاة):* Wohltätigkeit entwickelte sich von der freiwilligen Frömmigkeitsübung zur Vermögenssteuer, die heute eine der wichtigsten Finanzquellen des Staates ist – sein sollte. Daneben besteht eine besondere Spende aus Naturalien, oft Fleisch, die ausschließlich bedürftigen Nachbarn, Angestellten und Bekannten und Verwandten zukommt *(ṣadāqa صداقة).* Ein frommer Mensch verliert kein Wort über seine Spenden.

► Das Fasten *(Aṣ ṣaum صوم):* Der Prophet habe zweimal wöchentlich, montags und donnerstags, sowie während der sogenannten sechs weißen Tage nach dem Fest des Fastenbrechens *(ʾīd ʾul fiṭr عيد الفطر)* und dem Opferfest *(ʾīd ʾul ʾadha* عيد الاضحة*)* gefastet. Pflicht für die Gläubigen sind nur die 29 oder 30 Tage des Monats Ramadan, dessen Beginn durch Beobachten der Mondsichel bestimmt wird.

► Die Pilgerfahrt *(ʾAl ḥaǧǧ* الحجّ*):* Im Mondmonat *du ʾl ḥaǧǧa* (ذو الحجّة) soll jeder Volljährige wenigstens einmal in seinem Leben nach Mekka pilgern und ein Ritual vollziehen, das vorwiegend aus vorislamischer Zeit stammt. Er kann zudem jederzeit eine kürzere Wallfahrt unternehmen, die sich auf einen Gang um die Kaaba beschränkt. Wie alle islamischen Monate wandert der Pilgermonat im Laufe mehrerer Jahrzehnte durch alle Jahreszeiten. Am zehnten Tag dieses Monats hat der Pilger ein Tier zu schlachten.

Wenige für alle!

Nach theologischen Auseinandersetzungen wurde entschieden, eine weitere Pflicht, den Glaubenskrieg *(ǧihād جهاد),* nicht jedem Einzelnen aufzubürden. Es genügt, wenn einige Gläubige diese Pflicht für alle wahrnehmen.

Die Abstufung der Muslim-Vorschriften

▶ *Farḏ (فرض):* die absolute Pflicht. Ihre Erfüllung wird im Jenseits belohnt, ihre Unterlassung bestraft. Dazu gehören die fünf islamischen Grundpflichten. Wem jedoch das Geld fehlt, nach Mekka zu reisen, der ist entschuldigt. Daneben besteht eine Fülle weiterer Ausnahmeregelungen.
▶ *Wāǧib (واجب):* Pflicht. Ihre Ausführung wird belohnt, Unterlassung indes nicht bestraft. Darunter fallen u.a. alle freiwilligen Spenden.
▶ *Mubāḥ (مباح):* rechtlich neutrale Vorgänge. Sie werden (so etwa die Scheidung) weder bestraft noch belohnt.
▶ *Makruh (مكروه):* was man unterlassen sollte – etwa über Dritte in ihrer Abwesenheit lästern.
▶ *Ḥarām (حرام):* Verbotenes und Strafbares wie Diebstahl, Mord oder Ehebruch. Diese klaren Richtlinien, die Menschliches und allzu Menschliches berücksichtigen und – weder von Erbsünde noch schlechtem Gewissen belastet – jedem Wankenden Halt geben, begründeten den Sieg des Islam in 50 Ländern der Erde. Sünde verdammt den Menschen nicht absolut: Alles lässt sich verbessern.

Orientierungshilfen

Fatwas haben Hochkunjunktur

Trotz aller klaren Regeln geraten die Gläubigen in der komplizierten modernen Welt immer wieder in Zweifel. Sind Selbstmordattentäter Märtyrer oder Sünder? Ist Yoga erlaubt oder ein heidnischer Brauch? Reizen Fußballerbeine Spieler und Zuschauer unziemlich?
Die Internet-Site *www.islamonline.com* (IslamOnline Network), der Mufti der Rechtsfakultät »Dar al Ifta«, oder der Groß-Scheich der Azhar-Moschee müssen mit aktuellen Gutachten, den Fatwas *(fatwā فتوى)* klären helfen. Den Wildwuchs an Fatwas, die per Mail und SMS in Minutenschnelle anzufordern und auszusenden sind, will Mufti Ali Guma eindämmen. Nur geprüfte Scheichs sollen berechtigt sein, ihren Rat zu veröffentlichen. Muhammad Sayyed Tantawi, zurzeit der höchste religiöse Würdenträger, schränkte die Verbindlichkeit der Fatwa ein: »Jeder Muslim ist frei, wir können nur eine Empfehlung geben«. Seine Empfehlungen decken sich allerdings auffallend häufig mit Regierungsmeinungen; deshalb trägt er den Spitznamen »Sayyed bil Ok«, »Herr Jasager«.

Im Zweifelsfall

Scharia – ernst genommen

»Der Islam ist Staatsreligion, Arabisch ist Landessprache, und die Grundsätze der Islamischen Scharia sind die Hauptquelle der Gesetzgebung«, steht in der ägyptischen Verfassung seit 1980. Gemeinhin werden mit Scharia *(šarīʾa شريعة)* drastische Strafen für Diebstahl und Unzucht verbunden. In der Tat starben im Laufe der jüngsten Vergangenheit Gesteinigte im Iran, in Afghanistan und Libyen; und einigen Straffälligen im Sudan fehlt die rechte Hand.

INFO   **Kleiner Knigge – Tu & Tabu des Glaubens**

Tu! Über Religion sollten Sie sich nur mit Ihren besten Freunden unterhalten!
Tu! Als edler Spender gewinnen Sie Sympathien. Wenn Sie versuchen, im Ramadan mit zu fasten, und sei es nur als Heilfasten oder aus Gründen der schlanken Linie, ernten Sie Hochachtung. Ihr Verhalten zählt, Ihre Gesinnung weniger!
Tu! Wenn Sie von Strenggläubigen Besuch erwarten, überlegen Sie vorher, wo Mekka liegt und bereiten Sie eine stille Ecke zum Beten vor!
Tabu! Betende nicht stören oder fotografieren und darauf achten, dass man nicht vor sie läuft – sonst verliert das Gebet seine Wirksamkeit und muss wiederholt werden!
Tabu! Besonders im Ramadan niemals öffentlich Alkohol trinken!
Tabu! Sperren Sie Ihren Hund ein, wenn Sie Besuch bekommen! Manche Muslime ekeln sich.
Tabu! Sie wecken Dschinne, böse Geister, wenn Sie mit ausgestrecktem Zeigefinger eine kinderreiche Familie abzählen.
Tabu! Ägyptische Muslime verhalten sich Andersgläubigen gegenüber ausgesprochen tolerant, aber Bekehrungsversuche sind strikt verboten.
Tabu! Selbst wenn Sie aus der Kirche ausgetreten und von tiefem Skeptizismus durchdrungen sein sollten, behalten Sie dies für sich! Niemand würde Sie verstehen. Besonders schlimm können Sie auffallen, wenn Sie in der Diskussion erwähnen, Sie seien im Koran oder in der Bibel gut bewandert und hätten sich dagegen entschieden. »Sie haben das Licht gesehen und die Augen davor verschlossen?«, so wird die fassungslose Frage lauten.

Quelle der Gesetzgebung
Nicht so in Ägypten, wo seit 1953 ein Zivil- und Strafrecht mit französischen Einflüssen (ʾal qanūn القنون) gilt. Im ägyptischen Personen-, Familien- und Erbrecht dagegen tauchen unveränderte Elemente aus der Scharia auf. Scharia und staatliche Jurisprudenz können sich dabei durchaus widersprechen.

Weg zur Oase
Scharia bedeutet eigentlich »der Weg zur Oase«. Die »Rechtgeleiteten« tun das Gute und finden das Wasser des Lebens. Die Scharia regelt nicht nur den Alltag der Muslime, sondern auch sämtliche zwischenmenschlichen Beziehungen durch Ehe-, Kauf-, Vertrags- und Strafrecht sowie die Beziehungen zu der nichtmuslimischen Welt durch das Kriegsrecht. Die Quellen Koran, Sunna, Analogieschlüsse und Konsens taugen, je nach Rechtsschule, zur Auslegung der Scharia.

Vier Säulen
Der Koran als erste Quelle regelt viele Details, weil Mohammed darin die erste städtische Gemeindeordnung für Medina niederschrieb. Nach seinem Tod versuchten die Juristen, sich an der Überlieferung (sunna سنّة) von Mohammeds Taten und Aussagen zu orientieren. In vielen Sprüchen und Erzählungen (hadīt qudsī حديث قدسي) lebte sie fort, allerdings vermischt mit unechter Überlieferung.
Der Gebrauch menschlicher Vernunft (ʾiğtihād اجتهاد) ist die dritte Grundlage für die Scharia, wobei hier die Methode des Analogieschlusses überwiegt.

Da die Gemeinschaft der Gläubigen nicht in einem Irrtum übereinstimmen kann, wurde die in gemeinsamer Übereinkunft von der Gemeinde getragene Entscheidung (*ʾiǧmāʿ* اجماع) zur vierten Säule der Scharia. Im ägyptischen Strafrecht tauchen zwar von der ursprünglichen Scharia vorgesehene Strafen wie Hiebe, Abtrennen von Gliedmaßen, Kreuzigen und Steinigen nicht mehr auf, wohl aber Zwangsarbeit, Gefängnis, Haft, Entlassung aus Ämtern, Vermögens- und Todesstrafe. Folter ist ausdrücklich verboten, aber nach Berichten von Menschenrechtsgruppen keineswegs unüblich. Dass die Zahl der in Ägypten verhängten Urteile zum Tod durch den Strang von Jahr zu Jahr steigt, hat nichts mit der Scharia zu tun, obwohl der Mufti die Urteile genehmigen muss und dies fast immer auch tut.

Neben der religiös bestimmten Scharia und dem säkularen Recht genießt das Gewohnheitsrecht der Beduinen noch gewissen Spielraum, allerdings nur, wenn alle streitenden Parteien Beduinen sind. Weiter können Christen des gleichen Bekenntnisses in Personen- und Ehefragen ihr eigenes Recht in Anspruch nehmen. Überschneiden sich Rechtsgebiete wie zum Beispiel Erb- und Bodenrecht, muss ein Gutachter der islamischen Instanz Al Azhar hinzugezogen werden.

Die komplizierte Rechtslage zwingt Ausländer, im Falle eines juristischen Problems einen von der Botschaft empfohlenen Rechtsanwalt zu benachrichtigen. Schließlich bereitet uns schon das deutsche Juristenkauderwelsch Probleme! Ägyptische Gefängnisse sind – auch ohne Handabhacken – kein Spaß. Die Todesstrafe kann in Ägypten für Drogenmissbrauch und -handel sowie Mord und Straftaten im Zusammenhang mit »Terrorismus« verhängt werden.

»Der Morgen, der Abend«

»Die böse Angewohnheit«

Ägyptische Buchtitel

Im Streitfall Botschaft einschalten

Die wichtigsten Glaubensrichtungen des Islam

Es ist bezeichnend für die Großherzigkeit Ägyptens, dass niemand aus konfessionellen Gründen verfolgt wird. Obwohl die Sunniten in Ägypten mit etwa 90 Prozent die zahlenmäßig größte Gruppe bilden, leben Angehörige abweichender muslimischer Glaubensrichtungen unbehelligt, ganz anders als in den umliegenden islamischen Ländern.

Sunniten

Die Sunna bestimmt die Interpretation des Koran. Für die Sunniten ist der Kalif ein Führer, der von seinen Anhängern aufgrund seiner administrativen Fähigkeiten gewählt wird. Die Azhar-Moschee wird als höchste Instanz der Sunniten überall anerkannt. Die Anhänger des Reformers Ibn Abd al-Wahab, die konservativen **Wahabiten,** nehmen für sich in Anspruch, die islamische Lehre authentisch zu vertreten und lehnen Mystik und Heiligenkulte ab. Diese sehr puritanische sunnitische Richtung ist Staatsreligion in Saudi-Arabien.

Schiiten

Für die Schiiten, die »Partei Alis« *(šiʿat ʿAlī* شيعة على*),* kann der Imam hingegen nur ein rechtmäßiger Nachfolger Mohammeds sein. Der Imam stellt im Glauben der Schiiten ein unfehlbares und mit göttlicher (!) Macht ausgestattetes Oberhaupt dar. Sie, 20 Prozent aller Muslime, betrachten die Scharia als Gesetz; ihre Anhänger sind im Iran und Irak, Aserbaidschan, Bahrain und im Libanon weit verbreitet.
Kerngedanke der schiitischen Religion in ihrer imamitischen Form, vor allem im Iran, ist der Glaube an die 14 Unfehlbaren: Der Prophet selbst, dessen Tochter Fatima, und die zwölf Imame. Der zwölfte, verborgene Imam »Al Mahdi« ist nicht gestorben, sondern nur von Gott entrückt und soll als Retter der Welt wiederkommen.

Ismailiten

Ismailiten oder Anhänger der »Siebener-Schia« legen den Koran eher allegorisch aus. Sie verehren als ihr Oberhaupt den Aga Khan, der in direkter Linie von Mohammed abstammen soll. Ismailiten leben vorwiegend auf dem indischen Subkontinent, in Afghanistan und Tadschikistan.

Sufi

Die Derwische im härenen Gewand lebten im 7. Jahrhundert als Asketen in der Wüste. Ursprünglich kleideten sich die Anhänger der eher auf Innerlichkeit bedachten Missionare in Gewänder aus ungebleichter Wolle *(ṣūf* صوف*),* als Zeichen der Buße.

Im Innen-
hof der
Al-Azhar-
Moschee,
Kairo

Baha'i

Aus dem schiitischen Islam spalteten sich 1863 die Baha'i ab, welche die Einheit
aller Religionen der Welt beschwören und von einer fortschreitenden Gottesof-
fenbarung und immer wiederkehrenden Propheten ausgehen. Während Juden,
Christen und Muslime ihre Konfession auf dem ägyptischen Personalausweis
dokumentieren dürfen, wurde den Baha'i als Häretikern dies verwehrt.

Koran und Gewalt

Im Koran finden wir drei unterschiedliche Einstellungen zur Gewalt: Geduld,
aktiver Kampf und beschränkte Gewaltanwendung. Das heißt, mit dem Koran in
der Hand lässt sich fast alles rechtfertigen. Auch Fatwas räumen die Widersprüche nicht aus. Letztlich gibt die politische Einstellung den Ausschlag über die
Entscheidung des Gläubigen.
Die folgenschwer unterschiedlichen Offenbarungen spiegeln die Wirklichkeit
der beiden Wirkungsstätten Mohammeds, Mekka und Medina, wider. Die Mus-

*Mit dem
Koran lässt
sich fast
alles recht-
fertigen.*

lime waren in Mekka zunächst eine verfolgte Minderheit, vom Propheten zur Geduld und zum Ausharren ermahnt. Nach dem Auszug nach Medina mussten sie sich ständig mit Waffengewalt verteidigen, und der Ton der Offenbarungen nahm an Schärfe zu.

Extremisten In der Nachfolge dieser frühen Glaubenskriege sind derzeit mehrere gewaltbereite Gruppen in Ägypten aktiv. Sie werden unnachgiebig verfolgt. Wichtigster Stichwortgeber der ägyptischen Dschihadisten wurde der blinde Scheich Omar Abdal Rahman, der seit vier Jahren im amerikanischen Colorado einsitzt. Er hatte an der Al-Azhar-Universität studiert und den *ğihād* als Krieg gegen das neue aus Amerika importierte Heidentum interpretiert.

Der Chirurg Mohammed Al-Zawahiri, angeblich Osama bin Ladens Leibarzt in Pakistan, Schriftsteller und Poet, stammt aus dem ägyptischen Großbürgertum. Seine Bücher sind heute Pflichtlektüre in der Extremistenszene.

Viele Fundamentalisten bevölkern die Gefängnisse, viele verschwanden und gelten als vermisst. Die gemäßigten Flügel von »Dschihad« und »Gamaa al Islamy« versuchten eine legale Partei mit dem Namen »Scharia« zu gründen, doch vergeblich, weil religiös motiviert. Also tauchten sie wieder in der Illegalität unter.

Selbstmord- Nach Statistiken des israelischen Geheimdienstes sind Selbstmordattentäter in
attentäter   der Regel jung, männlich, unverheiratet, stark religiös, kommen aus schwierigen wirtschaftlichen Verhältnissen und wollen Opfer aus Nahost-Konflikten rächen. Abgesehen davon fehlt ihnen ein erfolgreiches väterliches Leitbild, das Schutz gewährt. Häusliche oder externe Gewalt haben die meisten am eigenen Leibe erlitten. Diese Beschreibung passt nicht nur auf Palästinenser oder arme Ägypter, sondern auch auf die wachsende Zahl der »Homegrown«-Terroristen in der westlichen Welt.

Der Volksislam

Abseits von Das Etikett »Volksislam« entsprang Gehirnen, die versuchten, Koran und leben-
der reinen   dige Frömmigkeit zu entflechten. Vergebens, denn in der arabischen Welt lässt
Lehre   sich nichts so leicht in Schubladen pressen.

Obwohl die reine Lehre des Islam weder Toten- noch Heiligenkult duldet, verfügt fast jedes Dorf über heilige Schreine und Scheich-Gräber, »Qubba« genannte Kuppelbauten, an denen jährlich besondere Gedenkfeiern stattfinden. Sie haben bestimmt Gelegenheit, eine der 300 *Maulids (mawālīd* موالد*)* mitzufeiern. Dann werden die Plätze vor den Moscheen geschmückt, Karussells drehen sich, Feuerschlucker und Schlangenbeschwörer locken. Auch die deutsche »Kirmes« entwickelte sich von der Weihe der Kirche (»Kirchweih«) zum Jahrmarkt.

Zehntausende versammeln sich zum Beispiel in der Provinzhauptstadt Tanta im Nildelta, um den Geburtstag des Sidi al Badawi (Herr der Beduinen) mit Dankgebeten, gemeinsamen Mahlzeiten und »Zikr« zu feiern. Unter *dikr (*ذكر*)* versteht man eine Form des Gebets, bei der sich die Beteiligten in Trance zu setzen versuchen, indem sie rhythmisch bis zu hundertmal die Worte ausstoßen: »Es gibt

keinen Gott außer Gott!« *(ʾAllāhu ʿlā Illah ʾilla ʿllah!* الله الا اله لا الله) oder
»Er!« *(hūwa* هو) oder »der Größte!« *(ʾakbar!* اكبر)

Das Fest fällt in die Zeit nach der Baumwollernte im Oktober, wird nach dem
koptischen (notabene!) Kalender festgelegt und ist vielleicht aus einem vor-
christlichen Erntefest entstanden.

In Kairo knien jeden Freitag fromme Frauen in den Schreinen der Sayyida
Zeinab und Sayyida Aischa in der Altstadt von Kairo. Sie bitten um Heilung von
Krankheit, Unfruchtbarkeit und Depression. Sie bringen Geschenke, Blumen,
Brot, manchmal sogar Schmuck dar. Daneben ein kleines Bittbriefchen. Zeinab
war eine der Töchter des Propheten, Aischa seine Frau. Ihre Macht als Mittle-
rinnen ist gefragt. Unfruchtbare Frauen aus der Gegend von Luxor suchen im
pharaonischen Amon-Tempel von Karnak Zuflucht.

Eine kleine Moschee im Luxor-Tempel errichteten Anhänger des frommen Abu
al Haggag. Gottes Segen *(baraka* بركة) verlieh ihm die Kraft, anderen Menschen
seine Heilgabe zu übertragen. Die an seinem Grab begangene Feier endet mit einer Prozession, die dem altägyptischen Opet-Fest verdächtig ähnlich ist. Längst
drängt es Archäologen, unter der kleinen, kunsthistorisch unbedeutenden Moschee nach Altägyptischem zu graben. Würden sie jedoch den Spaten erheben,
gäbe es einen Volksaufstand.

Dem zweiten Sohn Alis, Hussein, ist eine von den Schiiten besonders verehr-
te Moschee in Kairo gewidmet, genau gegenüber der sunnitischen Hochburg Al
Azhar. Und weil in Ägypten vieles nebeneinander Platz hat, gehen die Frommen
einmal auf der einen Seite und einmal auf der anderen Seite beten. Die Moschee
des Prophetenenkels bewahrt das Haupt des Heiligen als Reliquie. Dort wird der
Jahrestag des Märtyrertodes Husseins bei Kerbala *(ʾāšūra* عشورة) gefeiert. Ungläubige dürfen diese Moschee nicht betreten.

*Fromme
beten auf
beiden Sei-
ten.*

*Barfuß
in die
Moschee
— Schuhe
bleiben au-
ßen vor.*

Die Woge der Gemeinsamkeit beim *Zikr an Aschura* können Sie aber ohne weiteres auf dem weiten Vorplatz der Moschee miterleben. Sie werden sogar zur Teilnahme aufgefordert, sollten sich aber möglichst unauffällig – und ohne Fotoapparat! – im Hintergrund halten.

Auf dem Lande, wo Christen und Muslime nachbarschaftlich zusammenleben, ist es durchaus üblich, dass die jeweilige Minderheit zu den Feierlichkeiten der größeren Gruppe eingeladen wird.

Mystische Reste – die Sufi-Orden

Durch Entsagung zur Erkenntnis

Der Mystiker ʾAl *Ġazālī* (الغزالي) hat vor 1000 Jahren mit seinem Gleichnis von den Chinesen und den Byzantinern gezeigt, wie das Herz durch Entsagung und nicht durch Schaffenskraft zur Erkenntnis vordringt:

»Man erzählt sich, dass die Leute aus China und aus Byzanz vor einem König wetteiferten, wer wohl am besten zu malen verstünde. Der König überließ ihnen einen Saal seines Palastes. Chinesen und Byzantiner sollten je eine Hälfte des Raumes ausschmücken. Zwischen ihnen wurde eine Stoffwand herabgelassen, damit jeder für sich arbeitete. Die Byzantiner brachten eine Fülle seltener Farben mit. Die Chinesen dagegen begannen sofort, die Wände des Saales in ihrer Hälfte zu putzen, zu glätten und zu polieren. Als die Byzantiner ihr Werk beendet hatten, gaben die Chinesen zu verstehen, auch sie seien mit ihrer Arbeit fertig. Der König, recht verwundert, fragte die Chinesen, wie sie denn den Saal ohne jegliche Farbe hätten ausschmücken können. Sie antworteten ihm, er möge doch einmal die Stoffwand hochheben. Und siehe da, die wunderbaren Gemälde der Byzantiner spiegelten sich farbenprächtig auf den glatten Wänden wider. Ihre Bilder leuchteten in einem ungeahnten Glanze auf. Und so übertraf das Spiegelbild an Schönheit das Werk der Byzantiner. Die Chinesen versinnbildlichen die Heiligen. Diese haben ihr Herz geläutert, das jetzt Gottes strahlende Wahrheit auffängt und weitergibt. Weise und Gelehrte dagegen machen sich wie jene Byzantiner ans Werk. Sie mühen sich um Erkenntnisse und schmücken mit diesem Wissen ihr Herz.«

Die früheren Sufi stiegen stufenweise auf durch Buße, Abstinenz von weltlichen Freuden, Armut, Geduld, Vertrauen in Gott und gelangten so zu gottgleicher Zufriedenheit.

Zweimal wöchentlich tanzen die Derwische.

In Ägypten leben noch viele tausend Anhänger heiliger Männer. Ahmadiya, Rifaiya, Arusiya oder Azmiya, so heißen die Orden *(ṭuruq* طرق*)* nach ihren jeweiligen Gründern. Die Mitglieder organisieren Wallfahrten zu deren Gräbern, sammeln Geld für Bedürftige, damit auch diese der Pflicht einer Pilgerfahrt nach Mekka nachkommen können und praktizieren den *Zikr*. Während in der Türkei und in Saudi-Arabien sufische Orden nur als Geheimbünde existieren, genießen sie in Ägypten offizielle Anerkennung. Beim »Hohen Rat für Sufische Angelegenheiten« sind rund 70 Orden staatlich registriert und damit an ein eigenes Sufi-Gesetz gebunden. Im Hof der Ghuri-Moschee in Kairo können Sie die Derwische zweimal wöchentlich tanzen sehen.

Geister, die ich rief

Es kann auch Ihnen blühen! Das Unheil lauert überall: Eine offene Schere und ein umgedrehter Schuh mit der Sohle nach oben bringen Unglück. Werfen Sie also nie Brot auf den Boden, und wenn es schon dort liegt, heben Sie es auf; denn träte einer darauf, droht eine Hungersnot.

Aberglaube im Islam

Welch enge Verbindung Glaube und Aberglaube eingegangen sind, beweist der Umgang mit Geistern. Im Gegensatz zu Juden- und Christentum rottete der Islam den überlieferten Geisterglauben der Bevölkerung nicht aus. So berichten mehrere Koransuren von den Unterschieden zwischen Menschen und den Geistern *(ğinn* جنّ*)*. Die Menschen erstanden demnach aus Tonerde, die Dschinne aus rauchlosem Feuer, die Engel aus Licht. Geister, die in vorislamischer Zeit als Gottheiten verehrt wurden, hörten später vom Koran und bekehrten sich.

Dschinne wohnen mit Vorliebe an unreinen Orten. Dazu zählen vor allem Toiletten, Bäder und Ställe. Auch in Ruinen oder auf Hausdächern fühlen sich Geister wohl. Sie suchen jeweils zum Mittag- und Abendessen die Menschen auf und speisen mit ihnen. Der Volksmund rät, man solle sich vor allem vor jenen schützen, die Toiletten bevölkern. Hier helfe die Anrufung Gottes »Im Namen Gottes des Gnädigen und Barmherzigen!« *(Bismiʾllah ʾar raḥmān wa raḥīm* بسم لله الرحمن الرحيم*)* oder die Formel: »O Gott, ich suche meine Zuflucht bei Dir vor dem Bösen und Widerwärtigen« *(ʾAllahumma aʿūdhū bika min ʾal hubt wa ʾal habt* اللهما اعوذ بك من الهيت و الهبت*)*. Geben wir zu, das klingt eindeutig gewichtiger als: »Wascht die Hände und zieht Gummihandschuhe an«.

Unreine Orte

»Du Nichtsnutz! Du Afrit!« ruft die Mutter ihrem Jungen zu, wenn er die Hose beim Klettern zerrissen, die Hausaufgaben vergessen oder die Hühner erschreckt hat. Ein *Afrit (ʾafrīt* عفريت*)*, so der Volksglaube, sei aus dem Blut gewaltsam ums Leben gekommener Menschen entstanden. Weise, aber auch Narren können von ihnen heimgesucht werden, um sich der Welt mitzuteilen und wahr zu sprechen.

Totengeister

Der Heiltanz *(zār* زار*)* der von körperlichen und psychosomatischen Leiden heilen soll, ist natürlich umstritten und wird von manchen als primitiver Exorzismus abgelehnt. *Zar*-Geister wickeln ihre vorzugsweise weiblichen Opfer wie in einen Mantel ein. Um sie zu besänftigen, werden eigens Feiern veranstaltet. Da hierzu mindestens drei Musiker und eine *Schecha* (Geisterbeschwörerin) gebraucht werden, kreist während der Zeremonie ein Klingelbeutel unter den Zuschauern. Falls Sie dabei sind, knausern Sie nicht: Sie wollen doch gewiss, dass die arme Kranke wieder zu Kräften kommt; und wie soll dies gelingen, wenn sie nach der Feier mit Schulden zurückbleibt.

Geisterbe-schwörung

Die Trommler tragen breite Gürtel aus Kaurischnecken, die in ganz Afrika das weibliche Geschlecht symbolisieren. Mit ihren Rhythmen versuchen sie den Geist aus seinem Versteck zu locken. Die Kranke im weißen Kleid unternimmt Anstrengungen, sich in Trance zu tanzen. Eine *Schecha* findet schließlich heraus, welcher Geist die *Zar*-Braut beherrscht und welche Bedingungen er stellt, um von ihr abzulassen. Der Geist mag besondere Schmuckamulette und Lieder oder ein Tieropfer, dessen Fleisch anschließend unter den Anwesenden verteilt wird, fordern. Im besten Fall stößt die *Zar*-Braut schließlich ekstatische Schreie aus und sinkt der *Schecha* entspannt in die Arme, wie von einem Heilschlaf übermannt. Die Ähnlichkeit zum Orgasmus macht niemanden befangen, obwohl der Vorgang sich in aller Öffentlichkeit und im Beisein von Männern und Frauen abspielt.

Der böse Blick

… kann zum Verhängnis werden.

Oder besser auf Arabisch: »Das mächtige Auge« *(ʾAl ʿaīn العين)* kann zum Verhängnis werden. Sie sitzen zum Beispiel in Kairo im Bus neben einer Mutter, die ihren hübschen, schwarzäugigen Sohn auf dem Schoß hält, und betrachten ihn wohlwollend. Sie sind eine Frau und haben gelernt, dass Sie am ehesten Kontakte knüpfen können, wenn Sie Frauen ansprechen. Vielleicht ist Ihnen auch das arabische Ausdruck »Für die Mutter des Affen ist ihr Kind eine Gazelle« zu Ohren gekommen. Sie bewundern also den Knaben, finden ihn wonnig und bestaunen seine Löckchen. Da zieht die Ägypterin plötzlich ihr schwarzes Umschlagtuch über ihn und dreht sich hastig weg. Verflixt, was haben Sie denn nun wieder falsch gemacht?

Freundliche Komplimente dürfen Sie gerne austauschen, doch haben Sie in diesem Fall zuviel des Guten getan. Kleine Jungen gehören einem besonders gefährdeten Personenkreis an, auf den Sie lieber kein »Auge werfen« sollten.

Vergiftete Brunnen und verdorbene Datteln

Der böse Blick, das Auge des Neiders kann große Macht auf alle ausüben, die sich vom Glück begünstigt glauben. Neid *(hasad حسد)* macht krank, vergiftet die Brunnen und verdirbt die Dattelernte. Mit Tücke schleudert der Eifersüchtige, freundlich lächelnd, tödliche Blicke. Wer weiß, was Sie im Schilde führten, Sie Bleichgesicht?! Jenen, die anders sind, unterstellt man besonders schnell Böses. Auf Hellhäutige wirken die Dunklen, auf Schwarze die Weißen bedrohlich.

Koranverse schützen.

Vor allem, was Gottes Namen trägt, schreckt das neidische Auge zurück: Koranverse, rote und türkisfarbene Glas- und Halbedelsteine oder Bilder von der Kaaba in Mekka, die so viele Bauernhäuser zieren.

Die unmittelbarste Art der Abwehr eines bösen Blickes besteht darin, ihn bereits im »Anflug« aufzuhalten, ihm drohend die Handfläche entgegenzustrecken. Hennarote Handabdrücke am Haus von Hochzeitspaaren, Tätowierungen in Handform, wippende Plastikhände an Windschutzscheiben, Hände mit Aufschriften »Oh Gott! *(Ya Rabb! يا رب)* finden Sie in ganz Nordafrika. Dass die Tochter des Propheten ihren Namen für die »Hand der Fatima« hergab, beweist nur, dass der Islam versuchte, auch diesen Aberglauben zu integrieren. Mit Fatima hat er so viel oder wenig zu tun wie Eier legende Osterhasen mit Christi Auferstehung.

Tiere – reine und unreine

Tiere werden im Koran als Wunder der Schöpfung besungen, aber auch in einigen Hygienevorschriften als Gefahrenquelle genannt.

Von türkischen Mitbürgern in Deutschland kennen Sie die Schlachtweise des Schächtens. Ein Tier muss, um nach muslimischer Auffassung rein auf den Tisch zu kommen, zuerst betäubt, dann an der Schlagader aufgeschnitten werden und vollständig ausgeblutet sein. Ursprünglich sollte so gewährleistet werden, dass kranke oder bereits tote Tiere den Menschen nicht infizieren. Eine Hygienemaßnahme, wenn Sie so wollen.

Schächten

Hundespeichel und die trichinenverdächtigen Schweine muss der Muslim ebenfalls meiden, sogar der Handel mit Schweinefleisch ist ihm streng genommen verboten. Viele Menschen in Ägypten überfällt beim Anblick von Hunden eine wahre Hysterie. Als Hundebesitzer sollten Sie darauf Rücksicht nehmen. Wohlhabende ägyptische Familien halten sich dennoch Wachhunde, einige sogar Schoßhunde, untrügliches Zeichen für »verwestlichten Lebensstil«.

Hunde und Schweine gelten als unrein.

Katzen genießen als ehemals göttliche Wesen der Pharaonenzeit weiterhin Zuneigung. Die Gazelle gilt als Symbol der Schönheit; der Ibis, der sich von schädlichen Insekten ernährt, heißt auch »Freund der Bauern«. Mit der Hege von Jagdfalken verdienen Beduinen gutes Geld. Die kürzlich global aufgetretene Vogelgrippe trifft Ägypten hart: Gefüllte Tauben aus den schönen weißen Taubenhäusern und Hühner ernähren normalerweise Tausende armer Bauern. Vögel gelten seit uralter Zeit als natürliche Gegenspieler der Schlangen und Skorpione. Diese Tiere werden sogar auf Schmuckstücken und Amuletten abgebildet. Ebenso taucht der fünfarmige Seestern als magisches Schutzmittel in Gewürz- und Arzneiläden auf.

Katzen dagegen sind göttliche Wesen.

Mit Kühen und Wasserbüffeln leben Bauern unter einem Dach, Schafe und Ziegen begleiten ihr Leben als unentbehrliche Fleisch- und Milchlieferanten. Und dennoch: Sollten Sie engagiertes Mitglied eines Tierschutzvereines sein, dann überlegen Sie sich Ihre Reise in den Orient wohl. Dort gelten andere Maßstäbe für die Pflege von Tieren. Wenn ein klapperdürres Eselchen einen tonnenschweren Anhänger voller Ziegel über das heiße Pflaster zieht, dann mitten auf der Kreuzung zusammenbricht und anschließend geprügelt wird, könnten Ihre Nerven versagen. Zum Trost sei gesagt, dass die Britin Dorothy Brooke 1934 eine Tierschutz-Stiftung gegründet hat, deren Hospitäler in Alexandria, Kairo, Assuan, Luxor und Edfu verletzte Tiere operieren und gesund pflegen. Wenn der Besitzer von der Arbeit des kranken Tieres leben muss, erhält er die Behandlung sogar umsonst.

Tierschützer brauchen gute Nerven

Eigentlich traben in Ägypten nur Dromedare, auf Arabisch heißen sie dennoch »ǧimāl« (جمال). Ohne die gezähmten einhöckrigen Dromedare hätten Beduinen die Wüste nie so weiträumig durchwandern können. Milch, Wolle und Fleisch liefert die »Freundin des Beduinen«. Aus der Kamelhaut lassen sich

Die Freundin des Beduinen

Zelte flicken und Geräte nähen. Palmrippentüren werden von Lederriemen zusammengehalten. Der Mist gibt einen guten Brennstoff.

Altarabische Poeten schwärmen vom Schwung der Vorderbeine, vom Schweif, der einem befransten Mantel gleiche. Die dunkle Regenwolke, Füllhorn des Himmels, trug den Namen »Milchkamelin«. Auch im Koran kommt das Kamel eher durch ein Nadelöhr als der Hoffärtige ins Paradies (Sure 7, 38).

Araber sind Reitervölker

Die relativ kleinen, dünnhäutigen und feingliedrigen Pferde, mit zwei Rippen weniger ausgestattet als andere Pferde, sind bereits im Jahr 2500 v. Chr. bildlich dokumentiert. Beduinen auf der arabischen Halbinsel züchteten aus dem afrikanischen Wildpferd ein genügsames pfeilschnelles Tier, um das Überleben des Reiters im Kampf und bei der Jagd zu sichern. Man konnte es aus dem Stand herumreißen, während ein Kamel bei einem solch unsanften Manöver störrisch in die Knie ging. Die Wasserrationen allerdings, die das empfindliche Pferd brauchte, mussten Kamele bei Feldzügen mitschleppen. Prophet Mohammed soll bekundet haben: »Böse Geister meiden Zelte, in denen sich ein arabisches Pferd befindet«.

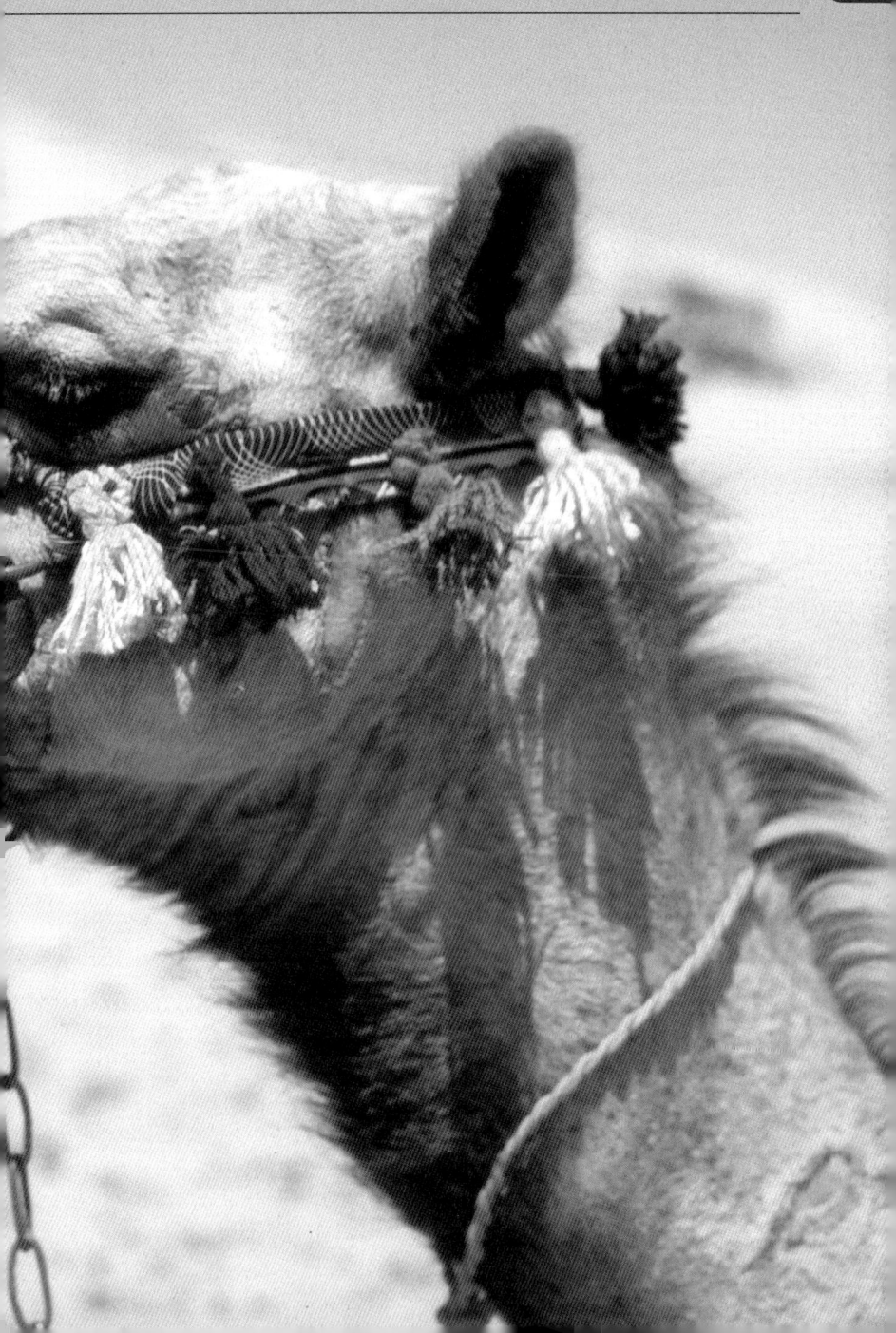

»Als Gleicher unter Gleichen«

Zwei Busse nähern sich den Pharaonenquellen am Roten Meer, beide entladen ihre Passagiere am Strand. Im einen Bus saßen Ägypter, im anderen Deutsche. Was geschieht? Die Ägypter bleiben zunächst stehen, lassen sich dann vor dem Bus in großen Gruppen nieder und beginnen fröhlich lärmend zu spielen. Die Deutschen hingegen marschieren erst einmal einen halben Kilometer und breiten dann ihre Strandmatten im Sand aus. Sie achten dabei sorgsam auf ausreichenden »Sicherheitsabstand« zwischen sich und dem Nachbarn. Der kulturelle Unterschied ist augenfällig.

Kulturelle Unterschiede

Miteinander *(sawā' sawā'* سواء سواء*)*, eigentlich: »als Gleicher unter Gleichen« lebt man in Ägypten, auch wenn die Intimität manchmal aufgezwungen ist. Familie, Verwandtschaft und Nachbarn umgeben den Einzelnen wie konzentrische Ringe, in deren Mitte er nie allein sein muss.

Niemals allein in Ägypten

Eine Hand allein kann nicht klatschen

Wer dieses arabische Sprichwort von Kind auf verinnerlicht hat, kann in der Fremde sein blaues Wunder erleben. Der ägyptische Student Galal lebte schon ein halbes Jahr in Dortmund. Doch immer noch plagte ihn das Heimweh. Weihnachten stand vor der Tür. Er hatte gehört, dass dieses Fest das wichtigste im Jahr sei und freute sich darauf. Am Weihnachtsvorabend hielt er ein ausgedehntes Schläfchen, um für die bevorstehende lange Nacht Kräfte zu sammeln. Als er um 21 Uhr noch immer keinen Lärm auf der Straße hörte, begab er sich ins Zentrum, um die feiernde Menge und menschliche Wärme zu suchen. Dort aber pfiff nur ein kalter Wind …

Lärm, Trubel und menschliche Wärme

Im ägyptischen Denken ist fest verankert: Wer sich absondert, hat Übles im Sinn und benimmt sich unsozial. Westliche Individualisten stellt das häufig vor Schwierigkeiten. Wenn man »nur mal seine Ruhe haben will«, verstehen die meisten Ägypter das nicht. Nur wenige großbürgerliche und intellektuelle Ägypter legen Wert auf Abgeschiedenheit und ziehen sich auch einmal zurück.

Sich absondern heißt unsozial sein.

Normalerweise gehört folglich Lärm zum Leben in Ägypten. Er wird nicht als störend empfunden. Weil das so ist, erfreut sich der stolze Besitzer eines Transistorgerätes auch nicht egoistisch allein an der Musik, sondern lässt seine ganze Umwelt an diesem Ohrenschmaus teilhaben. Für Europäer ist der ständige Trubel gewöhnungsbedürftig, hat aber auch seine guten Seiten. Als Eltern von Kleinkindern können Sie sicher sein, dass niemand am Geschrei Ihrer Sprösslinge Anstoß nimmt.

Familie und Vaterland

Von manchen Hotelbalkons aus können Sie es gut beobachten: Jeden Morgen stehen die Schüler stramm, hissen und grüßen die Fahne und singen die Nationalhymne: »Mein Land, dir meine Liebe und mein Herz! Ägypten, du Mutter

Marktgetümmel in Rosetta

Wichtig in der ägyptischen Gesellschaft: Gemeinschaftserlebnisse aller Art.

Ägypten, du Mutter der Länder!

der Länder, du bist mein Ziel und mein Streben. Wie viele Gaben hält dein Nil für mich bereit!« Der Text des täglichen Morgenliedes stammt aus dem Jahr 1975. Unter Nasser sang es sich noch anders; 1952 schmetterten die Bürger: »Es lebe das freie Ägypten und der Sudan«, eine Zeile, die heute nur noch wenige verstehen. Und 1956, vier Jahre nach der Revolution, hieß es unverkennbar an Israel gerichtet: »Meine Waffe, ich sehne mich nach dir!« Angesichts so relativ rascher Wechsel in einem Land, das ansonsten in tausendjähriger Kontinuität ruht, ist das Herz zwar bereit, für Ägypten und den Nil zu schlagen, nicht aber ebenso heftig für die Regierung (ʾal ḥukūma حكومة). Die eigene Familie geht vor Staatsinteresse.

»Meine Familie bleibt meine Familie,
auch wenn sie meinen Rücken bricht.«
Arabisches Sprichwort

Familie hat immer Vorrang.

Die Familie gleicht einer fest geflochtenen Hängematte, die stärksten Belastungen standhält. Jeder sollte für jeden volle Verantwortung übernehmen. Ein Vater reist ohne Zögern gar in die Wüste, um seinen »verlorenen Sohn« zu suchen, der lange nichts von sich hören ließ. Es versetzt ihn nur kurzfristig in Unruhe, dass er damit seine Arbeitsstelle und das gesamte Familieneinkommen aufs Spiel setzen könnte. Er rechnet damit, dass jeder Arbeitgeber seine Handlungsweise verstehen wird: Familie hat Vorrang!
Junge deutsche Frauen, die Ägypter heiraten, seufzen, wenn sie ihren eigenen familienfernen Freunden kein offenes Haus bieten können, weil sie der verzweigten Familie ihres Mannes zu jeder Tages- und Nachtzeit zur Verfügung stehen müssen.

Neben den hohen Stammbäumen der Saudis, die ihre Herkunft stolz bis zur Familie des Propheten zurückverfolgen können, nehmen sich ägyptische Familienhistorien eher wie breite Büsche aus. Wenige Ägypter sind in der Lage, ihren Ururgroßvater zu nennen. Dagegen kommen sie in der heutigen Generation mühelos auf hundert Anverwandte, die von ihnen etwas erwarten und von denen auch sie etwas erwarten dürfen.

»Wie geht's zu Hause?« *(ʾizzay ʾal bait? ازي البيت)* Diese unverfängliche Frage zu Beginn fast jeden Gesprächs in Ägypten schließt die Erkundung nach dem Befinden der Ehefrau mit ein und erspart weitere Nachfragen. Zu Ihrer Überraschung erhalten Sie manchmal die ausführliche Auskunft gleich mitgeliefert: »Seit gestern geht es ihr wieder besser«, statt sich mit der üblichen, vage gehaltenen Floskel »Zu Hause ist alles in Ordnung« *(fil bait kullu tamām في البيت كلّ تمام)* begnügen zu müssen. Etwas enger gefasst, können Sie auch nach der *ʿāʾila (عائلة)* fragen. Dieses Wort umschließt all das, was Familie bedeutet: sich kümmern, sich verlässlich zeigen und Hilflose schützen.

Wie geht's zu Hause?

Alle, die nahe stehen *(qarīb قريب)*, heißen im Dialekt ʾurayyib. Sie gelten als Verwandte, ob in ihren Adern nun verwandtes Blut fließt oder nicht. Hauptsache, sie räumen ihre Schlafzimmer, wenn Not am Mann ist. Solidarität, nicht Wettbewerb zählen in der ägyptischen Familie. Schutz und Unterhalt spenden die Männer; dafür verlangen sie Mitarbeit und Gehorsam. Manche Kinder siezen ihre Eltern sogar. Die Scharia (vgl. Seite 53) legt ebenfalls sehr konkrete Familienpflichten fest. So müssen reiche Familienmitglieder arme Angehörige unterstützen, Blutsverwandte sollen Bußgelder und Geldstrafen für mittellose Angehörige übernehmen, zumindest in der Idealvorstellung … Denn manche Vettern tauchen einfach in der Großstadt unter und lassen nie wieder von sich hören.

Solidarität statt Wettbewerb

Die Nachbarschaft

Sackgassen in alten Stadtvierteln zeugen vom Streben ihrer Bewohner nach Abgeschlossenheit. Vor 200 Jahren bestand Kairo aus vielen durch Mauern und Tore voneinander getrennten Wohnquartieren. Konkrete Anweisungen des Propheten empfahlen für Medina eine Gassenbreite von sieben Fuß, also etwa zwei Meter. Diese vertrauliche Enge werden Sie nur noch in den Altstädten finden, wo kaum fünf Personen aneinander vorbei kommen. Aber weiterhin betonen unnahbare Fassaden das Private. Keiner soll von draußen erkennen, was sich drinnen abspielt. Das eigentliche Gesicht eines Hauses zeigt sich zum Innenhof hin.

Vertrauliche Enge

»Einen Korb mit zwei Henkeln soll man zu zweit tragen.«
Arabisches Sprichwort

Als die Truppen Napoleons aus taktischen Gründen einige innerstädtische Tore in Kairo einrissen, kam es unter der Bevölkerung zu einem Aufstand. Abgeschieden von der Außenwelt fühlten sich die Menschen in ihren Quartieren geborgen. Die

Geborgenheit

Keinerlei
Einblick,
Woh-
nungen in
Alt-Kairo

alten Stadttore sind zwar gefallen, aber die städtische Unterschicht lebt weiterhin in einer engen sozialen und emotionalen Bindung an ihr Viertel und die dortige Nachbarschaft. Außerhalb der Familie fängt die Nachbarschaft harte Schicksalsschläge auf. Soweit die positive Seite. Die Kehrseite der Medaille: Klatsch und Tratsch blühen, die Starken werden respektiert, die Schwachen eingeschüchtert.

Identität   Die Landbevölkerung betrachtet das Dorf als eigentliche Heimat, an die aus der Ferne immer wieder voll Heimweh gedacht wird. *Balad* (بلد) bezeichnet beides, das Land Ägypten und das Heimatdorf. In der Entwicklung der Republik versuchten Massenmedien, Armee und Schulen, die dörfliche Identität in ein arabisch-ägyptisches Nationalbewusstsein umzuleiten, was aber nur in Ansätzen gelang.

Verpflichtung und Gefälligkeit

Jeder schul-
det jedem
etwas.

Nicht wegzudenken aus dem ägyptischen Lebenszusammenhang: Verpflichtung und Gefälligkeit *(Wāǧib wa māᶜrūf* واجب و معروف). Im engmaschigen Netz der Familie schuldet jeder jedem etwas. Eine junge Frau, die ihre Schwiegermutter mit frisch gebügelter Wäsche und Mittagessen versorgt, darf keinen Dank erwarten, da sie lediglich ihre Pflicht erfüllt. Wenn der Vater die Mutter zum Arzt begleitet, ist dies nicht unbedingt als Liebesbeweis anzusehen, sondern dem Gefühl der Verpflichtung *(wāǧib واجب)* entsprungen. Bäckt aber eine Frau der eigenen Mutter zum Neujahrsfest einen Kuchen, so wird diese sich für die unerwartete Geste herzlich bedanken. Und überrascht ein Ehemann seine Frau mit einem Armreif, so wird sie den Schmuck ebenfalls als *māᶜrūf (معروف)* betrachten.

Es ist üblich, die Kinder zum Fest des Fastenbrechens mit neuen Schuhen auszustaffieren. Können die Eltern sich dies aus finanziellen Gründen nicht leisten, so müssen die Kinder am Festtag zu Hause bleiben, um die Eltern nicht zu blamieren. Dies erfährt vielleicht ein begüterter Onkel, der dem Vater Geld zusteckt, damit er seiner Vaterpflicht Genüge leisten kann. Irgendwann jedoch muss der Vater die Gefälligkeit wettmachen: Was dem einen *māᶜrūf,* wird dem anderen *wāǧib.*

Die Selbsthilfegruppe

Gamiya (ǧamᶜīya جمعية), so ahnen Sie, muss mit Gemeinschaft zusammenhängen, heißt doch der Versammlungstag Freitag *Yaum ᵓaǧ ǧumᶜa (يوم الجمعة),* der Genossenschaftsladen *ǧamᶜīya (جمعة),* die Universität *ǧāmiᶜa (جامعة)* und die Moschee, in der gepredigt wird, *ǧāmiᶜ (جامع).* Sie haben also Recht.

In einer *Gamiya,* einer Selbsthilfegruppe, schließen sich Leute zusammen, die ein privates oder gemeinsames Ziel erreichen wollen, aber als Einzelne nicht über die nötigen Mittel verfügen. Elf Kolleginnen zum Beispiel legen monatlich 50 Ägyptische Pfund in eine Kasse, die von einer von ihnen verwaltet wird. Der

Gemeinsam sparen für ein Ziel

Manchmal ist Nehmen seliger als Geben

Schickt Ihre ägyptische Nachbarin Ihnen Süßigkeiten zum Ramadan *(māᶜrūf),* so sollten Sie sich bei einer späteren Gelegenheit mit einem kleinen, etwas höherwertigen Geschenk erkenntlich zeigen *(wāǧib).* Bringt Ihnen der Chauffeur dagegen Gebäck, so löst seine Geste für Sie keine Verpflichtung aus. Sie dürfen seine Gabe als Dank für Ihre freundliche Behandlung und ausreichende Bezahlung annehmen, denn er steht nicht auf derselben Rangstufe wie Sie. Bitten Sie Ihren Angestellten um Kleingeld, weil Sie im Augenblick nur große Scheine in der Tasche haben, geben Sie ihm Gelegenheit zu *māᶜrūf* – für die weniger Betuchten ein schönes Gefühl. Belassen Sie es dabei und erfüllen Sie Ihre Verpflichtung zur Rückgabe erst beim nächsten Fest, indem Sie dann einen Ihrer großen Scheine springen lassen. Wenn er es nicht annehmen will, bestehen Sie darauf, dass es »für seine Familie« sei. Dann kann er die Gabe nicht ablehnen.

Reihe nach können jeden Monat 550 Pfund oder weniger an eine Kollegin ausbezahlt werden. *Gamiya*-Schulden gelten als Ehrenschulden und werden so gut wie nie versäumt. Auch habe ich nie gehört, dass sich ein *Gamiya*-Kassenwart aus dem Staube gemacht hätte.

Nahezu jede Frau beteiligt sich an irgendeiner Spargemeinschaft, manche zahlen Einlagen an mehrere zugleich. Sie stecken sich vielfältige Ziele: Vertrieb selbst hergestellter Ware, Finanzierung von Hausbau, Aussteuer, Krankenhauskosten oder auch wohltätigen und kulturellen Vorhaben. Nie geht es um einen anonymen Kreis, sondern immer um miteinander vertraute Personen aus dem nahen sozialen Umfeld. Dieses Sparspiel ist in allen Schichten beliebt; mal handelt es sich um Piaster, mal um vierstellige Pfundbeträge. Nicht selten bemühen sich Angestellte, ihren Arbeitgeber oder einen anderen wohlhabenden Teilnehmer für ihre *Gamiya* zu gewinnen, in der Hoffnung, dieser werde nicht auf rasche Auszahlung drängen.

Die Clique

Beziehungen schaden nur dem, der keine hat.

Ägyptische Vetternwirtschaft *('Aš šilla* الشلّة*)* umhüllt eine Aura der Solidarität. Für einen nahen Verwandten Arbeit suchen, ihn im eigenen Betrieb beschäftigen oder Beziehungen zu seinen Gunsten nutzen, dies zählt zu den Aufgaben eines anständigen Menschen. Ihr Reiseleiter führt Sie zielstrebig zum Andenkenladen seines Schulkameraden, weil er etwas Gutes tun will. Aber kein Mensch zwingt Sie, dort Ihr Geld auszugeben.

Beziehungen schaden nur dem, der keine hat. Ehemalige Auslandsstudenten wie der *Bund der Ägypter deutscher Bildung* oder die Alumni der Amerikanischen Universität in Kairo pflegen Geselligkeit, helfen einander aber auch mit Rat und Tat. Das gilt für alle sozialen Schichten. Wer jemanden als politischen Häftling im Gefängnis kennengelernt hat, der wird später jederzeit bereit sein, seinen ehemaligen Zellengenossen solidarisch »unterzubringen«.

Wie in Frankreich Regierungs- und Oppositionspolitiker samt Chefredakteuren aller wichtigen Blätter ein und dieselbe renommierte Hochschulbank drückten, so ergeben sich in Ägypten Karrieren selbsttätig durch die Bekanntschaft mit bestimmten Personen. Derartige Beziehungen müssen langsam wachsen und sich über Jahre bewähren, dann kann sie nichts mehr erschüttern.

Dass allerdings Mubaraks Sohn ungefragt und ungewählt als designierter Nachfolger im Präsidentenamt gehandelt wird, provoziert Satiren über pharaonisch-dynastischen Machtmissbrauch. Offenbar haben sich doch demokratische Ideale in einige Sektoren der Gesellschaft eingeschlichen.

Einmal vergiftet, immer vergiftet

Beziehungsgeflechte, einmal vergiftet, können wider jede Vernunft gute Ideen zu Fall bringen, im Privaten und Geschäftlichen. Ein Sprichwort trifft den Nagel auf den Kopf: »Sei einmal auf der Hut vor deinem Feind, aber hüte dich tausendmal vor deinem Freund; denn der Freund könnte ein Feind werden, und er weiß dann genau, wo dich der Schuh am ärgsten drückt!«

Nur von Männern frequentiert, Kaffeehaus in Rosetta

Arabische Brüder unter sich

Alle Muslime sollten Brüder sein, da sie zur Gemeinschaft der Gläubigen (ʾumma امّة) gehören. Wie bei Brüdern einer Familie bleiben geschwisterliche Konflikte nicht aus. Da wurde anno 1958 die syrisch-ägyptische Union im Bruderschaftstaumel gefeiert, um sich im Laufe der folgenden Jahre in eisige Feindschaft zu verkehren. Aber 1989 sprach Hafez al Assad nach Jahren voller Hetztiraden plötzlich wieder vom »süßen Ägypten«. Die Zeiten des Panarabismus sind vorbei, aber im Kampf gegen äußere Feinde bekennen sich die Verwandten zueinander. Als erster beteuerte Präsident Mubarak der demokratisch gewählten Hamas in Palästina im Januar 2006 seine Solidarität, was die ägyptischen Behörden jedoch nicht hinderte, danach die Grenze in Rafah mehrfach zu schließen, als von Israel Ausgebombte nach El Arish fliehen wollten. Libanesen witzelten im August 2006, noch auf rauchenden Kriegstrümmern sitzend: »Die arabischen Staaten zeigen sich solidarisch mit unserem zerstörten Land. Saudi-Arabien schickt eine Million Dollar für den Wiederaufbau, Mubarak ordnet die Gefangennahme sechs israelischer Soldaten an …«

Bruderschaftstaumel und eisige Feindschaft

*Als Gastar-
beiter in die
Nachbar-
staaten*

Ägyptische Nationalisten betonen die Überlegenheit des Nillandes mit seiner 8000 Jahre alten Zivilisation und grenzen sich damit von der Beduinenkultur der Araber ab. Sie beklagen die ungleiche Verteilung der Gaben: Ägypten hat die Menschen, und die anderen haben das Öl! Gerade diese Ungleichheit lockte mehrere Millionen Ägypter als Gastarbeiter in die Nachbarstaaten. Manche Familien leben über Jahre, gar Jahrzehnte getrennt: Frau und Kinder in Ägypten, der Mann buckelt in den Emiraten oder Saudi-Arabien. Mit dem hart verdienten Geld finanzieren sie Schulgeld für die Kinder, die eigene Wohnung oder ein Auto. Religiöse Indoktrination kommt frei Haus mitgeliefert.

*Ägypten
führt in der
Arabischen
Liga.*

Die Notwendigkeit als Land der Mitte zwischen den Nachbarn auszugleichen und das gegenseitige Verständnis anzustreben, hat Ägypten in seiner Führungsrolle immer wieder bestätigt. Nicht umsonst befindet sich der Sitz der Arabischen Liga – nach zehnjähriger Pause wegen der Friedensverhandlungen mit Israel von 1979 bis 1989 – wieder in Kairo. Dass die Theologische Fakultät der Azhar-Universität seit 1000 Jahren ebenfalls dort heimisch ist, verleiht dem ägyptischen Ansehen weiteres Gewicht.

*Großes
Gewicht
in der is-
lamischen
Welt,
Hauptstadt
Kairo*

Muslimbrüder gewinnen Stimmen

»Sie lassen sich nicht bestechen, sie handeln solidarisch, sie arbeiten hart und leben vor, was Islam bedeuten kann«. So äußern sich die »Vergessenen der Welt«, die Armen in Ägypten, über die mittlerweile 80 Jahre alte Gruppe der Muslimbrüder in der Muslimbruderschaft. Daher ist es kein Wunder: Muslimbrüder (ʾAl ʾiḫwān الاخوان) gewinnen Stimmen.

Weite Kreise der Jugend stehen auf ihrer Seite, denn beide suchen ihr Heil in der Religion: »Der Staat ist verdorben. Wenn wir die Regeln des Glaubens richtig anwenden, werden wir als Volk vorankommen«.

Die Muslimbrüder verpflichten Akademiker zur Freiwilligenarbeit, kümmern sich um vergessene Slumbewohner, verteilen Bücher, warmes Essen und Kleidung an Bedürftige und Studenten. Sie verstehen sich als religiös und damit politisch bedeutsame Bewegung. Für ihre Internetseite schreiben international gebildete Kommentatoren auch auf Englisch und erhöhen damit das Prestige der muslimischen Idee.

»Der Islam ist die Lösung«

Aber gerade ihre spirituelle Seite verstellt den Muslimbrüdern den Weg in die legale Parteienlandschaft, denn religiöse Parteien sind in Ägypten nicht zugelassen. Offiziell heißt es, man wolle damit »libanesische Zustände«, das heißt einen religiös motivierten Bürgerkrieg, vermeiden.

Die Muslimbrüder deklarierten deshalb ihre Kandidaten als »Unabhängige« und schickten sie 2005 mit dem Slogan »Der Islam ist die Lösung« in den Wahlkampf. Trotz niedriger Wahlbeteiligung und fragwürdiger Auszählungspraktiken brachten sie 88 Abgeordnete, das entspricht satten 20 Prozent der Wählerstimmen, ins ägyptische Parlament.

Die Muslimbrüder streben die Einheit aller Muslime der Welt an. *»Dīn wa daula«* (دين و دولة) hieß der Schlachtruf des Gründers Hassan al Banna 1928: Die Religion soll sich dem Staat nicht unterordnen müssen, sondern zum Fundament allen Handelns werden. Er starb durch die Hand der Staatspolizei von König Faruk. Nassers Schergen schufen 1966 einen weiteren Märtyrer, indem sie den Literaten Sayyed Qutb hinrichteten. Er hatte im Gefängnis die Grundideen der fundamentalistisch-islamischen Bewegung niedergeschrieben, die heute von Muslimbrüdern und kleineren militanten Splittergruppen unterschiedlich interpretiert werden. Da heißt es sendungsbewusst, der Heilige Kampf für Gott *(ǧihād)* sei das einzige Mittel gegen die anti-islamische Barbarei und Unwissenheit *(ǧāhiliya جاهلية).*

Märtyrer

In der Frühzeit des Islam hatte sich der *ǧihād* gegen die Unwissenheit der Andersgläubigen gewandt. Von gemäßigten Muslimen wird der Kampf daher eher als eine Pflicht zur Mission verstanden, zumal das Wort *ǧihād* primär »sich Mühe geben« und »Anstrengung« ausdrückt.

Dschihad

Die ägyptische Muslimbruderschaft bekennt sich seit Jahren offiziell zum Gewaltverzicht. Dennoch werden ihre Mitglieder ständig von der Geheimpolizei überwacht und bei Versammlungen und nach Demonstrationen regelmäßig wegen »aufrührerischer Umtriebe« inhaftiert.

Vier Grundwerte bestimmen nach ihrer Auffassung das Handeln des gläubigen Muslim: die Einheit (die untrennbare Zusammengehörigkeit allen Lebens), weiter das Gleichgewicht (das natürliche Streben des Menschen nach Harmonie), drittens der freie Wille – innerhalb des von Allah gesetzten Rahmens – und endlich die Verantwortung, durch die der individuelle Spielraum auf ein sozial verträgliches Maß beschnitten wird.

Im Reformprogramm der Muslimbruderschaft für den Parlamentswahlkampf von 2005 kommt das Wort Freiheit 26mal vor. Begriffe wie Menschenrechte, Toleranz, Freiheit und Bürgerrechte spielen eine grundlegende Rolle, die sich aus der jahrzehntelangen Unterdrückung der Gruppe hinreichend erklärt. Aus diesem Wertekanon, einer Mischung aus Aktionsprogramm und Glaubensbekenntnis, seien hier einige Punkte zitiert:

▶ Die Scharia ist der Weg zur Reform und verbindet Politik und Moral. Sie widerspricht moderner Gewaltenteilung und einem säkularen demokratischen Staatswesen keineswegs.

▶ Alle Bürger, ungeachtet ihrer Hautfarbe, Rasse, Religionszugehörigkeit und ihres Geschlechts haben gleiche Rechte. Sie müssen sich einigen und abgestimmte Beschlüsse fassen.

▶ Der Frau obliegt die Aufzucht und Erziehung der Kinder. Sie kann sich, im Rahmen ihrer moralischen Integrität und Würde, produktiv, gesellschaftlich und politisch betätigen.

▶ Der Mann muss die Familie erhalten und die Werte des Islam in allen Lebensbereichen unterstützen.

▶ Der Bürger hat den säkularen Staat zu wählen und zu kontrollieren.

▶ Demokratische Wahlen sollen auf der Ebene von Nationalstaat, Gouvernorat und Landkreis durchgeführt werden. Alle Institutionen und Bürgervereinigungen verpflichten sich zum Kampf gegen die Korruption.

▶ *Zakāt* (زكاة) sind Steuern, die auf Einkommen, Renten und Grundbesitz erhoben werden. Sie sind ein Akt sozialer Gerechtigkeit und Solidarität. Der Staat darf *zakāt* im Sinne des Gemeinwohls verteilen. Mit ihnen sollen neue Arbeitsplätze geschaffen werden. Die Regierung muss dies der Öffentlichkeit transparent darstellen.

▶ *Ribḥ* (ربح) bedeutet Profit ohne Arbeit und ohne Risiko und ist im islamischen Recht verboten. (Das Wort gelangte übrigens über das Jiddische als »Reibach« ins Deutsche.) Wucherzins verstößt gegen das Gesetz der Solidarität.

▶ Die islamische Gesellschaft sucht die Harmonie zwischen den verschiedenen sozialen Klassen, wenngleich diese durch Allah geschaffen sind. Klassenunterschiede sind also unvermeidlich, sollen aber nicht zu Konflikten führen.
▶ Die Erziehung muss durch bessere Lehrerausbildung und -besoldung aufgewertet werden.
▶ Die Medien sollen in Freiheit arbeiten, aber einem durch gesellschaftlichen Konsens erarbeiteten Wertegerüst folgen …

Das Wahlprogramm der Muslimbruderschaft bietet eine umfassende muslimische Vision für Außen-, Wirtschafts- und Sozialpolitik, an der sich die Abgeordneten im Laufe der nächsten Jahre messen lassen müssen.

Für Ausländer besonders interessant liest sich dieser Passus aus dem Kapitel Freiheit, Menschen- und Bürgerrechte: »Ausländer, die sich in Ägypten befinden, sollen ein Recht auf Sicherheit, Fürsorge und Befriedigung ihrer Bedürfnisse haben, so wie es der Geschichte und Zivilisation unseres Landes entspricht. Darauf beruht die Anziehungskraft Ägyptens für alle, die dort ständig oder besuchsweise leben wollen«.

Recht auf Sicherheit

Die vierte Gewalt – Multimedia

Kairos Dächer beherbergten vor zehn Jahren nur verstaubte Kisten und zerbrochenen Hausrat, heute prangen dort Satellitenschüsseln, für jede Wohnung eine. Etwa ein Viertel aller Ägypter informiert sich über durchs All eingeflogene ausländische Sender und traut ihnen mehr Wahrheitsgehalt zu als den nationalen.

Für jede Wohnung eine Satellitenschüssel

Die staatlichen *Nile News* haben nur noch einen Vorteil: Der Sender erreicht über Erdkabel auch das gesamte ländliche Publikum. An der Spitze von Ägyptens schwerfälliger Fernsehbürokratie mit mehreren Tausend Angestellten sitzt eine – übrigens in den USA ausgebildete – Frau, Hala Hashish. Sie plädiert für einen »verantwortungsbewussten« Übergang in die Pressefreiheit. Die allerdings haben sich die oberen zehn Prozent längst gekauft und zappen sich flott zu *CNN* oder *Euronews* durch. Deshalb entschließt sich auch *Nile Sat,* der staatliche Satellitenkanal, allmählich heißere Themen anzufassen.

Eine explosive Mischung aus gehobenem arabischem Selbstbewusstsein, religiösem Aufbruch, Antiamerikanismus und berechtigter Klage über die Missachtung von Menschenrechten kommt aus den arabischen Nachbarstaaten ins Wohnzimmer. Der libanesische Sender *Lebanese Broadcasting Corporation (LBC)* mit Unterhaltung und Talkshows, der fromm eingefärbte, werberträgliche saudische *ʾAl ʿArabiya (العربية)* und der eher provokante Sender *ʾAl Gezīra (الجزيرة)* aus Qatar riskieren eine freiere Lippe, haben scheinbar weniger Angst vor offenen Kontroversen und Systemkritik. Wiewohl diese Offenheit vor den Pforten der Paläste in ihrem jeweils eigenen Land endet, heizen sie den ägyptischen Machthabern gerne ein.

Explosives aus den Nachbarstaaten

Wider-
sprüche:
Westliche
Reklame in
Kairo

Film und
Fernsehen

Wer vom arabischen Film redet, meint den ägyptischen. Denn am Nil wird mas-
senhaft produziert und verschwindend wenig Hollywood-Ware importiert. Im
Popcorn-Dunst der klimatisierten Einkaufszentren, die auch in Ägypten »Mall«
heißen oder auf den abgeschabten Plüschsesseln der Provinz öffnet das ägyptische Cinema so manches Ventil, um den Dampf sozialer Spannungen abzulassen. Im Monat Ramadan überbrücken wochenlange Serien die Fastenqualen
und schweißen die Familien vor dem Bildschirm zusammen. Mit unerhörten
Einschaltquoten schwören sie die Zuschauer auf staatstragende Ideologien ein.
Dauerthema seit Jahren: Israel und der Zionismus, leicht gewürzt mit Action,
Sex und Crime.

Starrummel

Die Zuschauer identifizieren sich gern mit positiven Stars, weshalb deren
Privatleben unbarmherziger Neugier anheimfällt. Die Schauspieler und ihre
Regisseure gelten als Vorbilder, ein vergrößertes Selbst. Schauspielerin Faten
Hamama wechselt die Partner? Ahmed al Fishawi soll durch Gentest zur Anerkennung der Vaterschaft gezwungen werden? Mohammed Heneidi fastet und
fährt nach Mekka? Hanan Turk verschleiert sich? Youssri Nasrallah kommt
geläutert aus Europa zurück ins heimatliche Niltal? All dies bewegt die Jeder-
männer und Jederfrauen genauso, sie fühlen sich verstanden und bestätigt
durch ihre Filmidole.

Einige Filmemacher schwingen sich zum Volkserzieher auf, wenn sie zeigen,
wie die Bevölkerung eines Armenviertels einen brutalen Polizeispitzel bloßstellt
oder einer korrupten Bande das Handwerk legt. Tragen sie jedoch die Moral gar
zu dick auf, beschweren sich die Zuschauer.

Umstrittene
Themen

Andere Regisseure können Probleme neuerdings erstaunlich offen attackieren.
Filme wie das »Jakobinische Haus« sorgen für heftige Diskussionen über Dro-
gensucht, Homosexualität, Ausbeutung, Klassismus, Korruption und Armut.
Natürlich gefällt solche Thematik nicht allen. Youssuf Chahine, Altmeister des

ägyptischen Films, musste sich mehrfach abmahnen lassen, weil sein Abbild der ägyptischen Wirklichkeit zu drastisch ausgefallen war. Nobelpreisträger Naguib Mahfuz musste um sein Leben fürchten, als seine »Kinder von Gebeleya« erstmals in die Kinos kamen. Gegen Tabubrüche im Film »Bahibb es Sinema« (Ich mag das Kino) protestierten Kopten genauso wie Muslime gegen »Sahar el leyali« (Schlaflose Nächte). Junge Kinogänger sehen's anders: »Gibt's eine Geschichte oder Liebesszenen?« *(Qiṣṣa wala manāṭir?* قصة ولا مناظر) fragen sie an der Kasse. Scheint ihnen der Film zu »sauber« *(naḏīf* نضيف*),* drehen sie auf dem Absatz um.

Kaum fünf Millionen Ägypter nutzen das Internet, die Crème der auf die 80 Millionen zusteuernden Bevölkerung. Dennoch sorgen die offiziellen Portale der Muslimbrüder und eine Vielzahl aufsässiger virtueller Kommentatoren oder »Blogger« für Nervosität bei der Staatssicherheit. Wie krampfhaft sie immer versucht, jene schnellen Internet-Flöhe auszumachen, es gelingt nur lückenhaft. In ägyptischen Internet-Cafés können, wenige Stunden nach Verhaftungen oder Skandalen, echte und manipulierte Bilder der Ereignisse von anonymen Webseiten abgerufen werden, auf Arabisch oder Englisch, je nach Wunsch. Von Pornographischem ganz zu schweigen.

Internet-Nutzer heizen ein.

Unerwünschte Aufmerksamkeit erregte die ägyptische Regierung, als *Reporter ohne Grenzen* die Internet-Publizisten Alaa Abd el Fattah und seine Frau Manal mit dem Preis »Best of the Blogs Award« auszeichneten. Alaa wanderte daraufhin in eine Gefängniszelle.

Die Tageszeitung *Al Ahram* scheut sich nicht, den eigenen Journalisten den Zugang zu terroristischen Sites zu sperren. Die Verbindung mit dem Internet läuft über einen Proxyserver, der unbequeme Störer ausfiltern kann.

Staat oder privat?

»Vater Staat«, so sagen wir. In Ägypten würde man eher »Vater Präsident« meinen. Denn dieser sorgt – im Idealfall – weise für das Wohlergehen der Landeskinder und fällt gerechte Entscheidungen, erwartet im Gegenzug aber unbedingten Gehorsam. Die ägyptische Verfassung trägt diesem Wunschbild Rechnung, indem sie den »*raʾīs* (رئيس*)* mit weitgehenden Vollmachten ausstattet. Raten Sie mal, wen Sie an 365 Tagen des Jahres auf der Titelseite der *Egyptian Gazette* finden? Den Präsidenten der Republik!

Vater Präsident

Wenn nun einer es wagt, auch nur über einen gegen den Präsidenten angestrengten Prozess wegen Veruntreuung zu berichten, wie im Juni 2006 der Herausgeber der Wochenzeitung *ʾAl dustūr (*الدستور*),* dann landet er unverzüglich hinter Gittern. Doch das Gesumm von den Vorzügen der Demokratie ohne Bestechung gleicht den Stechmücken im Sommer – sie lassen sich schlecht verscheuchen.

Nach ägyptischem Verständnis muss eine Gesellschaft auf einem allgemeinen Konsens, einer minimalen Übereinstimmung ruhen können. Und dieser Kon-

Sekem-
Chef
Ibrahim
Abouleish
zeichnet
Mitarbeiter
aus.

*Im Dunst-
kreis der
Macht*

sens besteht in den Werten Gottesfurcht, Anstand, Familie, Solidarität und Harmonie, personifiziert in der Gestalt des *ra'īs.*

Soziale Harmonie erschien Ägyptern stets erstrebenswerter und sinnvoller als die
importierte Theorie des Klassenkampfes. Ein friedlicher Wohlfahrtsstaat schwebt
vielen vor, in dem sich jeder mit dem, was das Schicksal ihm beschied, zufrie-
dengibt. Lange Zeit wurden Schweden und die Schweiz als Vorbilder betrachtet,
natürlich nach Abzug aller »demokratischen und sittlichen Entgleisungen«.
Gouverneure werden vom Präsidenten ernannt, nicht etwa demokratisch gewählt. Sie versuchen, wie alle in einem zentralistischen Land, in Kairo und im
Dunstkreis der Macht zu bleiben. Wer in die Provinz versetzt wird, seufzt und
pendelt, wenn er nicht ausgerechnet aus eben dieser Provinz entstammt. Die
Familien kommen gar nicht erst nach und sehen den Vater nur am Wochenende. Was liegt näher, als sich für die Verbannung aufs Land durch ein zeremo-
nielles Herrschergehabe, gemächlichen Büroalltag und erfreuliche Arbeitssessen
mit einem Pfeifchen zu entschädigen? Nicht so der Gouverneur von Qena. Er

machte Furore, weil er sein Amt mit ansteckendem Enthusiasmus versah, die Ärmel hochkrempelte, sein Budget verantwortlich verwaltete und eine heruntergekommene Region innerhalb von fünf Jahren auf Vordermann brachte. Warum so viel Lärm um einen guten Provinzverwalter?

Vorbildfunktion in Sachen Entwicklung

Schauen wir uns an, was in Qena, einem armen Gouvernorat im Süden, geschah: Adel Labib ließ die Zivilgesellschaft aktiv an der Entwicklung teilnehmen und steigerte damit das Verantwortungsbewusstsein der Bürger für ihre Stadt. Als erstes erhöhte er das Gehalt von Polizisten, bot den reichlich vorhandenen Kriminellen einen Einstiegsjob in der Müllabfuhr an, ließ die Straßen pflastern, Grünstreifen bepflanzen, eine Brücke bauen. Studenten der Universität entwarfen Brunnen und Wandgemälde für öffentliche Parks und Plätze. Das Nilufer, einst eine wilde Müllkippe, verwandelte sich in einen schmucken Freizeitpark. Labib schaffte es auch, die Frauen zu mobilisieren, die ihre Häuser früher nur zweimal verließen: bei Hochzeit und Begräbnis. Er führte Frauen- und Familienkinos und Frauen-Sportzentren mit Schwimmbad ein. Einige Frauen trauen sich inzwischen in den Familien-Kaffeebars als Bedienung zu fungieren – adrett in Uniform gekleidet und mit Kopftuch. Heute gibt es in Qena selbstbewusste Bürgerinnen, die sich nicht scheuen, einen Förderverein für kleine und mittelständische Unternehmen zu führen. Berühmt wurde Labib durch die Zertifizierung der ersten arabischen Stadt, Qena, nach ISO 14001. Ein Beispiel, das 2004 den »Mohammed-Bin-Rashid-Al-Maktoum-Preis« für Arabisches Management erhielt, Hoffnung gibt und Schule machen könnte. Nun muss der Nachfolger, General Magdi Ayub Iskandar, seit 2006 erster koptischer Gouverneur Ägyptens, diesen Aufschwung in die ländlichen Gebiete des Gouvernorats tragen.

Ein Gouverneur mit Elan

Sadat unterstützte als erster Präsident die moderne Privatwirtschaft, weil der Staat es offenbar nicht schaffte, die Gegensätze zu versöhnen und alle satt und zufrieden zu machen. Da schien die private Initiative, mit und ohne Profit, schon eher ein Lichtstreif am Horizont.

Sadat machte den Anfang.

Kometen privater Initiative

Seit 20 Jahren entwickelt sich eine Wirtschaftselite mit 50 prominenten »Clans«. Mehr als die Hälfte der erfolgreichen Geschäftsleute haben amerikanische Schulen oder Universitäten durchlaufen und sind dadurch eindeutig geprägt. Die Familien der muslimischen Abouleish oder der koptischen Sawiris zeigen, dass Ägypten Chancen birgt für alle, die intelligent zupacken und die Nischen der Globalisierung für sich nutzen. Der Erfolg von Helmy Abouleish, Vorsitzender des nationalen Modernisierungszentrums für Handel und Industrie, verdient einen kleinen Blick hinter die Kulissen.

Nischen der Globalisierung

Helmy Abouleish hat die Vision seines Vaters Ibrahim Abouleish von Anfang an mitverwirklicht. Die Philosophie Rudolf Steiners, natürliche Lebens- und Produktionsweisen mit ländlicher Entwicklung in Ägypten zu verschmelzen, das war die Grundidee des Vaters und der österreichischen Mutter. Heute steht der Sohn der Firma *Sekem* vor, seine Frau Konstanze steuert die Textilkollektion aus Bio-Baumwolle. Die Abouleishs machten ab 1980 große Wüstenflächen im Osten Kairos durch Bewässerung urbar, begannen mit Kräuter- und Tee-Export nach Europa, gründeten eine Waldorf-Schule und schafften es, dem Erziehungsministerium die Vereinbarkeit von Anthroposophie und Islam zu erklären. Heute exportiert *Sekem* biologisches Frischgemüse nach Holland und Deutschland und gibt mehreren Tausend ägyptischen Bauern Arbeit und Brot. Die *Right Livelihood Award Foundation,* die den Alternativen Nobelpreis verleiht, bezeichnet *Sekem* als Geschäftsmodell des 21. Jahrhunderts, das wirtschaftlichen Erfolg mit sozialer und kultureller Entwicklung in der Gesellschaft durch eine »Ökonomie der Liebe« verbindet. Im deutschen Bio-Markt ist *Sekem* unter anderem mit seiner Baumwolle vertreten; außerdem können deutsche Bio-Kunden zertifizierte Kräuter, Sesam, Reis oder Datteln kaufen.

Privat und mit der Unterstützung von in- und ausländischen Spenden arbeiten auch die zahlreichen gemeinnützigen Nicht-Regierungsorganisationen (NROs). Sie werden vom Staat eifersüchtig überwacht, weil sie an der Basis, auf dem Land und in den armen Bezirken in den Städten Unruhe stiften könnten. Es lohnt sich, die lange Liste der Projekte anzuschauen, die von der amerikanischen *Ford Foundation* finanziert werden: Politikberatung, Familienplanung, Gesundheit, interafrikanische Forschungsprogramme, Demokratie-Erziehung und Jugendarbeit bieten viel Angriffsfläche für ideologische Einflussnahme. Doch es sind eher die kleineren Organisationen mit systemkritischen Idealen, die den Argwohn der Regierung herausfordern. Obwohl der Ausnahmezustand ohnehin eine direkte Kontrolle erlaubt, wurde die Zulassung für Nicht-Regierungsorganisationen verschärft: Sie dürfen nur noch rein karitativ tätig werden.

Sozialwerke der Kirchen und Moscheen finanzieren sich allein aus Spendengeldern und nicht aus Steuerabgaben. Sie arbeiten sämtlich ohne staatliche Unterstützung. Tritt auch bei Kirchen hie und da *Brot für die Welt* oder *Misereor* als potenter Geber, bei Moscheen der Staat Kuwait oder Qatar als »Sponsor« auf, soll dies doch nicht darüber hinwegtäuschen, dass ebenfalls viele minderbegüterte Ägypter ihr Scherflein beitragen.

Allein in Kairo unterhalten 30 Moscheen Polikliniken und mobile Ambulanzen. Angegliederte Bibliotheken, Privatschulen und Kindertagesstätten stehen Bedürftigen gegen geringe Beiträge zur Verfügung. Ärzte mit eigenen Praxen hinterlegen ihren Solidarbeitrag in Form von Gutscheinen in der Moschee, die arme Bürger zur kostenlosen Beratung oder Behandlung berechtigt. Der Koptisch-Evangelische Sozialdienst *CEOSS* unterhält und unterstützt in Oberägypten mehrere handwerkliche Ausbildungsstätten.

Das Geschäftsleben

Unternehmer schlüpfen gern in die Rolle des Firmenvaters, der mit verständnisvoller Strenge das Zepter schwingt. Dem Arbeitnehmer bietet das Vater-Sohn-Verhältnis den Vorteil, dass er auch mit privaten Sorgen beim Chef anklopfen kann. Kumpelhafte Vorgesetzte werden Sie in Ägypten nicht finden. Respekt (ʾiḥtirām احترام) gehört zu den Schlüsselwörtern der Zusammenarbeit.
Oft stellen Unternehmer ganze Familien ein. Der persönliche Bezug bürgt für Loyalität und ermöglicht es zugleich dem Unternehmer, die Löhne zu drücken. Gewerkschaften gehen Konservativen gegen den Strich, weil sie dem Harmonie- und Solidaritätsmodell widersprechen; in Privatunternehmen trauen sich die Arbeiter selten, eine Interessenvertretung anzumelden. Komitees der Einheitsgewerkschaft könnten in den Staatsbetrieben mitbestimmen, mucken aber selten auf.

Respekt

Loyalität

Oben: Ohne Telefon steht die Welt still, Assuan

Teamarbeit Ohne Teamarbeit hätte sich die Bewässerungswirtschaft am Nil nie entwickeln können. Allerdings, so stellte sich nach der Revolution heraus, hatte die Zusammenarbeit entweder nur innerhalb der Sippe oder aber unter der Peitsche eines Aufsehers Bestand. Die schnell wachsende Industrie hingegen verlangt eine zwar gelenkte, jedoch selbst organisierte Zusammenarbeit von Nicht-Verwandten. Und darin müssen sich einige noch üben.

Eigeninitiative versus Staatsfürsorge

> *»Es gibt keine Armut auf der Welt. Es gibt nur Mangel an Ideen.«*
> Ehemaliger ägyptischer Kultusminister Abdel Moneim El-Sawy

Auf das Ausland angewiesen Tourismus, Erdöl- und Erdgasexporte, Überweisungen ägyptischer Gastarbeiter aus den Ölländern und der Schiffsverkehr im Suez-Kanal bringen Devisen; eine ansehnliche heimische Industrie versorgt den lokalen Markt. Die Lage der breiten Bevölkerung hat sich dadurch nicht wesentlich verbessert; echter Hunger wird nur gebremst durch amerikanische Zuwendungen. Außerdem stellt sich die ägyptische Wirtschaft täglich selbst ein Bein durch ihr »gemischtes« System.

Joint Ventures Die Herstellung von Konsumartikeln, Tourismus und Dienstleistungsgewerbe durften nach Sadats »Öffnung« in private Hände übergehen, häufig in Form von Joint Ventures mit ausländischen Firmen. Die daraus hervorgegangenen »fetten Katzen« haben die Privatisierung schnell in Verruf gebracht. Seit 1999 beherrschen Mischfirmen auch den Kommunikations- und Rohstoffsektor. Die angestrebte Kapitalisierung von Staatsbetrieben lahmt trotzdem noch. Denn das Arbeitsrecht schützt Millionen unproduktiver öffentlicher Angestellter. Der Staat erscheint ihnen noch immer als besserer Arbeitgeber, trotz niedriger Gehälter. Immerhin zahlt er eine kleine Rente, während viele Privatunternehmer in die Informalität ausweichen und sich um die Sozialabgaben drücken.

Internationaler Frachtverkehr auf dem Suez-Kanal

So stark die öffentliche Hand sich als Arbeitgeber zeigt, so schwerfällig bewegt sie sich. Steuern werden nur zu einem Bruchteil abgeführt, allen Drohungen der Behörden zum Trotz, die durch altmodische Brillengläser neidvoll auf einige tausend Millionäre herabschauen. *Bürokratie*

Subventionen, seit 30 Jahren vom Weltwährungsfonds beanstandet, schlucken fast ein Drittel der Staatsausgaben, halten aber die Armut auf Überlebensniveau. Gas, Elektrizität, Benzin, Brot, Zucker, Mehl, Fleisch – dies alles kann jeder Bürger zu künstlich niedrig gehaltenen Preisen kaufen. Fast ein Viertel der Zuschüsse bleiben im Zwischenhandel hängen, und der Endverbraucher ist sich der Vergünstigung oft nicht einmal bewusst. Als Premierminister Ahmed Nazif im Sommer 2006 die Benzinpreise anhob und sofortige Proteste erntete, klagte er: »Das Volk benimmt sich wie ein Baby; Vater Staat und Mutter Regierung sollen es füttern, ihm Wohnung, Erziehung, einfach alles geben ...« *... und zuviel Subventionen*

Ägypten ist mit dem Beitritt zur Welthandelsorganisation WTO ebenso internationale Verpflichtungen eingegangen wie durch den Assoziierungsvertrag mit der Europäischen Union. Das Land kommt mit Handelserleichterungen und Zollsenkungen ganz allmählich nach, ein neues Wettbewerbsgesetz soll Monopole verhindern.

Doch die Unternehmer müssen viel Zeit und Findigkeit aufwenden, um trotz zahlreicher bürokratischer Hindernisse Vermögen zu schaffen. Zu Ihrer Beruhigung: Es gelingt ihnen. Als Beispiel sei der legendäre Aufstieg des erwähnten koptischen Clans Sawiris erzählt, der heute als Nummer 278 der Forbes-Liste zu den reichsten Familien der Welt zählt. *Private Senkrechtstarter*

Fahnensymbolik, gute Beziehungen zur EU

»*Der Schlaue webt mit einer Eselshaxe.*«
Arabisches Sprichwort

Samih Sawiris, der mit seinem kreativen Tourismus-Projekt *Al Gouna* deutsche Rotmeer-Urlauber verwöhnt, dehnt gerade seinen Radius bis zum Innerschweizer Skiort Andermatt aus, um auch diesen Ort vom simplen Bahnhof in einen schneeigen Traum zu verwandeln. Er ist Unternehmer aus Leidenschaft. *Samih Sawiris*

Seine erste Million verdiente er mit 24 Jahren, doch Geschäfte machte er schon als Schüler der *Deutschen Evangelischen Oberschule* in Kairo: »Damals habe ich den Lehrern, die nach Deutschland zurückgingen, Kühlschränke und Stereo-Anlagen abgekauft und in Ägypten weiterverkauft«, erzählt der heute über 50-jährige Samih Sawiris in seinem Büro unter den goldenen Kuppeln. Den Handel mit Glasfiber-Booten betrachtet er als Initialzündung, denn in den 1970er Jahren war die Nachfrage von Polizei, Armee und Hochseefischern groß. Zusammen mit seinen Brüdern Naguib, der in der Kommunikationsbranche mit *Mobinil* dominiert, und Nasif aus dem Baugeschäft bestreiten Samih Sawiris und die *Orascom*-Gruppe fast die Hälfte des Umsatzes an der ägyptischen Börse. Hinter den drei geschäftigen Brüdern steht der Patriarch und Firmengründer Onsi. Sein Konzern *Orascom* investiert in ganz Europa und im arabischen Raum. Abseits vom einträglichen Tagesgeschäft des Clans unterstützt die Familienstiftung Sawiris junge Ägypter und Ägypterinnen, die im Ausland studieren wollen – allerdings mit der Auflage, dass sie anschließend nach Ägypten zurückkommen und ihre Kenntnisse im Land selbst zum Blühen bringen.

El-Sawy   Ein anderes erfreuliches Beispiel gibt Mohamed El-Sawy, der, wie Samih Sawiris, die *Deutsche Schule* in Kairo besucht hat. Er nutzte einen ausgesprochen hässlichen Ort unter der Hochbrücke der »26.-Juli-Straße« auf der Innenstadt-Insel Zamalek, baute Auditorien, Ausstellungsflächen und Kinosäle schallgeschützt unter die Betonpfeiler und nannte das Ganze »Wasserrad« *(Cultural Wheel)* nach der gleichnamigen unvollendeten Novelle seines prominenten Vaters, der in der Ära Nasser Kultusminister war. Es gelang ihm in Kürze, die Räume mit Leben zu füllen. Abend für Abend strömt das Bildungsbürgertum zu Vorträgen, Konzerten oder Podiumsdiskussionen. Mohammed El-Sawy stellt sein erstaunlich vielfältiges arabisch-zeitgenössisches Programm selbst zusammen. Sein vom Vater ererbtes Erfolgsrezept lautet: »Es gibt keine Armut auf der Welt. Es gibt nur Mangel an Ideen«.

Die Arbeit

Tüchtige Christen?   *ʾAl ʾamal (العمل)* – Christen wird gern zuerkannt, sich an die Forderung »Macht euch die Erde untertan« zu halten, wenn es darum geht, den Muslimen Trägheit anzulasten. Diese Art der Argumentation, wie renommiert ihre Verfechter auch sein mögen (u. a. Max Weber), gerät ins Wanken, wenn wir
▶ erstens die gleiche »Trägheit« bei Christen z. B. in Südamerika feststellen
▶ und zweitens die Wirklichkeit genauer untersuchen.
Das benediktinische »Bete und arbeite« finden wir in einem *Hadit (ḥadīṯ* حديث*)* Mohammeds wieder: Der Prophet sah einen Mann, der den ganzen Tag fastete und betete, und fragte die Leute: »Wer sorgt denn dafür, dass er isst und trinkt?« Als sie ihm antworteten: »Wir kümmern uns darum«, sagte er: »Ihr seid besser als er.«

Faule Araber?   Was die viel gescholtene »orientalische Trägheit« angeht, so sei an den Bau des Suez-Kanals erinnert, den ein europäischer Kommentator beschrieb: »Die Fellachen schufteten wie Ochsen, lebten von einer Zwiebel am Tag und machten ihrem

Orientalische Trägheit? Händler in Siwa

Zorn in Liedern Luft«. Mehr als 100 000 dieser Zwangsarbeiter, die zum Teil mit den bloßen Händen gruben, bezahlten das ehrgeizige Projekt mit ihrem Leben.
Die meisten, die da leichthin als faul beschimpft werden, leiden – das sollte man bedenken – an den Folgen von Fehlernährung, chronischen Krankheiten, schlechter Ausbildung, an fehlender Motivation aufgrund von Niedrigstlöhnen oder mangels Aufstiegschancen.
An den menschlichen Ressourcen liegt es also nicht, wenn Sie, der westliche Ausländer, sich abrackern, um den Karren aus dem Dreck zu ziehen, während Ihre ägyptischen Kollegen zuschauen. Vielmehr kann sich Ihr Eifer lähmend auf die Umgebung auswirken. Da Sie ohnehin alles besser können, lassen die anderen lieber gleich die Finger davon. Wer weiß, womöglich legen Sie es Ihren Mitarbeitern als Mangel an Respekt aus, wenn diese Ihnen dazwischenpfuschen?

Fatalismus oder Gottvertrauen?

Fatalismus – Lieblingswort der Ausländer, wenn wieder einmal »unsere« Gelder im Sand versickert sind. Lieblingsgeschichte der Araber als Antwort auf diese westliche Interpretation: »Ein Mann fragte den Propheten, ob er sein Kamel vor der Moschee anbinden oder es im Vertrauen auf Gott laufen lassen sollte. Der Prophet erwiderte:»Binde es an und vertraue auf Gott!«

Gehen Sie der Sache auf den Grund

Wenn Sie sich ärgern, weil die teure Maschine, deren Anschaffung Sie zu Hause zäh erkämpft hatten, allmählich vor sich hin rostet, da keiner sich aufrafft, die notwendigen Ersatzteile zu beschaffen – dann kann dies viele Gründe haben. Vielleicht ist niemand befugt, sich um die Angelegenheit zu kümmern; vielleicht würde sich jemand übergangen fühlen; vielleicht wird die zuständige Person gerade von einem wichtigeren privaten Anliegen abgehalten; vielleicht wünscht sie sogar, dass die Maschine verrottet, weil ihr Einsatz eine Nebenerwerbsquelle verschütten könnte …

Versuchen Sie geduldig, den Dingen auf den Grund zu gehen. Am falsch verstandenen Gottvertrauen liegt es selten.

Risiko ist nicht Gefahr

Westler packt nacktes Entsetzen.

All denen, die sich vom Blitzschlag bis zum Tod des Kanarienvogels vollkaskoversichert haben, muss der ägyptische Umgang mit dem Risiko einen schweren Schlag versetzen. Die Überlandtaxis sehen wir mit Schaudern dahinrasen, »zündende« Elektroinstallationen lassen uns in Angstschweiß ausbrechen, und beim Anblick eines ägyptischen Baugerüsts werden Sie so manches Mal einen Schrei nackten Entsetzens unterdrücken. Wir Europäer üben uns vom ersten Lebensjahr an darin, Ursache und Wirkung zu verbinden, zu planen, zu verhüten.

Diese durchaus auch positive Übung im Vorausdenken wird an ägyptischen Schulen noch wenig gefordert, dort steht Auswendiglernen vor logischem Folgern, Nachahmen vor Experimentieren. Eine denkfreudige Schülerin aus Daqahliya sollte im Juni 2006 trotz sehr guter Leistungen nicht versetzt werden, weil sie in einem Aufsatz über die Desertifikation (fortschreitende Wüstenbildung) »regimekritische« Ideen entwickelt hatte. Das ermutigt kreatives Denken nicht gerade.

Nachlässige Umgebung, schlechtes Vorbild und die leidige Tatsache, dass der Schlamperei nicht immer die Strafe auf dem Fuße folgt, verleiten auch Akademiker mit Auslandserfahrung, fünfe gerade sein zu lassen, sobald sie wieder ägyptischen Boden betreten haben.

Vorsicht ist besser als Nachsicht.

Für Sie heißt es deshalb: Augen auf, wenn Ihnen Ihr Leben lieb ist! Sie müssen nicht alles nehmen, wie es kommt. Auch mit der besten Versicherung im Rücken kann man bleibenden Schaden erleiden. Jener Deutsche, der sich im März 2006 duckte, weil er mit seemännischem Augenmaß meinte, das Deck des Nilschiffes »King Tut IV« passe wegen des hohen Wasserstandes nicht unter die Nilbrücke, hatte nur allzu Recht. Leider erhörten ihn seine Mitreisenden nicht und landeten im Wasser oder im Krankenhaus. Es gab 21 Verletzte, darunter auch zwei ägyptische Soldaten, die sich zur Sicherheit der Passagiere an Bord aufhielten.

Das Māʿlīš-Prinzip

*Māʿlīš (*ماعليش*)* bedeutet wörtlich: »Es betrifft mich nicht«, im Einzelfall:
▶ Pardon!
▶ Es gibt Wichtigeres im Leben!
▶ Welch ein Glück, dass es nicht schlimmer kam!
▶ Na und?!

Es betrifft mich nicht.

Wie das in der Praxis aussieht? Die Palette könnte nicht bunter aussehen. Sie haben Ihr Flugzeug verpasst, weil der Taxifahrer unterwegs ein Rad verlor: *māʿlīš*. Sie sind von einem Auto gerammt worden und liegen mit einem dicken Knöchel mitten auf der Fahrbahn: *māʿlīš*, immerhin: Sie leben noch! Der Tankwart hat Wasser mit Benzin verwechselt: *māʿlīš!*
Wollen Sie Ihren Ärger mit einem Magengeschwür bezahlen oder lieber lernen *māʿlīš* zu sagen? Sie haben die Wahl. Diese Wahl steht Ihnen auch in Industrieländern offen. Schließlich ereignen sich auch dort Dinge, die zuvor mit heiterer Sorglosigkeit für vollkommen unmöglich erklärt wurden. Da vergessen Busfahrer zu bremsen, laufen Öltanker aus, stürzen Hallendächer mangels Wartung ein, werden Atomkraftwerke für absolut sicher erklärt. Ein kleines *māʿlīš* gefällig?

No problem! – Kein Problem!

Probleme machen uns weder schön noch liebenswürdig. Also, was tun? Ignorieren! Vielleicht hilft Beschwörung: Probleme soll es nicht geben, darf es nicht geben, gibt es also nicht. Sie haben im Reisebüro harmlos angefragt, ob Sie allein durch den Sinai reisen könnten. Selbstverständlich, »*miš muškila*« (مش مشكلة). Ob Sie gleich einen Flug buchen könnten? »Aber bitte sehr, kein Problem« (*taht ʾamrak, miš muškila!* مش مشكلة تحت امرك). Sie bestellen ein Funktaxi für den nächsten Morgen und fahren voll gespannter Vorfreude los. Auf dem Flughafen warten Sie … und warten … und warten … Wie lange? Achselzucken. Aber man werde mit Sicherheit abfliegen, *miš muškila*. Als Sie – Allah sei Dank – in Sharm el Sheikh ankommen, erholt sich in Ihrem Hotelbett eine Holländerin. Sie werden aber auf jeden Fall unterkommen, *miš muškila!* …

Glückliche Fügungen …

Nach Ihrer Rückkehr erfahren Sie in Kairo – vielleicht –, dass an Ihrem Abflugtag wegen Reparaturarbeiten gar keine reguläre Maschine verkehrte; dass Sie aus schierem Glück einen Versorgungsflug erwischten; dass die Hotelbuchung des Reisebüros leider erst zwei Tage nach Ihrem Eintreffen Sharm el Sheikh erreichte; dass die Rezeption auf gute Beziehungen – der Freund des Onkels vom Küchenchef – zurückgreifen musste, um Ihnen einen fahrbaren Untersatz zu den Türkisminen zu verschaffen. Glückliche Fügungen retteten Ihr Urlaubsabenteuer.
Wie viel insgeheime Hektik, wie viel Improvisationskunst und persönlicher Einsatz die scheinbaren Wunder ermöglichten, dies gelangt dem Fremden nicht immer zu Ohren. Zum Glück gibt es eine Menge Touristen, die sich bedanken, obwohl sie die Hintergründe nie erfahren.

… und scheinbare Wunder

Im Aufwind
– tech-
nische
Berufe

Womit können wir dienen?

*Vorbild
Indien*

ʾAyya ḫidma? (؟اية خدمة) – Dienstleistung gilt seit einigen Jahren als neue Goldmine Ägyptens. Indien hat gezeigt, wie in der Informationstechnologie Geld zu scheffeln ist. Die ägyptische Programmierbranche keimt schon im schicken Gewerbegebiet »Smart Village« an den Pyramiden. Ägyptische Call-Center mit jungen Stimmen beantworten rund um die Uhr Kundenanfragen auf Arabisch, Englisch, Französisch oder Deutsch. Im Wettbewerb mit eingeflogenen Ausländern ist auch der Job als mehrsprachiger Fremdenführer heiß umkämpft. An einheimischen Studienabgängern herrscht kein Mangel, denn Ägypten wirft jährlich eine Viertelmillion auf den Arbeitsmarkt. Aber Dienen gehört eigentlich nicht zum Repertoire von Akademikern, und es kostet sie eine Menge Überwindung, den edlen Dunstkreis der Ärzte, Rechtsanwälte, Universitätsprofessoren oder Beamten zu verlassen.

*Dienstbare
Geister*

Leistungen, die in Industrieländern unbezahlbar geworden sind, können Sie in Ägypten wohlfeil finden. Schneider, Ledernäher, Teppichwäscher, Stuhlschreiner, Sattler, Sticker, Steinmetze, Autowäscher, Gärtner oder Bügler warten nur auf Ihren Auftrag.

Hauspersonal beschäftigt jede Familie, die etwas auf sich hält. Obwohl sich jedem frisch angekommenen ḫawāǧa umgehend eine große Auswahl Dienstboten anpreist, empfiehlt es sich dringend, Referenzen einzufordern. Die Einstellungsuntersuchung bei einem Arzt Ihres Vertrauens beruhigt zudem. In der Szene wimmelt es von illegal Eingereisten aus Asien. Sie riskieren bei der Einstellung von Personen ohne Papiere nicht nur Ihre Sicherheit und amtliche Rüffel, sondern auch, dass die ganze Familie ein grauenhaftes Englisch hört statt wenigstens einiger Brocken Ägyptisch.

Die Sozial- und Krankenversicherungsbeiträge sind vom Arbeitgeber abzuführen. Ihre, des *ḫawāǧa*, ägyptische Kollegen tun das selten und werden immer der Ansicht sein, Sie verdürben die Moral und die Preise, wenn Sie Ihren Koch nach Ihrem Gewissen entlohnen. Deshalb belassen Sie das Grundgehalt auf dem ortsüblichen Niveau und zahlen Sie lieber Prämien für besondere Leistungen und seien Sie an Festen großzügig. *Referenzen anfordern!*

In ägyptischen Augen wahren wir zum Personal zu wenig Abstand. Und in der Tat tun Sie Ihrem Fahrer nicht unbedingt einen Gefallen, wenn Sie ihn an den Familientisch bitten. Er wird sich unsäglich unwohl fühlen und deshalb ablehnen. Folgen Sie aber der Einladung in sein Heim, so wird er hoch beglückt das Brot mit Ihnen teilen. In patriarchalischer Denkweise bedeutet räumliche Trennung nicht zwangsläufig Missachtung. *Abstand ist keine Missachtung.*

Laut Statistik können 33 Prozent der Ägypter und 56 Prozent der Ägypterinnen nicht lesen und schreiben. Mit hoher Wahrscheinlichkeit wird Ihr Hauspersonal dieser Gruppe angehören. Einen Vertrag können also Sie beide nicht entziffern. Kopieren Sie deshalb den aktualisierten (!) Personalausweis Ihrer Hausangestellten. So erfahren Sie immerhin deren korrekten Namen und Adresse.

Die Zuständigkeiten einzelner Arbeitnehmer sind genau eingegrenzt, um möglichst vielen ein Stückchen vom Kuchen zu gönnen. Wundern Sie sich also nicht, wenn die Putzfrau sich standhaft weigert, den Müll hinunterzutragen oder gar zu bügeln. Sie darf doch nicht dem Portier *(bawwāb* بوّاب*)* oder einem (männlichen!) Bügler ins Handwerk pfuschen! Suchen Sie eine Allround-Kraft, müssen Sie Ihre Forderungen beim ersten Gespräch äußern und eine Sonderregelung vereinbaren. Auch Freizeit, in der Regel ein Tag pro Woche, und Urlaub sollten von vornherein klar umrissen sein. *Zuständigkeiten definieren!*

Beobachten Sie Ihre neuen Angestellten ein paar Tage lang und trainieren Sie dann die von Ihnen gewünschten Arbeitsmethoden bis sie sitzen. Gelegentliche Kontrollen helfen beiden, denn Ihre Maßstäbe weichen stark von der Lebenswirklichkeit des Personals ab. Scheuen Sie sich deshalb auch nicht, Arbeitskleidung zu kaufen und in Ihrer Waschmaschine mit zu waschen. Dies erspart Diskussionen darüber, ob der Kragen grau oder gar schon schwarz sei … *Klare Regeln setzen!*

Ein gefüllter Kühlschrank und nie versiegende Vorräte an Tee, Zucker und Brot müssen dem Personal immer frei zugänglich sein. Konserven oder Vorräte, die Sie unangetastet wissen möchten, müssen Sie kennzeichnen.

Ein 13. Monatsgehalt wird in Teilen zu den vier Festen ausbezahlt: Beginn und Ende des Ramadan, Opferfest und Weihnachten. Trennen Sie sich von einem Angestellten im Einvernehmen, erhält dieser eine Treueprämie von mindestens einem Monatsgehalt pro Jahr.

Fahrer in Privatbetrieben verdienen gut und dünken sich weit erhaben über alle, die für zwei Teller Bohnen Treppen wischen oder Schuhe putzen. Standlei- *Fahrer verdienen gut.*

Uraltes
Handwerk,
Al Qasr,
Oase
Dakhla

tungen und E-Mail konnten den Chauffeur nicht verdrängen, wirkt er doch oft zugleich als Dolmetscher, Bote, Mechaniker und guter Geist für den geplagten Geschäftsmann. Manche Betriebe brächen ohne Fahrer schlicht zusammen, weil viele Industriestandorte von öffentlichen Verkehrsmitteln nicht berührt werden. Für das leibliche Wohl des Fahrers, der oft zehn und mehr Stunden Dienst leistet, sorgt er selbst oder andere Bedienstete des Unternehmens. Getränke werden ihm bei längeren Aufenthalten an den Wagen gebracht.

Handwer-
ker ohne
Werkzeug

Gute Handwerker sind nicht mit Gold aufzuwiegen. Im Normalfall stellt der Auftraggeber dem »Ingenieur« *(muhandes* مهندس *)* sowohl das Werkzeug wie auch das technische Wissen. Ein Klempner bringt nicht selbstverständlich eine Zange mit, ein Maler nicht unbedingt eine Leiter und erst recht keine Abdeckfolie. Bleiben Sie dabei, bis die Arbeiten ausgeführt sind, sonst werden Sie es bereuen. In der Regel aber versüßen Ihre »dienstbaren Geister« Ihnen das Leben in Ägypten. Sie können mit ihnen Ihre ersten sprachlichen Gehversuche unternehmen und Sie werden viel über Land und Leute lernen.

Bakschisch

Bakschisch – ein türkisches Wort, das im Osmanischen Reich jeder kennt. Weil Betteln verboten ist, bieten arme Kinder und Erwachsene in Ägypten Hilfeleistungen an, die niemand verlangt. Sie tragen Ihnen die Einkäufe bis vor die Haustür; sie schrubben Ihnen den Lack vom Auto und passen auf Ihre Habe auf. Seufzend geben Sie also eine Kleinigkeit. Ob Ihre Gaben zu hoch oder zu niedrig liegen, teilt man Ihnen oft unmissverständlich mit. Als ich einmal einem der selbst ernannten Parkwächter einen allzu hochwertigen Schein überreichte, zahlte er mir Wechselgeld zurück. Es geschieht aber auch, dass Bakschisch-Empfänger die Faust recken, weil sie sich »unterbezahlt« fühlen.

Ein türkisches Wort

Am besten reservieren Sie für Trinkgelder eine Hosen- oder Jackentasche, oder zweckentfremden den Ascher im Auto und bewahren die oft übel riechenden Scheine lieber dort auf. Denn wenn Sie stets lange und umständlich in Ihrem Geldbeutel wühlen müssen, so ist dies nicht nur Ihnen peinlich.

Wie erwähnt, war Bakschisch ursprünglich eine türkische Erfindung. Die osmanischen Statthalter des 18. Jahrhunderts erhielten aus Konstantinopel lediglich einen Sockelbetrag, durften aber für ihre Verwaltungsarbeit von den ägyptischen Bürgern »Gebühren« verlangen. Die heutigen »Gebühren« bewegen sich in einer moralischen Grauzone und sind deshalb diskret zu behandeln.

Moralische Grauzone

Vor allem wenn es nicht nur ums Schuheputzen, sondern etwa um das Vermarkten von Schuhen geht, sollte sich der Ausländer der kundigen Führung eines einheimischen Ratgebers anvertrauen. Auch Europäer können wegen Korruption im Gefängnis landen. Dem üblen Wort »*rašwa*« (رشوة), Bestechung in ihrer plumpsten Form, werden Sie hoffentlich nur in der Zeitung begegnen, obwohl die Oppositionspartei *Kifāya* (»Es reicht!« كفاية) Korruption als eine »gesellschaftliche Regel« bezeichnete, die sich zum Entwicklungshemmnis ausgewachsen habe.

INFO

Faustregeln für Trinkgelder

▶ Bei zufriedenstellender Leistung sind 5 – 10 Prozent angemessen, Grundeinheit ist die Pfundnote (z. B. als Toilettengebühr).

▶ Wenn Sie zum Übernachten eingeladen sind, geben Sie den Hausangestellten ein paar Pfund, je nach Leistung.

▶ Selbst ernannten »Führern« mit miserablen historischen Kenntnissen geben Sie nichts. Wehren Sie sich auch, wenn im Museum für das Lichteinschalten extra bezahlt werden soll.

▶ Bettlern sollten Sie nur in eindeutigen Fällen etwas spenden: Greisen und Behinderten.

▶ Kindern nie ohne echte Gegenleistung Geld geben.

▶ Beamte und Uniformierte betrachten Bakschisch mit Recht als Bestechung.

▶ Die *Deutsch-Arabische Handelskammer* in Kairo hilft auch Nichtmitgliedern gegen Gebühr bei der ersten Kontaktaufnahme mit Partnern und Vorbereitung von Firmengründungen. Dort ist auch ein Anwaltsverzeichnis erhältlich.

▶ Gut informiert sind die Mitarbeiter der *Bundesstelle für Außenhandelsinformationen* in Berlin und Kairo und das *Handelsbüro der ägyptischen Botschaft* in Berlin.

▶ Alle in Ägypten tätigen Unternehmen müssen eine Steuerkarte beantragen. Der ägyptische Fiskus greift nur auf die im Inland erzielten Einkünfte zu.

▶ Nahezu alle Importgeschäfte müssen über einen in Ägypten registrierten ägyptischen Handelsvertreter abgewickelt werden. Am besten eignet sich natürlich eine Person, die Deutsch spricht und beide Länder kennt. Wenn Sie in mehreren Städten Geschäfte machen wollen, engagieren Sie gesonderte Agenten in jeder Stadt.

▶ Nichts ersetzt einen persönlichen Besuch vor Ort. Dazu benötigen Sie englische Sprachkenntnisse und viel Zeit. Rechnen Sie mit einem viermal höheren Zeitbedarf als in europäischen Ländern. Die Anlaufzeit für ein Neugeschäft liegt bei zwei Jahren.

▶ Für den Geschäftsbesuch eignen sich weder der Fastenmonat Ramadan (vgl. Seite 191) noch die heißen Sommerferienmonate Juni bis August.

▶ Freitag und Samstag gelten offiziell als Wochenende, aber die koptische Bevölkerung ruht manchmal auch am Sonntag. An den Tagen Montag bis Mittwoch können Sie Ihren Partner auf jeden Fall erreichen. Die Geschäftszeiten der Büros enden im Sommer gegen 14 Uhr. Sie sollten die Kernzeit von 10 bis 13 Uhr für Ihre ersten Besuche nutzen.

▶ Visitenkarten sollten Sie stapelweise mitnehmen. Auch kleine Werbegeschenke nicht vergessen, am besten typisch deutsche.

▶ Lassen Sie sich von jemandem bei Ihren Gesprächspartnern einführen, je einflussreicher dieser Jemand, desto besser. Querverbindungen erleichtern jedes Geschäft.

▶ Zeigen Sie sich! Zurückhaltung wird als Desinteresse interpretiert. Mehrere Besuche im Jahr und kontinuierlicher Mail- und Telefonkontakt werden erwartet.

▶ Korrekte Kleidung in Sakko und Krawatte bzw. ein weder zu enges noch zu kurz berocktes Kostüm werden erwartet.

▶ Die Titelei spielt eine große Rolle. Lernen Sie die kompletten Titel Ihres Gesprächspartners für das erste Treffen auswendig und stapeln Sie selbst auch nicht tief. Wenn Sie einst promoviert haben, gibt es keinen Grund, Ihren »Doktor« zu verstecken.

▶ Termine mit hochrangigen Regierungsvertretern können zeitlich sehr knapp ausfallen. Es lohnt sich, das Kernanliegen kurz auf Arabisch vorzubringen oder durch den Agenten vorbringen zu lassen.

▶ Seien Sie pünktlich, denn das wird von Ihnen so erwartet, wiewohl sich sonst alle Partner erheblich verspäten können.

▶ Fallen Sie aber normalerweise beim ersten Gespräch nicht mit der Tür ins Haus. Reden Sie zunächst über das Wetter, Reisen, Fußball oder das schöne Ägyptenland und dessen prominente Vertreter. Diese lockere Einführung gehört zum normalen Ablauf jedes Geschäftstermins. Meiden Sie unbedingt folgende Themen: Politik, Israel, Frauen und Religion. Auch wenn Ägypter gerne über sich selber lachen, sollten Sie dieser Versuchung widerstehen.

▶ Körpersprache hat einen anderen Stellenwert. Auch wenn es Sie Überwindung kostet: Lassen Sie sich von Vertretern des gleichen Geschlechts die Hand tätscheln, den Arm um die Schulter legen. Es ist eher ein gutes Zeichen, wenn Ihr Geschäftspartner Ihnen auf die Pelle rückt oder Sie gar küsst. Körperliche Distanz wird als Ablehnung gewertet. Nicht so bei Begegnungen unterschiedlicher Geschlechter: Fromme muslimische Männer geben Frauen nicht einmal die Hand zur Begrüßung und meiden den Blickkontakt, was keineswegs diskriminierend gemeint ist.

»Wer seinen Gegner umarmt, macht ihn bewegungsunfähig«
Arabisches Sprichwort

▶ Bieten Sie keinen Alkohol an und erwarten Sie auch bei Einladungen nicht, dass Sie welchen angeboten bekommen.

▶ Schließen Sie Ihr Gespräch mit konkreten Resultaten, die Sie später noch einmal schriftlich untermauern. Nur konkrete Termine und Vereinbarungen führen zu konkreten Erfolgen.

Konto und Koran

Für die Juden galt Moses' Spruch: »Wenn dein Bruder verarmt, sollst du nicht Zinsen von ihm nehmen noch Wucher«. Also ließen sie den Bruder ungeschoren und nahmen Zins und Wucher von den Nicht-Brüdern, bis man ihnen das Wuchern als zweite Natur zuschrieb. Christen hielten sich einige Jahrhunderte an die gleiche alttestamentarische Anweisung, zogen es aber ab 1515 vor, dem Kaiser zu geben, was des Kaisers war und ihre Bankgeschäfte bis zur heute international üblichen Form zu entwickeln.

Der Koran ließ den Gläubigen dagegen weniger Spielraum. Dort heißt es deutlich: »Diejenigen, die Zins nehmen, werden dereinst nicht anders dastehen als einer, der vom Satan erfasst und geschlagen ist ... Gott hat das Kaufgeschäft erlaubt und die Zinsleihe verboten.«

Rechtsgelehrte wären keine, wenn sie nicht auch hier Umwege gefunden hätten, die es erlaubten, dennoch mit gespartem und geliehenem Geld Geschäfte treiben zu können. Zu diesen Findigkeiten zählt der Kniff des »Verkaufs mit Rück-

Von Zinsen und Wucher ...

... und geschickten Gelehrten

Bargeldlos
in der
Wüste?
Besser
nicht.

kauf«, bei dem der Geldnehmer einen Gegenstand an den Geldgeber verkauft und sofort und gegen bar zu einem niedrigeren Preis vom Geldgeber vertraglich zurückkauft. Das Geld muss in produktive Investitionen angelegt werden. Auch Aktien sind gestattet, denn Dividende ist nicht gleich Zins.

▶ **Tabu:** Firmen, die ihr Geld mit Alkohol, Schweinefleisch, Pornografie, Waffen oder Glücksspiel verdienen, stehen auf dem Index, aber auch Unternehmen, deren Verschuldung über einem Drittel der Marktkapitalisierung liegt.

Dies fügte sich glücklich für islamische Investoren, die so vom Kentern der Internet-Aktien verschont blieben.

Islamic Banking Inzwischen beschränkt sich »Islamic Banking« nicht mehr auf den arabischen Raum. Die *Islamic Equity Builder Certificates* der Deutschen Bank investieren in europäische, asiatische und amerikanische Unternehmen der Branchen Pharma, Elektronik, Öl, Software und Kleidung. Das Magazin *Euromoney* erteilte der Bank dafür den »Islamic Finance Award 2006«. Die hoch verschuldete Landesregierung Sachsen-Anhalts bediente sich 2004 eines islamkonformen Finanzierungsmodells, indem sie die Nutzungsrechte an Landesimmobilien für 100 Millionen Euro an eine niederländische Stiftung verkaufte. Diese hatte Treuhandzertifikate an arabische Investoren herausgegeben. Bis 2009 mietet Sachsen-Anhalt die Gebäude, dann soll es die 100 Millionen Euro zurückzahlen. Die Investoren erhalten dann ihre Einlagen und bis dahin die Mieteinnahmen.

Islamische Spielarten der Wirtschaft

▶ *Mušaraka (مشركة):* Bank und Unternehmer setzen gemeinsam Kapital zur Finanzierung eines Projekts ein. Beide werden im Verhältnis zur Höhe ihrer Kapitalanteile an Gewinn und Verlust beteiligt.

▶ *Muḍaraba (مضربة):* Die Bank allein stellt das Kapital, der Unternehmer bringt ausschließlich seine Arbeit ein. Die Höhe seiner Beteiligung wird vor Vertragsschluss ausgehandelt. Die Bank trägt Verluste bis zur Höhe des bereitgestellten Kapitals.

▶ *Murhiba (مرهبة):* Kurzfristige Handelsgeschäfte werden mit festem Gewinnaufschlag finanziert.

▶ *ʾIğāra (اجارة):* Kauf von Anlagegütern, Maschinen und ähnlichem, die vom Unternehmer gegen Aufpreis bei Ratenzahlung weiterverkauft oder gegen feste Monatsraten an ihn vermietet werden.

Bisher überwiegen die beiden letztgenannten Praktiken. Sparer erhalten einen Anteil vom jährlichen Gewinn der Bank.

Keine Sorge, in den Schalterhallen der meisten Banken geht es weniger kompliziert zu. Denn längst gab eine Fatwa Finanzgeschäften nach internationalen Gepflogenheiten grünes Licht. Selbst Lebensversicherungen wurden genehmigt. Lediglich Lotteriespiele bleiben verboten, weil man »am Unglück anderer nicht verdienen« dürfe.

Vom Umgang mit Behörden und Mudirs

Wie in einem Taubenhaus

Der erste Eindruck erinnert an ein Taubenhaus. Mütter stillen auf den Fluren, Väter lesen die Zeitung, andere packen ihre Käsebrote aus. Alle Türen stehen offen. Eine geschlossene Tür gäbe zu Gemunkel Anlass! Stimmengewirr überall. Auf den abgeschabten Schreibtischen prangen prächtige Holz- und Messingschilder mit schnörkeliger Schönschrift, die Ihnen Namen und Rang des Schreibtischinhabers vor Augen führen.

Im zentralen Verwaltungsgebäude am Tahrir-Platz in Kairo, der *muğamᶜ (مجع),* kommen Sie mit Englisch im Routinefall voran. Einfache Vorgänge wie Visa-Verlängerungen sind verständlich durchorganisiert. Am besten nutzen Sie die ersten Morgenstunden für Ihren Behördengang.

Lieber Tee oder Kaffee?

Bei komplizierteren Angelegenheiten fragen Sie sich bis zum obersten »mudīr« (مدير) durch. Am besten erkunden Sie zuvor die Festnetz- oder noch besser die Handynummer des Zuständigen. Dann melden Sie sich an – und begegnen ihm sicher im Gespräch mit vielen anderen Leuten, die sich ebenfalls angemeldet haben. Sie werden mit warmem Händedruck begrüßt und erst einmal stehen gelassen. Später wird ein Stuhl für Sie herbeigezaubert, während die Unterhaltung im Zimmer Sie weiter umbrandet. Ob Sie lieber Tee oder Kaffee trinken, fragt man zwischendurch. Telefongespräche oder ein Sekretär, der Unterschriften er-

Tahrir-Platz,
Kairos Herz

bittet, unterbrechen das Rundumgespräch. Der Tee kommt. Sie sind eben dabei, Ihre verbrannten Lippen zu lecken, da fragt der *Mudir* nach Ihrem Begehren. Ach so, Sie kommen aus Deutschland. Ja dann ... Ein freundliches Geplauder über deutsche Markenware, Autos, Fußball und schönes, ägyptisches Wetter lockern die Atmosphäre. Sie lächeln etwas unbehaglich.

Ein Herr, der hinter Ihnen saß, der Herr Unterabteilungsleiter, wird Ihnen weiterhelfen. Einen Stock tiefer, in seinem etwas kleineren Büro, nehmen Sie abermals hinter einem grauen Metallschreibtisch Platz und beantworten die Frage: »Lieber Tee oder Kaffee?« Ihr Terminplan? Vergessen Sie ihn!

Sie brauchen Geduld oder einen Lotsen!

Beamte kranken an einem tiefen Widerspruch: Sie halten sich für die Stütze des Staates, wenn nicht für den Staat höchstpersönlich. Dafür, so empfinden sie, müssten sie eigentlich von der Bevölkerung gehegt und verehrt werden. Eine mehrere 1000 Jahre alte Tradition lässt sich nicht so leicht vom Tisch wischen. Wer heute ein vorzeigbares Hochschulzeugnis in der Tasche hat, wartet immer seltener auf den Staatsdienst und sucht sein Heil in der Privatwirtschaft oder im Ausland. So bleibt in den Beamtenstuben zuweilen ein Bodensatz von Resignierten hängen, die nur auf den Dienstschluss warten, um sich in ein lukratives Nebengeschäft zu stürzen. Ein Besucher wie Sie, der theatralisches Gehabe ohne Schmunzeln übersieht und die Büro-Persönlichkeit in ihrer Würde an- und hinnimmt, hat viel gewonnen: Sie haben einem Dürstenden zu trinken gegeben.

Wenn Sie nicht vom Ehrgeiz beseelt sind, alles selber erledigen und für einige Stempel eine volle Woche opfern zu wollen, suchen Sie sich einen Lotsen. Alle größeren Firmen beschäftigen einen Kontaktmann, der als Zwitter aus Bote und Sekretär die Ämter »pflegt«.

Die Uniformierten

Niemand hatte die Bereitschaftspolizisten recht beachtet, bis sie im Februar 1986 brandschatzend durch die Pyramidenstraße zogen.»Schauwisch« nennt man sie mit einem türkischen Lehnwort. Man gibt es schnell auf, sie nach dem Weg zu fragen; schließlich wurden sie erst kürzlich auf Lastwagen in eine Stadt gebracht, die sie nur vom Hörensagen kennen. Sie erhalten eine Uniform und ein Taschengeld, das kaum für Zigaretten reicht; so fristen sie ein karges Leben, übernachten auf Steinböden und Pritschen und haben sich mit *fūl (فول)*, dem für Ägypten typischen Gericht aus grünen Bohnen, und Brot zufriedenzugeben.

Polizeioffizieren dagegen begegnet man mit großem Respekt; ihre Schulterklappen bezeugen, dass sie über mannigfache Hürden in die Akademie gelangt sind und ein hartes Training hinter sich haben. Sie verfügen über eine schwer einschätzbare Machtfülle. Auf ihren Befehl hin kann eine Person lange und un-

Respekt vor Schulterklappen!

INFO
Behörden-Tipps für Neulinge

▶ Behörden arbeiten von 8 bis 14 Uhr. Wenn Sie sich gegen 9 Uhr dort einfinden, kommen Sie genau zum richtigen Zeitpunkt. An Freitagen und Samstagen wird nicht gearbeitet.
▶ Tragen Sie stets drei Kopien der wichtigsten Seiten Ihres Reisepasses bei sich (wichtig: die Seite mit dem Visum). Für wichtige Vorgänge brauchen Sie auch das Original.
▶ Nehmen Sie immer wenigstens fünf Passbilder mit.
▶ Wenn Sie die Kopie eines Schreibens mitbringen sollen, nehmen Sie auch das Original mit.
▶ Frauen werden bevorzugt behandelt, sie dürfen »sich an der Schlange vorbeidrängeln«. Merke: Frauen sind schwach und dürfen nicht so lange stehen ...
▶ Geben Sie für kleine Dienste vor den Schaltern ein kleines *baqšīš*. Den Leuten hinter den Schaltern dürfen Sie Zigaretten, Bonbons oder andere Kleinigkeiten anbieten, aber niemals Geld!!!
▶ Kaufen Sie Steuermarken beim Postamt auf Vorrat *(dauġa دوغة)*. Sonst müssen Sie eventuell wieder zurück zum Ausgangspunkt.
▶ Vergessen Sie nicht, sich bis spätestens sieben Tage nach Ihrer Ankunft bei der nächsten Polizeidienststelle anzumelden. Wohnen Sie im Hotel, so erledigt die Rezeption dies für Sie.

angenehme Hafttage gewärtigen, mitunter selbst wenn sie unschuldig ist und es ihr gelingt, rasch einen Anwalt zu benachrichtigen. Die Berichte von *Amnesty International* können einen das Grausen lehren.

Polizisten in Zivil

In politischen Demonstrationen tauchen immer mehr Polizisten in Zivil auf, die sich hemdsärmlig zu ihren Kollegen gesellen und vermutete Aufrührer außer Gefecht setzen. Unterstützung erhalten sie im Alltag von jenen Statisten, die vor Hotels, öffentlichen Einrichtungen, Hochhäusern mit prominenten Bewohnern und Universitäten herumstehen oder sitzen und genau registrieren, wer aus- und eingeht. Auch Ihre Schritte werden nicht unbeobachtet bleiben. Das mag Ihnen auch erklären, warum sich Ägypter aus oppositionellen Gruppen nicht mit Ihnen in der Öffentlichkeit zeigen wollen.

Militär

Das Militär (*ʾAǧ ǧīš* الجيش) gleicht einem Staat im Staat. Eigene Waffenproduktion verleiht wirtschaftliches Gewicht, ein eigener, fast autonomer Finanzhaushalt Unabhängigkeit. Lediglich der Präsident als sein Oberbefehlshaber kann es in Schach halten. Kasernendrill gilt neben einem Universitätsstudium als eine der wenigen Möglichkeiten, die soziale Leiter aufzusteigen.

Viele Gouverneure, darunter einige im Ministerrang, blicken auf eine militärische Laufbahn zurück, wie bisher alle drei Präsidenten der Republik.

Ägypten ist modern gerüstet.

Fortbewegung in Ägypten

Ob zu Fuß, per Esel, Kamel, oder Auto, im heißen Ägypten sollten Sie sich mit Muße fortbewegen. Gemach, gemach *(Šwayya šwayya)* bedeuten Ihnen die Passanten, wenn sie die rechte Hand (Daumen, Mittel- und Zeigefinger zusammengelegt) zweimal abwärts bewegen.

Gemach, gemach!

Abenteuer Autofahrt

Autofahren in Ägypten ist chaotisch, kommunikativ und – auch wenn es manchmal nicht so scheint – defensiv. Fast reibungslos verwandelt sich eine dreispurige Stadtautobahn in eine sechsspurige. Wollten alle Autofahrer sämtliche offiziellen Regeln befolgen, würde der Verkehr schnell zusammenbrechen. Sie beschränken sich deshalb auf zwei elementare Grundsätze:

Defensiv fahren …

▶ Jeder Fahrer konzentriert sich auf die Fahrzeuge vor dem eigenen. So entfällt das lästige Rückversichern in den Spiegeln.

▶ Ist der andere Verkehrsteilnehmer größer, schneller oder auch nur unverschämter als man selbst, so muss man nachgeben.

Außerdem Augen auf: Überall lauern Überraschungen: offene Kanaldeckel zum Beispiel, Geisterfahrer, Hühner, Kamele oder das gern gejagte Freiwild Fußgänger. Ohren auf, denn Hupen kann heißen: »Vorsicht, ich überhole!« oder einfach: »Ich hab' gute Laune!« Hupen macht Spaß und befreit von Gefühlsstau: »Ich hupe, also bin ich.« Hupen in der Innenstadt ist selbstverständlich verboten, ja nicht einmal zu Hochzeiten erlaubt.

… und Augen aufhalten!

Verkehrssünder werden bestraft, sporadisch und in schwer berechenbaren Ordnungswut-Intervallen. Wenn Sie dann aber den Führerschein verlieren, dauert es Tage, bis jener an der zuständigen Polizeidienststelle wieder auftaucht.

In der Innenstadt von Kairo und Alexandria kann man auf das eigene Auto leicht verzichten. Die Tram in Heliopolis und Alexandria zuckelt mit nostalgischer Gemütlichkeit durch die Straßen. In Kairo können Sie gelbe »Radio-Taxis« 40 Minuten vor Fahrtantritt telefonisch bestellen. Diese Limousinen mit registriertem Fahrer holen Sie am Hotel oder an einem präzise definierten Ort ab, bieten Klimaanlage, funktionierende Taxameter und gedruckte Quittung.

Wer jedoch irgendwo in der Stadt schnell einen fahrbaren Untersatz benötigt, stellt sich an den Straßenrand und winkt, Handrücken nach oben, einen nummerierten schwarz-weißen Wagen herbei. Auf Ihr Zeichen nähert sich der Taxifahrer langsam und zeigt sich zunächst nur interessiert an Ihrer groben Richtung, einem Stadtteil, einer großen Straße oder einem bekannten Platz.

Frauen steigen immer hinten ein. Der Fahrer müsste eigentlich den Taxameter einschalten, aber in den Oldtimern funktioniert er selten. Der Preis richtet sich deshalb nach der zurückgelegten Entfernung und der Verkehrssituation. War das Fahrzeug eine Stunde im Stau eingekeilt, wird eine angemessene Zugabe

Frauen steigen hinten ein.

Taxis in
Ismailia

fällig. Am besten steigen Sie am Ziel aus und reichen den zuvor errechneten
Obulus abgezählt durchs Fenster. Dann verabschieden Sie sich freundlich, drehen Sie sich entschieden um und gehen von dannen.

Sprachtest   Einige Taxifahrer platzen fast vor Neugier: Woher? Wohin? Wie alt? Verliebt,
verlobt, verheiratet? Wie viele Kinder? Wenn keine, warum nicht? Eine hervor-
ragende Gelegenheit, das Ergebnis Ihrer ersten Arabischlektionen live an den
Mann zu bringen. Der Fahrer wiederum genießt es, seine rudimentären Eng-
lischkenntnisse an Ihnen zu testen. Viele Chauffeure entpuppen sich als Akademiker, die im Drittjob nachts oder stundenweise hinterm Steuer sitzen.

Überland-   Apropos Taxi: Die rasenden Überlandtaxis empfehlen sich nur dann, wenn Sie
taxis   über ein rechtsgültiges Testament verfügen. Wenn Ihnen Ihr Leben lieb ist,
nehmen Sie besser Bus oder Bahn. Busse rasen zwar auch, aber doch mit etwas
mehr Respekt vor dem Gegenverkehr.

Die Metro – Symbol des Fortschritts

Die »Tunnel-Bahn« alias *Metro* erinnert an Paris, allerdings nur hinsichtlich ihrer Ausstattung. Soldaten bewachen die elektromagnetischen Sperren und helfen Unkundigen, ihre Fahrkarten wieder aus dem Aluminiumschlitz zu angeln oder Koffer über die Automatiktüren zu hieven. Zwei der vorderen Waggons sind den Frauen vorbehalten. Die Männer haben inzwischen alle anderen Wagen für sich, weil kaum noch Ehefrauen, Mütter oder Töchter dort einsteigen. Kleine Jungen unter zwölf dürfen mit Muttern fahren, ältere Knaben sollten im Männerabteil reisen.

Frauen unter sich

In den Frauenwagen hat sich eine ganz eigene Kommunikationskultur entwickelt. Frau ist sozusagen unter sich. Weil zwei Wagen für die Hälfte der Bevölkerung schlicht zu knapp bemessen sind, herrscht bei den Frauen immer Gedränge. Kein Problem, wenn Sie bei rund 40 Grad umkippen sollten: Sie fallen weich, und irgendeine freundliche Seele wird Sie mit Duftwässerchen wieder aufwecken. Wer einen Sitzplatz ergattert hat, darf Mappen von Schülerinnen oder auch das Baby einer Matrone freundlicherweise kurz mal halten oder hat unversehens den schweren Marktkorb einer Mitreisenden auf dem Schoß.

Zwei Wagen für die Hälfte der Bevölkerung

Eine Fahrt von Schubra nach Helwan in der Metro kostet weniger als mit dem Bus. Das verführt zuweilen, sperriges Gepäck, ein Kaninchen oder eine lebendige Gans mit auf die Tunnelreise zu nehmen. Zugegeben, eine allzu feine Nase wird im Sommer sicherlich leiden. Aber menschliche Wärme neutralisiert die physische Schwitze-Hitze. Schwesterlich werden Bonbons geteilt, Brote, Schleier, Haarnadeln, Unterwäsche und Kämmchen verkauft und Hausrezepte ausgetauscht. Solidarisch hält frau die automatische Tür solange gewaltsam auf, bis die letzte Passagierin mit fliegenden Gewändern eingestiegen ist – der Schaffner scheint machtlos, weil »nur« ein Mann.

Kaninchen im Gepäck

Launig beschreibt die muslimische ägyptische Journalistin Manal al Jesry den fruchtlosen Versuch, in dieser mobilen Intimität unter Frauen ein paar Notizen aufs Papier zu bringen: »... Meine Nachbarin, die üppige Umm Ahmed, fühlt sich von meinem rechten Schreibarm deutlich gestört, deshalb unterhalten wir uns lieber. ›*Allahu Akbar! Allahu Akbar! Allahu Akbar*‹, ruft plötzlich eine völlig Verschleierte vor mir. Ich fühle mich einen Augenblick in eine Szene der letztjährigen Ramadan-Teleserie versetzt, als die Muslime Jerusalem eroberten. ›Schwestern im Glauben‹, ruft die schwarz Vermummte weiter, ›lasst uns das Reisegebet sprechen: Allah sei gelobt, der dieses Transportmittel für uns Frauen eingerichtet hat. Wir hätten dies nie allein vollbracht, und wir werden Ihm allzeit dafür danken.‹ Alle Frauen fangen an laut zu beten und zu singen. Ich staune und vergesse darob mitzubeten – als einzige unverschleierte Frau. Auf einmal fühle ich mich unwohl, mehrere Augenpaare richten sich auf mich. ›Wir sind doch alle Schwestern‹, kommt mir Umm Ahmed zu Hilfe ... Offenbar hält sie mich für eine Christin.« Und wehe, ein Mann verirrt sich aus Versehen in diesen Hort der Weiblichkeit! Eisige Blicke, Gekicher, Empörung! Dem Armen tritt der kalte Schweiß auf die Stirn, bis er an der nächsten Station eiligst die Flucht antreten kann.

Hort der Weiblichkeit

INFO   Kommen Sie gut an!

Unterwegs

► zu Fuß: Senken Sie den Blick zu Boden, dann erkennen Sie Gefahren für Ihre zarten Glieder rechtzeitig: lose Platten, Löcher, offen liegende Kabel. Haben Sie tollkühn beschlossen, die Straße zu überqueren, dann rennen Sie! Wenn Sie sich nach fünf Minuten immer noch nicht trauen, suchen Sie einen Polizisten, der den Verkehr anhält. Auf keinen Fall Hochbrücken ohne Gehwege betreten – Lebensgefahr!

► im Taxi: Steigen Sie hinten ein, vor allem als Frau. Erkunden Sie vor der Fahrt, wo Ihr Ziel liegt; ein Stadtplan sagt dem Taxifahrer so viel wie ein Schnittmusterbogen.

► mit Bus und Bahn: Besorgen Sie am Vortag eine Platzkarte. Proviant anbieten und annehmen ist unter Reisenden üblich. Am Bahnhof und im Bus auf Taschendiebe achten!

► per Metro: Hier ist Rauchen wirklich verboten. Männer steigen nicht in Frauenabteile ein.

► im Auto: Es herrscht Rechtsverkehr. Die erlaubte Höchstgeschwindigkeit liegt innerorts bei 50 km/h, außerorts bei 100 km/h, sonst droht dreimal Geldstrafe, danach Entzug des Führerscheins. Ein internationaler Führerschein genügt, um ein Auto zu mieten. Ihre Papiere müssen Sie immer komplett bei sich haben! In Wüstengebieten sollte man nur mit Führer und entsprechender Ausrüstung selbst fahren. Um in Ruhe die Gegend zu erkunden, eignet sich der Freitagmorgen besonders gut. Geben Sie Ihrem Hintermann Zeichen, die ihm klarmachen, was Sie vorhaben. Nehmen Sie Warnzeichen Ihres Vordermannes (linke Hand ausgestreckt nach unten oder hinten) ernst. Folgen Sie nur nach eigenem Augenschein, wenn Ihr Vordermann Sie aufmunternd auf die Überholspur winkt! Er könnte den Abstand zu dem entgegenkommenden Tanklastwagen ganz anders eingeschätzt haben als Sie! Nie nachts fahren! Keine Pfützen durchqueren, und wenn, dann mit äußerster Vorsicht!

► zu Wasser: Wenn Sie als Familie an Bord gehen, denken Sie an Schwimmwesten und genügend Wasserflaschen für die Kinder. Die Uferzonen des Nils sind mit Wurmparasiten verseucht, also nicht zum Baden geeignet. Steigen Sie nie in ein Boot, das mehr Personen aufnimmt als es Sitzplätze hat.

► Immer: Stets ruhig (neudeutsch: cool) bleiben!!!

► »Bis salām!« (بالسلام) Kommen Sie gut an!

Eisenbahn, Micro und Super-Jet

Ruhiger als auf der Straße

Nostalgisch und preiswert kommen Sie in der plüschigen ersten Klasse der Eisenbahn von Kairo nach Alexandria, Luxor und Assuan. Obwohl sich in den letzten Jahren mehrere Unfälle ereigneten, lässt es sich in der Bahn normalerweise stress-

Autos verstopfen Kairo schon seit Jahrzehnten.

freier reisen als auf der Straße. Der Zug nach Port Said fährt nur mit Wagen der dritten Klasse. Auf der Fahrt nach Assuan kann es in Luxor einen sehr langen Aufenthalt geben. Wegen des großen Andrangs müssen Sie die Fahrkarten auf jeden Fall am Vortag kaufen oder durch die Hotel-Rezeption mit Aufpreis kaufen lassen.

Mit engster Tuchfühlung müssen Sie rechnen, wenn Sie einen der Kairiner Stadtbusse besteigen. Weiblichen Fahrgästen ist züchtige Kleidung anzuraten. Ihre Wertsachen packen Sie in die Unterwäsche, für den Fall, dass Sie dem im arabischen Märchen gerühmten Meisterdieb begegnen. Aussteigen kann zur sportlichen Herausforderung geraten, weil manche Busse grundsätzlich nie ganz zum Stehen kommen.

Züchtige Kleidung

Eine Alternative stellen die privaten »Microbusse« dar, die ebenfalls auf bestimmten Routen verkehren. Sie befahren wesentlich mehr Strecken; außerdem bekommt man einen Sitzplatz. Legen Sie Ihre Scheu ab, fragen Sie an einer beliebigen Haltestelle, ob sich von dort aus der Stadtteil, den Sie anstreben, erreichen lässt. Man wird Sie rührend umsorgen und weiterreichen, bis Sie am Ziel angelangt sind. Lediglich Zeit sollten Sie mitbringen.

Die Überlandbusse wie »Super-Jet«, mit Stewardbegleitung und Bordverpflegung, bieten Video und WC. Sie fahren pünktlich ab und bedienen die Orte Alexandria, Kairo, Ismailia, Suez, Al Arish, Sharm el Sheikh, Nuweiba, Dahab, Katharinenkloster, Taba, Hurghada, Safaga, Luxor, Assuan und Oasen.

Für weite Strecken!

»Es fliegt übers Wasser, hat keine Federn, wie kann es leben?«

Feluken   Segelschiffe ganz besonderer Art besorgen den Personen- und Lastverkehr auf dem Nil. Den Feluken mit ihren 15 Meter hohen Lateinersegeln hilft der Wind, übers Wasser zu fliegen. Hoch über die Uferböschungen müssen die dreieckigen Segel reichen, denn die Brise streift nicht oft den Wasserspiegel.

Fähren   Nehmen Sie einmal die Fähre vom Fernsehgebäude in Kairo und genehmigen Sie sich einen Ausflug hinab zu den alten Staudämmen, den *Barrages (ʾAl Qanātir* القناطر*),* wo sich die Volksmengen am Wochenende unter riesigen Affenbrot- und Gummibäumen vergnügen. Eine Erholung!

Eine Feluke mit flachem Kiel, die behäbig und wendig zugleich auf dem längsten Fluss der Welt dahingleitet, können Sie mieten, stundenweise oder für einen Tag. Für mehrtägige Törns müssen Sie ein wenig Überredungskunst aufwenden, denn aus den Programmen der Reiseveranstalter wurden sie gestrichen. Es hieß, der »Komfort« genüge nicht den Ansprüchen des Tourismus. Gerade bei weiblicher oder gemischter Kundschaft ergaben sich heikle Probleme, die durch häufiges Anlegen nicht gemildert, sondern eher verstärkt wurden. Stellen Sie sich vor:

Feluke bei Assuan

Bauer Sobhy oder Bäuerin Zeinab wollen Schilf schneiden und werden geblendet von der blanken Rückfront eines *ḫawāǧa,* der sich soeben am Ufer zu erleichtern sucht … Gewiss fänden auch Sie solche An- und Absichten in Ihrem heimischen Vorgarten nicht erhebend. Und Sie können davon ausgehen, dass das gesamte Niltal aus Vorgärten besteht. Jeder Millimeter Boden muss Frucht bringen, muss als Wohnort, Dreschplatz oder Weg eine Funktion erfüllen. Ruhe und Einsamkeit finden Sie deshalb nur in der Wüste – oder eben auf dem Wasser.

Aus diesem Grund haben inzwischen alle Reiseveranstalter Nilfahrten auf großen Hotelschiffen im Programm. Die bieten warme Dusche und WC, Frühstücksbuffet mit Cornflakes, Nonstop-Fahrstuhlmusik und des Abends eine *Galabiya*-Party, damit Sie zumindest vage erahnen können, in welchem Land Sie sich bewegen.

WCs nur auf Luxus-schiffen

Ein flottes Tragflächenboot verbindet Hurghada mit Sharm el Sheikh auf der Sinai-Halbinsel. Außerdem stehen ständige preiswerte Fährverbindungen zur Verfügung. Wenigstens einmal während Ihres Aufenthaltes in Ägypten sollten Sie sich, mit oder ohne Luxus, aufs Wasser begeben.

Aufs Wasser, wohlgemerkt. Ins Nilwasser lieber nicht. Denn dort und in allen langsam fließenden oder stehenden Süßgewässern fühlt sich die Bulinus-Schnecke wohl. Diese Wasserschnecke und ihre zahlreichen Verwandten übertragen vor allem Blutharn- und Darmruhr, benannt Bilharziose nach dem deutschen Entdecker Theodor Bilharz. Er konnte die Vermutung des altägyptischen Ebers-Papyrus, Schuld an der »elften Plage« Ägyptens trage ein wurmförmiger Schmarotzer, wissenschaftlich untermauern. Das Grab des 1862 verstorbenen Arztes können Sie in Alt-Kairo auf dem christlichen Friedhof besuchen. Bilharziose lässt sich seit 1976 durch Medikamente heilen. Da die Symptome der Krankheit jenen von Grippe, Hepatitis und Typhus ähneln, tappen deutsche Ärzte häufig im Dunkeln, wenn sie nicht wissen, dass ihre Patienten zuvor mit verseuchten Gewässern in Berührung gekommen sind. Vergessen Sie also nicht, Ihren Hausarzt zu informieren, wenn Sie unter unklaren Beschwerden leiden.

Nie in stehende Gewässer!

Die Seen des Suez-Kanals, der Krokodil- und der Bittersee sind trotz Schiffsverkehr erstaunlich wenig verschmutzt und viel zu salzig, als dass eine Bulinus-Schnecke sich dort einnisten könnte. Dies gilt natürlich auch für die Lagunen am Roten Meer. Viel Spaß beim Baden, Tauchen, Kiten und Surfen!

Entwarnung!

Heia Safari!

Es muss nicht gleich Paris–Dakar sein, Kairo–Baris tut's auch, wenn Sie Ihren Abenteuergelüsten nachgeben und Wüstenherrlichkeit erleben möchten. Allerdings will die Fahrt in die trockene Weite sorgfältig vorbereitet sein. Fahren Sie immer mit mindestens zwei Fahrzeugen. Es sei denn, Sie wollen riskieren, wie das Heer des persischen Eroberers Kambyses spurlos zu verschwinden.

Lassen Sie sich Ihre Route erst einmal vom Satelliten zeigen: Rufen Sie die entsprechenden Internetseiten auf (z. B. *Google Earth* oder *maplandia.com*) und fahren Sie Ihre Strecke virtuell ab. Dann müssen Luftfilter und Stoßdämpfer über-

prüft, ein Reservekanister Benzin, ausreichender Wasservorrat (und ein Wasser-
filter) beschafft werden. Ein Klappspaten leistet gute Dienste. Zum einen dient er
zum Vergraben organischen Abfalls – aber bitte tief genug, sonst hat der nächste
Wüstenhund zu leichtes Spiel. Zum zweiten werden Sie sicher nicht nur einmal
Ihre Antriebsräder damit freischaufeln müssen. Profis führen zudem Luftlande-
bleche oder ein stabiles Brett mit, um aus weichen Sandpartien wieder herauszu-
kommen. Sonnenschutz und eine Notfallapotheke mit Mitteln gegen Durchfall,
Entwässerung und Fieber können Sie nicht entbehren. Auch Salz darf in der Bord-
küche nie fehlen, denn durch Schwitzen verlieren Sie nicht nur Wasser, sondern
auch lebenswichtige Mineralien. Des Weiteren sollten Sie die Telefonnummern der
Deutschen Botschaft, der Rettungsflugwacht, Angaben über Ihre Blutgruppe und –
falls nötig – Durchfahrtsgenehmigungen zu Ihren Wagenpapieren legen.

Berechnen Sie Ihre Strecken so, dass Sie nie bei Nacht unterwegs sein müssen.
Denn nächtens lauern unbeleuchtete Lastwagen, Esel oder Felsbrocken, selbst
auf Autobahnen. Außerdem gehört es zur ägyptischen Autofahrer-Höflichkeit,
bei Gegenverkehr fröhlich aufzublenden und, sobald das andere Fahrzeug die
Höhe des eigenen erreicht hat, die Scheinwerfer auszuschalten.

Am Abend sollten Sie einen vom nächsten Dorf oder Beduinenstützpunkt ausreichend entfernten Lagerplatz erreicht haben, um so Ihr gewohntes Feierabend-
und Freizeitleben ungestört genießen zu können. Oder aber Sie empfehlen sich
dem Schutz einer Familie an, zu der Sie zuvor freundlichen Kontakt geknüpft
haben. Dann müssen Sie sich aber angemessen benehmen.

Es ist grundsätzlich verboten, unmittelbar am Strand zu zelten. Aus der Zeit des
»Blitzkrieges« von 1967 ruhen am Golf von Suez noch einige Minen, einst durch
Stacheldrahtzäune und arabisch beschriftete Verbotsschilder gesichert. Heute
erkennt man nur noch hier und da ein Stück verrosteten Draht. Wanderdünen
können Minen auch auf die Straße schieben – weichen Sie ihnen unbedingt aus.

*Tanken
kann in
entlegenen
Gebie-
ten zum
Abenteuer
werden.*

»Foreigners are forbidden to leave the main road!«

Daran müssen Sie sich in Ägypten halten:

▶ Ausländer dürfen sich nur auf Hauptstraßen bewegen. Brücken, militärische Einrichtungen, Eisenbahn und Flughafen dürfen nicht fotografiert werden. Solche Ver- und Gebote stammen aus der Zeit der ägyptischen Palästina-Kriege.

▶ Gesperrt für Ausländer sind weite Teile des Gouvernorats Marsa Matruh, des Sinai, sowie der Westlichen Wüste, das Grenzgebiet südlich von Assuan und die Kanal-Gouvernorate.

▶ Nicht verlassen dürfen Sie die Wüstenstraße Kairo–Alexandria, die Strecken Al Amreiya, Burg al Arab und Alexandria nach Marsa Matruh, Ras el Bar–Rashid und Rashid–Alexandria.

Sie sind gut beraten, wenn Sie sich rechtzeitig Passierscheine besorgen:

▶ Eine Sondergenehmigung des Verteidigungsministeriums und die Begleitung eines Vertreters der Grenzpolizei brauchen Sie für: Wüstengebiete südlich der Strecke zwischen Bernies und Abu Simbel sowie Abu Simbel nach Dakhla, Farafra, Baharija und Siwa. In Siwa dürfen Sie nur den Amoun-Tempel, die Mosesquellen und das Landwirtschaftsgebiet besuchen.

▶ Genehmigungen erteilt die *Military Intelligence,* Manschiyat al Bakri, Gruppe 26 (gegenüber dem Militär-Krankenhaus in Heliopolis) oder die Behörde vor Ort. Der Erlaubnisschein *(taṣrīḥ* تصريح) stellt jedoch nicht immer eine ungehinderte Durchfahrt zum gewünschten Ziel sicher.

Vermeiden Sie Kraftproben mit Uniformierten!

▶ Sollte sich die örtliche Polizei auch nach freundlichen, aber hartnäckigen Verhandlungen weigern, das Papier ihrer Kollegen aus der Stadt anzuerkennen, so ziehen Sie leider den Kürzeren und müssen umkehren.

▶ Vor allem zur Überprüfung des Güterverkehrs wurden zahlreiche Kontrollposten eingerichtet. Wer angehalten wird, muss lediglich Führerschein und Wagenpapiere vorzeigen und wird freundlich durchgewinkt.

▶ Posten an den Oasenstraßen können Ihrer eigenen Sicherheit dienen. Denn sie melden die Durchfahrt jedes Wagens an die nächste Station. Verzögert sich Ihre Ankunft, wird man nach Ihnen fahnden. Teilen Sie den Posten daher mit, wenn Sie unterwegs rasten oder gar übernachten wollen.

▶ Freie Fahrt ohne Genehmigung haben Sie auf den Autobahnen nach Ismailia, Port Said, Suez, Ain Sokhna, Wadi Hagoul und die Strecke Maadi–Bir Gendali–Suez. Auf dem Sinai sind die Straßen Sudr–Ras Mohammad–Sharm el Sheikh–Dahab–Nuweiba–Taba, die Gegend um das Katharinenkloster, weiterhin die Strecke El Shatt–Sudr–Wadi Feiran und Nuweiba–Wadi El Sheikh–Katharinenkloster–Wadi Feiran für den Verkehr ohne Genehmigung freigegeben. Ausländer dürfen Bergwanderungen im Umkreis des Katharinenklosters und Mosesberges auf dem Sinai unternehmen, vorausgesetzt sie werden von einem ägyptischen Fremdenführer begleitet.

Im Falle eines Unfalls

Blechschä-
den gehö-
ren zum
Alltag

Hoffentlich sind Sie auf die folgenden Ratschläge nie angewiesen! Im Falle eines Unfalles gelten drei Regeln: 1. Ruhe bewahren, 2. Ruhe bewahren, 3. Ruhe bewahren.

Blechschäden im Stadtverkehr gehören zum ägyptischen Alltag. Um die x-te Beule wird kein Aufhebens gemacht. Schlimmstenfalls regeln die Parteien ihren Schaden mit Geld, und dies möglichst sofort an Ort und Stelle. Für Personenkraftwagen ist eine Haftpflichtversicherung Vorschrift, die nur Personenschäden in geringer Höhe abdeckt. Sie fahren jedoch beruhigter, wenn Sie eine Vollkasko-Versicherung abschließen.

Sollten Sie einmal, was ʾin šaʿ ʾAllah nie geschehen möge, außerhalb der Großstädte schuldhaft oder schuldlos in einen Unfall verwickelt sein, dann stellen Sie Ihre Reaktion auf den entstandenen Schaden ab. Blech oder Holz zählt auch dort nicht viel, wohl aber das Eier legende Huhn oder die Milch gebende Ziege. In der Regel lässt sich die Höhe des Schadenersatzes bei einem Glas süßen Tees am besten besprechen.

Im Schne-
ckentempo
durch die
Dörfer!

Anders verhält es sich, wenn ein Mensch verletzt wird, im allerschlimmsten Fall ein Kind, ein Junge, ein Sohn. Ist die Verletzung erkennbar leicht, das heißt, erhebt sich der Verwundete zwar stöhnend, aber aus eigener Kraft, so dürfen Sie aussteigen, Mitgefühl zeigen, sich an den Arztkosten beteiligen. Bleibt das Opfer jedoch reglos liegen, empfiehlt es sich, umgehend die nächste Polizeistation aufzusuchen und mit Polizeischutz zum Unfallort zurückzukehren, damit sich nicht der Zorn des Dorfes auf Ihrem Haupt entlädt. Danach suchen Sie sich einen Rechtsanwalt, der dafür sorgt, dass Sie nicht unversehens hinter Schloss und Riegel sitzen.

Am besten aber fahren Sie so langsam durch Dörfer, Marktstraßen und belebte Straßen, dass Ihnen stets genügend Zeit zum Ausweichen bleibt.

Warnung vor Skorpionen und Archäologen

Nichts
mitgehen
lassen!

Ägypten hat in der Vergangenheit zu viel Raub und Plünderung alter Kulturgüter erfahren müssen, um buddelnden Ausländern gegenüber freundliches Verständnis aufbringen zu können. Hände weg also von pharaonisch besetztem Boden! Alte Kulturgüter auszugraben oder gar außer Landes zu schaffen ist selbstverständlich verboten. Ausgenommen hiervon sind lediglich amtlich beglaubigte und gestempelte Stücke, die zu gewaltigen Preisen ihre Besitzer wechseln.

Respektieren Sie auch Versteinerungen, Pfeilspitzen oder Straußenei-Perlen, die kurzfristig unter Wanderdünen zum Vorschein kommen. Lassen Sie sie liegen! Selkis, die Skorpiongöttin, hatte über die gesalbten Eingeweide der Verstorbenen zu wachen und so das Fortbestehen des Lebens zu schützen. Der Stich eines kleinen gelben Skorpions warnt zuweilen die heimlichen Schatzgräber. Doch ist dies eine harmlose Drohung; sein Gift wirkt nicht schädlicher als das einer Biene.

Wüsten- und Strand-Knigge

Tu! Immer in Begleitung anderer Fahrzeuge in die Wüste fahren!

Tu! Holen Sie rechtzeitig die nötigen Durchfahrtsgenehmigungen für Strecken ein, die Ausländern nicht ohne weiteres offen stehen.

Tu! Bei Pannen am Fahrzeug bleiben! So finden Sie Schatten und können zudem aus der Luft besser entdeckt werden!

Tu! Bei weichem Sand: Vollgas und durch, sonst versinken die Räder im Nu.

Tu! Fragen Sie Beduinen, ob Sie deren Wasserquellen benutzen dürfen. Campieren Sie in mindestens 100 Meter Entfernung davon, sonst stören Sie die Tiere beim Trinken.

Tu! Erledigen Sie Ihre Toilette mindestens 200 Meter entfernt von der Quelle.

Tu! Kaufen Sie Feuerholz vorab oder benutzen Sie einen Gaskocher.

Tu! Respektieren Sie die Naturschutzgebiete um das Katharinenkloster, Ras Mohammed, die Küstengebiete Naqb und Abou Gallum. Dort ist es verboten, Tiere und Vögel aller Arten zu stören oder zu verletzen, Graffiti anzubringen oder Bäume zu fällen.

Tabu! Fordern Sie Kontrollposten nie auf, im Beisein von Zeugen gegen Gesetze zu verstoßen. Gleiches gilt für »Geschenke«, die eine nicht vorhandene Durchfahrtsgenehmigung ersetzen sollen.

Tabu! Verhalten Sie sich nie aufbrausend oder ungeduldig gegenüber Militärs oder Polizisten!

Tabu! Verschandeln Sie nicht Strände, Dünen und Felswüsten mit Ihrem Zivilisationsmüll. Was Sie dorthin mitgeschleppt haben, trägt Ihr Fahrzeug auch wieder in die Stadt zurück.

Tabu! Schlagen Sie keine lebenden Korallen ab. Sie dürfen diese »Souvenirs« ebenso wenig ausführen wie archäologische Funde!

Tabu! Verschmutzen Sie nicht Wasserquellen mit Seife, Ölen oder Essensresten.

Tabu! Baden Sie weder nackt noch im Bikini, sondern eher im T-Shirt! Fische können Ihre Haut reizen, und Ihre Schultern verbrennen beim Schnorcheln schneller als Sie glauben.

Tabu! Zelten Sie nicht wild in der Nähe von Beduinen, es sei denn, Sie hätten mit ihnen zuvor freundschaftliche Kontakte geknüpft!

Tabu! Fassen Sie kein Bündel an, das da gegebenenfalls an einem Stachelbaum in der Wüste hängen sollte. Sie vergreifen sich sonst am Safe eines Beduinen.

Mit natürlichen Pferdestärken

Legendäre Araber

Pferdeliebhaber kommen in Ägypten voll auf ihre Kosten. Araberhengste haben Weltruhm, und Ägyptens Landwirtschaftliche Gesellschaft hat daran großen Anteil.

*Pferdelieb-
haber kom-
men auf
ihre Kosten*

Im Staatsgestüt *Al Zahraa* in Heliopolis blieben reinrassige Araberlinien erhalten. Dort werden edle Pferde registriert und im Mai und Oktober auf Pferdeschauen präsentiert. *Al Zahraa* und die *Pyramids Society* konzentrieren sich auf ägyptische Vollblutaraber, die trotz gezielter »Inzucht« kräftig und beweglich blieben. Namen wie »Baheya Ekhnaton« oder »Ibn Akhtal« und »Gad Allah« lassen Kenner durch die Zähne pfeifen. In Pyramidennähe hält Nasr Marei im herrlich eingegrünten Albadeia, einem von 150 Gestüten in Ägypten, teuerste Rösser. Auch in der Nähe des *Sakkara Club* im *International Equestrian Club* grasen prominente Araber.

*Araberzucht
in Deutsch-
land*

Pferde von Geblüt können Sie aber auch daheim, in Marbach auf der Schwäbischen Alb, finden. Denn kaum hatte Mohammed Ali Pasha 1817 in Kairo als erster begonnen, arabische Pferde in größerem Rahmen zu züchten, gründete König Wilhelm I. von Württemberg das Privatgestüt Weil. 1932 wurde die teure Weiler Araberherde in das Landesgestüt Marbach übernommen.

*Reiter-
Romantik*

Wenn Sie in der Nähe der Pyramiden oder der Memnon Kolosse einen Ritt angeboten bekommen, hat dies nicht unbedingt etwas mit echten Arabern zu tun. Die Gäule in Nazlet es Samaan und in Luxor taugen allenfalls für einen gemächlichen Abendausflug mit Pharaonenblick. Der jedoch, sagen auch junge Touristen, verführt durch unwiderstehliche Sonnenuntergangsromantik.

Hoch zu Dromedar

Schaukelfrei

Wegen ihres schaukelfreien Ganges wird die Kamelstute geschätzt. Sie ist schnell und ausdauernd zugleich, wittert in der Nacht rechtzeitig Gefahren und warnt den Reiter. Im Sommer kann sie bis zu fünf Tage ohne Wasseraufnahme marschieren. Große Herden wolliger brauner Tiere ziehen noch um die Oasen Farafra und Baharija. Dort können Sie mit Genuss durch den Sand traben, während der obligate Ritt um die Pyramiden eher abschreckt.

Heute reisen Kamelherden aus dem Sudan im Eisenbahnwaggon an und humpeln, ein Vorderbein hochgebunden, zum Schlachthof. In Birqash, 35 Kilometer nordwestlich von Kairo, können Sie montags und freitags das Kamel Ihrer Wahl aussuchen. Fragen Sie nach dem *Sūq aǧ ǧimāl* (سوق الجمال). Mal sehen, wie viele Kamele Ihnen für Ihre Frau, Freundin oder Tochter geboten werden …

Wüstenritt
bei Sharm
el Sheikh

Das Fahrrad

ʾAl ʿaǧala (العجلة) – Ein Brotverkäufer zum Beispiel, ein Händler, ein Student – sie passen aufs Rad wie der Deckel auf den Topf. Schreibtischtäter dagegen würden sich nie herablassen, auf zwei Rädern im Büro anzukommen. Es verletzt den Status eines weißen Hemdkragens zu guter Letzt weniger, wenn er zu Fuß geht.

Radelnde Frauen erregen Aufsehen, es sei denn, solche öffentlichen Fehltritte ins Pedal ereignen sich weit draußen in der Wüste. Der Stellenwert des Fahrrads verändert sich schlagartig in den Freizeitclubs. Dort verwandelt sich das Fortbewegungsmittel in ein von Jungen und Mädchen gleichermaßen geschätztes Sportgerät.

Frauen radeln nicht in der Öffentlichkeit.

Doch zurück in die Enge der städtischen Gassen. Wenn Sie dort plötzlich hinter sich ein erregtes Zischen vernehmen, geht es nicht um plumpe Anmache. Wie meist in Ägypten hat der Zischende in Ihrem Rücken nur Ihr Wohl im Auge: Hier nähert sich Ihnen hinterrücks ein Fahrradfahrer, dem die Klingel fehlt und dessen schwere Ladung ihm gerade das Bremsen verbietet – und der als Akrobat schlicht und einfach an Ihnen vorbeibalancieren möchte.

Geschichte in blauem Emaille

»Sie gehen bis zum Suleiman Pascha, dann rechts und die zweite links«, rät Ihnen der freundliche Passant, wenn Sie das *Hotel Cosmopolitan* suchen. Ihre Erfahrungen lehren Sie, zuerst auf dem Stadtplan zu überprüfen, ob die Auskunft nur höflich oder aber richtig war. Auf diesem werden Sie vermutlich weder den Platz Suleiman Pascha noch die vom Hotel angegebene Anschrift finden. Der Platz heißt nämlich seit der Juli-Revolution der Freien Offiziere anno 1952 Talaat-Harb-Platz.

Gewusst wo

Eben dieser Suleiman diente als gebürtiger Franzose dem großen Mohammed Ali als Militärberater, während Pascha Talaat Harb, fast 100 Jahre später, die Interessen des ägyptischen Bürgertums gegen britische Konkurrenz verteidigte. Auch die *Misr Bank,* die erste in Ägypten, gründete er und legte damit den Grundstein für die Textilwerke und andere Industriebetriebe.

Gewusst wer

Anders verhält es sich mit dem Tahrir-Platz in Kairo. Dieser Name hat sich mittlerweile als »Platz der Freiheit« (vom »Protektorat« der Engländer) eingebürgert, und nur wenige wissen noch, dass er früher Ismailia-Platz hieß. Den seit 1979 umgetauften Platz Simón Bolívar in Garden City kennen nur Amerikaner – ein Schild beehrte irrtümlich sogar die ähnlich lautende Simone de Beauvoir –, aber der Volksmund nennt ihn »*Midan Qasr al-Dubara*« nach Ismails Palast.

Gewusst wie

Nationalist Mustafa Kamel entthronte bereits 1940 seine Zeitgenossen, die jüdischen Gebrüder Suares, die Ende des 19. Jahrhunderts Elektrizität und Pferdetrams in Kairo einführten und deshalb einen zentralen Platz im Zentrum Kairos innehatten. Wenn Sie Glück haben, finden Sie die »*Šarʿ Sadd al-ʾalī*« (Hochdamm-Straße شرع سد العالي) als »*sābeqan Šarʿ Finney*« (Finney-Straße سابقا شرع فنّي) ausgewiesen.

Nicht nur in der »Mutter der Welt« (*ᵓumm ᵓad dunya* ام الدنيا), also Kairo, sondern auch in Alexandria und im ganzen Land werden Sie auf Namen stoßen, die den Stolz auf die nationale Unabhängigkeit belegen. Eine kleine Auswahl:

▶ *ᵓAbd ᵓan Nāṣr* (عبد الناصر): Der erste Präsident Ägyptens. Nach mindestens 2000 Jahren war er der erste Ägypter an den Schalthebeln der Macht. Die nach ihm benannte Straße in Gizeh heißt im Volksmund *Šārᶜ ᵓan Nil* (شارع النيل), auch ihre Fortsetzung in Richtung Innenstadt. In Alexandria fällt es der *Šārᶜ ᵓAbd ᵓan Nāṣr* immer noch schwer, sich gegen ihre Verlängerung *Šārᶜ ᵓal Ḥorreya* (شارع الحرية) durchzusetzen. Die Trasse war vor 1952 König Fuad gewidmet.

▶ *ᵓAḥmed Ḥamdī* (احمد حمدي): Sein Name schmückt den bisher einzigen Tunnel unter dem Suez-Kanal, der für Autofahrer die bequemste Verbindung zwischen Östlicher Wüste und dem Sinai darstellt. Hamdi zeichnete sich als Offizier im Oktober-Krieg 1973 aus, als ägyptische Truppen die Bar-Lev-Linie der Israelis auf dem Sinai im Überraschungsangriff einnahmen und damit die Ehre der Nation wiederherstellten.

▶ *ᵓAḥmed Māher* (احمد ماهر): Führer des Saad-Flügels der Wafdisten, Ministerpräsident 1944. Unter seiner Führung beschloss das Parlament, den Achsenmächten in letzter Minute den Krieg zu erklären, um in die Vereinten Nationen aufgenommen zu werden; ermordet 1945. Der Platz mit seinem Namen befindet sich am Islamischen Museum in Kairo.

▶ *ᵓAḥmed ᵓUrābī* (احمد عرابي): In Verlängerung der Talaat-Harb-Straße treffen Sie den Platz des Offiziers, der sich gegen die Bevorzugung ausländischer Chargen im Militär erhob. Seine Bewegung »Ägypten den Ägyptern« löste 1881 einen Aufstand aus, der das Land von europäischem Einfluss befreien sollte, aber die Invasion der Briten provozierte, weil diese ihren Zugang zur indischen Kolonie gefährdet sahen.

▶ *ᵓAnwr ᵓas Sādāt* (انوار السدات): Eine Satellitenstadt an der Wüstenstraße nach Alexandria und eine Metro-Station in Kairo tragen seinen Namen. Zweiter Präsident der Republik von 1970 bis 1981.

▶ *Ğamᶜya ᵓad dawwal ᵓal ᵓarabiya* (جمعية الدول العربية): Durch Mohandessin, die »Ingenieurs-Stadt«, ein mittelständisches Wohnviertel in Kairo, führt die Straße der Arabischen Liga, die 1945 in Kairo gegründet worden war.

▶ 26.-Juli-Straße (sprich: *Sita-wa-ᵓašrīn-yūlia* ستة و عشرين يوليو): Früher hieß sie König-Fuad-Straße. Dessen Sohn, König Faruk, musste seinen Thron am 26. Juli 1952 den Revolutionären räumen. Am gleichen Tag, vier Jahre später, verstaatlichte Nasser den Suez-Kanal.

▶ *Nahḍat Miṣr* (نهضة مصر): Ein schöner grüner Platz am Zoo von Kairo, gekrönt von einer Steinstatue im revolutionären Stil, weist auf das seit 1810 einsetzende »Erwachen Ägyptens« hin. Scheich Rifaat at Tahtawi einte Nationalismus und Sozialismus in der »Auferstehung« des Arabertums.

▶ 15. Mai: *(Ḫamastᵒašar māyū* خمسة عشر مايو/ Anwar as Sadat nahm an diesem Tag im Jahre 1971 die »Korrektur der Revolution« vor, ein Datum, das bei Nasseristen den Namen »Kalter Staatsstreich« trägt.

▶ *Mustafa Kāmil:* Gründer der nationalistischen Vaterlandspartei *(ᵒAl ḥizb ᵒal waṭanī* الحزب الوطني*).* Er erwirkte 1907 die Absetzung Lord Cromers, unterstützt vom englischen Schriftsteller George Bernard Shaw. Ausgelöst wurde dies von Übergriffen der Briten und den Ereignissen des Jahres 1906 in Denschaway. In diesem Dorf im Delta hatten britische Besatzer bei der Taubenjagd eine Bäuerin erschossen. Es kam zu Prügeleien, ein Engländer starb – am Sonnenstich. Dies nahm Lord Cromer zum Anlass, die »Aufrührer« vor Frauen und Kindern prügeln und hängen zu lassen.

▶ 6. Oktober: Beginn der von den Israelis »Yom-Kippur«-Krieg genannten Offensive Sadats im Jahre 1973. Dieser ließ auch die gleichnamige Brücke hinter dem Ägyptischen Museum bauen. Als Hochstraße verbindet sie Dokki *(Duqq* دقي/ mit der Kairiner Innenstadt.

▶ Obour: Die »Überquerung« *(ᵒal ᵒobūr* عبور*),* des Suez-Kanals 1973, verlieh einer Satellitenstadt Kairos im Nordosten ihren Namen.

▶ 10. Ramadan: Auch diese Neu-Stadt zwischen Ismailia und Kairo erinnert an den Beginn des Oktober-Krieges 1973. Denn am 10. Tag des Fastenmonats Ramadan durften die Soldaten sich stärken, um einen heiligen Krieg siegreich zu bestehen.

▶ *Saᶜd Zaġlūl* (سعد زغلول*):* Der Gründer und Führer der nationalen Wafd-Partei erreichte, dass Ägypten mit einer eigenen *wafd,* einer nationalen Delegation, bei den Friedensverhandlungen von Versailles vertreten sein durfte. Auf Drängen der Wafdisten zogen die Briten 1922 ihr »Protektorat« zurück.

▶ *Sadd al ᶜalī* (سد العلي*):* Der Assuan-Staudamm, geehrt mit einer kleinen Straße im Kairiner Stadtteil Dokki.

▶ Die Rue des Ptolemées, in der das Goethe-Institut Alexandria in einer prächtigen alten Villa residiert, reflektiert französische Tradition und ptolemäische Eroberung kurz vor der Zeitenwende, doch Alexandriner möchten gern die arabische Aussprache hören: *Šārᶜ Baṭālisa* (ثارع بطالسة*).*

▶ Der Alexander-Platz Alexandrias räumte für einige Zeit seinen Namen für *ᶜAbd ᵒal Monᶜeim Riāḍ* (عبد المنعم رياض*),* einem Reformer der ägyptischen Armee, der 1969 ums Leben kam und wie ein Märtyrer verehrt wird.

▶ Die Ost-West-Achse durch Alexandria hieß einst *Šārᶜ Šerīf* (ثارع شريف/ zu Ehren des Propheten und steht heute als *Ṣalāḥ Salem* (صلاح سلم/ im Stadtplan, im Gedenken an den Chef des ersten Geheimdienstes nach der Revolution.

Zum guten Schluss sei noch darauf hingewiesen, dass – auch im nicht arabisch geführten – Gespräch drei Tabus zu beachten sind: Es heißt nicht: »Persischer« Golf, sondern Arabischer Golf! Nicht: »Libysche« Wüste, sondern Westliche Wüste! Und selbstverständlich nicht: Golf von »Eilat«, sondern Golf von Aqaba!

Hausen, Wohnen, Residieren

Gibt es reine Ausländer-Viertel in Ägypten? Ja, zunehmend. In Alexandria und Kairo konnten sich aus alten Zeiten einige Stadtteile halten, in denen westlicher Lebensstil auffällt. Europäer leben fast ausschließlich in den Kairiner Stadtteilen Dokki, Mohandessin, 6th-of-October, Sheikh Zayyed, im Pyramidendorf und in Heliopolis. Nilaufwärts, in Richtung Helwan, legten die Briten Ende des 19. Jahrhunderts die Gartenstadt Maadi an. Auch Maadi fällt, ebenso wie alle anderen Villenviertel, der Bodenspekulation und Wohnungsnot zum Opfer. Es ist nur eine Frage der Zeit. In Zamalek, einst eine grüne Villeninsel im Nil, blicken heute zehn- bis zwanzigstöckige Hochhäuser auf die gezählten Exemplare von kolonialen Botschaftsresidenzen hinab. Eine Palme nach der anderen macht den Baugruben Platz. Singles oder ungebundene Paare stört das noch nicht, sie leben in Zamalek einfach fabelhaft, allerdings auch fabelhaft teuer: Kneipen an jeder Ecke, Buchläden, ein paar Boutiquen, schattige Straßen und die Oper am Südzipfel der Insel. Idyllische Hausboote am Nil, im Sommer kühl, im Winter eisig klamm, bewohnen Individualisten.

Westlicher Lebensstil

In Alexandria wird der Ortsteil Rushdy bevorzugt, und für die Sommerfrische empfehlen sich die westlichen Vororte. Mit der Gondel können Sie demnächst durch Porto Marina an der Mittelmeerküste zum Shopping fahren, eleganteste Resorts mit Golfplätzen warten auf Sie. Auch in El Gouna oder Sharm el Sheikh am Roten Meer locken verträumte Bungalows zur Dauermiete.

Umgekehrt bestimmt ein ungeschriebenes Gesetz, dass in bestimmten Quartieren überhaupt keine Ausländer wohnen und Fremde dort nicht einmal gern gesehen sind. Im Kairiner Industrie- und Arbeiterviertel Schubra zum Beispiel werden Sie höchstens auf einen anderen Europäer treffen, wenn er Stoßdämpfer für sein Auto oder eine versteckte Werkstatt sucht. In Imbaba könnten Sie allenfalls Ihre Putzfrau besuchen, und nach Boulaq begeben sich Fremde nur, um etwa auf dem berühmten Trödelmarkt nach Hosenknöpfen aus dem Jahr 1756 Ausschau zu halten. In die Totenstädte verirren sich Studenten der Kunstgeschichte und Touristen, aber wohnen wollen sie dort selbstverständlich nicht.

Nur für Ägypter

Bevölkerungsexplosion und Landflucht ließen überall in der Stadt »Neu-Dörfer« entstehen, die sich wie Schwalbennester an bereits vorhandene Mauern kleben. Informelle Neu-Dörfer wuchern im Delta und in allen Stadtteilen Kairos wild ins kostbare Fruchtland hinein. Hin und wieder greifen Bulldozer der Regierung durch und vertreiben die Bewohner mit Tränengas. Die Vertriebenen nisten sich dann bei Verwandten als »Unter-Unter-Untermieter« in anderen illegalen Siedlungen ein. Fehlende Papiere und ungeklärte Eigentumsverhältnisse erzeugen eine latente Angst bei den Siedlern, die sie an skrupellose Erpresser ausliefert.

Wildwuchernde Neudörfer

In den 80er Jahren des letzten Jahrhunderts stürzten mehrer Hochhäuser ein, weil die Bauunternehmer grundlegende Spielregeln der Statik missachtet oder das Mischungsverhältnis von Sand und Zement nicht gebührend beherzigt hatten. Seit

Links: Kairos Edelmeile, Talaat Harb

Zaghlul-
Platz,
Alexandria

*Einstür-
zende
Bauten*

das so genannte »Dashour-Erdbeben« am 12. Oktober 1992 die Behörden wach-
rüttelte, sind derlei selbst verschuldete Katastrophen aus den Schlagzeilen verschwunden. Ein eindrucksvolles Opus von Normen reguliert seitdem den Neubau
von Straßen, Brücken, Wasserleitungen, Kläranlagen und Hochhäusern.

Aus anderen Gründen stürzen Häuser im ehemals vornehmen Kairiner Viertel
Abdin *(عبدين)* oder in der Alexandriner Altstadt weiterhin ein. Dort müssen sich
die Eigentümer, dank der hartnäckigen Reste von Nassers Mieterschutz und
Mietpreisbindung, mit 5–20 Dollar »Altmiete« pro Wohnung zufrieden geben.
Es leuchtet ein, dass sich von diesen Summen keine Reparatur berappen lässt.
So vermodern die Mietshäuser der Königszeit langsam, teilweise beabsichtigt,
aber unwiederbringlich, um irgendwann nach einem Wasserrohrbruch in sich
zusammenzuknicken.

*Weltkultur-
erbe*

Einige Juwelen der Islamischen Altstadt stehen als UNESCO-Weltkulturerbe unter Denkmalschutz und werden mit Hilfe aus Europa und Indien renoviert. Doch
nur wenige Sponsoren berücksichtigen, dass die ehemaligen Bewohner, in der
Regel bescheidene, aber große Handwerkerfamilien, den Unterhalt der Gebäude
später nicht mehr bezahlen können und abwandern müssen. Dadurch könnte
das quirlige islamische Kairo in Zukunft zu einem Freilichtmuseum mutieren.

Wohnen hinter der Mauer

Seit Jahrzehnten träumen die staatlichen Planer davon, die Wüste zu besiedeln, *Compounds*
und nach zäher Skepsis beißen die Baugesellschaften und ihre Kundschaft endlich an. Drei Modelle erheben sich aus dem Sand: Mietblocks für Sozialwohnungen, Apartmenthäuser für den Mittelstand und Luxusvillen für den gehobenen Bedarf; all diese Compounds werden von hohen Mauern geschützt.

Mauern haben Tradition in der islamischen Architektur. Sie umschlossen viele
kleine Privatheiten und im Innersten die *medīna (مدينة)*. Ein großes Doppeltor
(bāb باب) mit ausgelagerten Freiräumen für Versammlungen, die sonst nur in
Moscheen möglich wären, schloss ein Stadtviertel von alters her ab.

Die Sozialwohnungen brauchen am längsten, bis sie sich füllen. Oft stehen die
Häuser zwar schon da, aber niemand hat daran gedacht, sie auch verkehrsmä-
ßig anzubinden. Denn Buslinien z. B. werden nicht vom Wohnungsbau-, sondern vom Verkehrsministerium geplant. Wie aber soll ein Arbeiter ohne eigenes
Auto zu seiner Arbeit gelangen?

Besserverdienenden Autobesitzern dagegen fällt es nicht so schwer, am Tag 50
Kilometer Autobahn zu fahren, obwohl sie natürlich über Staus jammern. Sie
pendeln und werden am Feierabend belohnt durch saubere Wüstenluft, Vogelge-
zwitscher, Palmblattgeflüster und plätschernde Springbrunnen in den Innenhö-
fen. Lückenlos bewässerte Grünflächen gaukeln Paradiese vor. Ohrenbetäubend
Petroleumdampf versprühende Insektenbekämpfer stören die Idylle nur kurz,
erinnern aber peinlich an das heikle ökologische Gleichgewicht in dieser Kunstwelt. Ein steriler, globalisierter Lifestyle, den die Arabischen Emirate prunkend
vorleben, greift nun auch in Ägypten.

Grab mit fließend Wasser

Mit leisem Grauen beäugt und selten besucht ist *ʾAl Qarāfa (القرافة)*, die Toten- *Leises*
stadt, die längst zur Stätte der Lebendigen geworden ist. Es trifft nicht zu, dass *Grauen*
erst neuzeitliche Wohnungsnot Obdachlose in die Totenstädte getrieben habe.
Bereits 1183 schilderte der andalusische Tourist Ibn Gubayr den regen Lehrbe-
trieb der Grabmoscheen. Auf Kosten des Sultans *Ṣalāḥ ʾad Dīn (صلاح الدين)*,
des Saladins unserer Kreuzzugsgeschichte, konnten fromme Reisende und Studenten, aber auch Bettler das Wort Gottes hören und ein barmherziges Süpp-
chen zu sich nehmen. Pilger unterbrachen dort ihre Fahrt von oder nach Mekka
und Sufi-Orden feiern bis heute an den Gräbern die Geburtstage von Heiligen,
die *mawālīd (مواليد)* (vgl. Seite 58).

In eine Wohnstadt verwandelte sich die südliche Totenstadt, *ʾAl Ḫalīfa* *Totenstädte*
(الخليفة), bereits im Ersten Weltkrieg. Als Lieferant der britischen Armee erlebte
Kairo einen Wirtschaftsaufschwung, der auch die Konjunktur der Steinbrüche
am Fuß des Moqattam und der Kalköfen ankurbelte. Ihre Arbeiter nisteten
sich in wenig besuchten Grabgebäuden ein. Alsbald wurden die vorhandenen

Fröhlichkeit
in der Stadt
der Toten,
Kairo

Brunnen durch Zapfstellen ergänzt, eine Straßenbahnlinie gelegt und Strom-
kabel von Dach zu Dach geschwungen. Während des Zweiten Weltkrieges
bewohnten rund 50 000 Menschen ʾAl Ḫalīfa; heute sollen dort und im sogenannten Mamelucken-Friedhof, ʾAl Qarāfa, zusammen mehr als eine Viertelmillion Siedler leben.

Asoziale
und Räu-
ber?

Asoziale und Räuber machten die Totenstadt unsicher, munkeln die Gutsituier-
ten. Gewiss, ʾAl Qarāfa gilt nicht als die erste Adresse am Ort. Ein junger Mann,
der seiner honorigen Familie eine von dort stammende Braut vorstellen wollte,
müsste mehr als Mut aufwenden. Doch unterscheidet sich das tägliche Leben in
den Gassen wenig vom Alltag im benachbarten Stadtteil Rod-al-Farag.

Qarafa-Kinder gehen einige Jahre in die Schule, die Frauen kochen und waschen wie anderswo auch. Abends versammeln sich die Familien vor einem
Fernsehapparat, dessen Satellitenschüssel sie gemeinsam finanziert haben. Arbeitsplätze schafft bereits die Totenstadt selbst. Eselskarren bringen Flaschen-
gas zum Kochen, Flickschneider bedienen bescheidene Kunden, das Qarafa-
Krankenhaus braucht Pfleger, »Makler« vermitteln zwischen Grabeigentümern
und Mietern.

Wenn ein Begräbnis stattfindet, empfangen die Mieter ihre Hausherren im Hof,
dann wird zeremoniell aus dem Koran gelesen. Die Vermieter haben durchaus
Interesse an ihren Grabwächtern.

»Wer sich vor Geistern fürchtet, sollte nicht auf dem Friedhof schlafen«, empfiehlt das Sprichwort. Wenn Sie die Totenstadt unbedingt selbst betreten wollen,
begeben Sie sich in Begleitung ägyptischer Freunde oder wenigstens anderer
Touristen auf Erkundungsreise.

Wohnung ist Schicksal

In Ägypten haben wenige Kinder das Glück, ein eigenes Zimmer zu bewohnen; viele kennen nicht einmal ein eigenes Bett: Enge und Wohnungsnot – dies ist Leid und Leitmotiv in fast allen städtischen Familien. In Berlin wohnen ungefähr 3800 Personen auf einem Quadratkilometer, in Kairo hingegen bis zu 138 000. Dem Wort Wohngemeinschaft haftet unter solchen Umständen nichts Romantisches mehr an.

Enge und Wohnungsnot

In den ärmeren Stadtquartieren leben oft drei oder vier Familien in einer Wohnung und nehmen zudem noch Verwandte bei sich auf. Sie teilen sich einen Küchenraum und, sofern vorhanden, einen Waschraum mit WC. Der einzige »private« Raum wird ausgefüllt von einem französischen Bett. Zwischen Wand, Schrank und Bett verbleibt ein schmaler Gang. Esstisch? Schreibtisch? Kindermöbel? Welch unvorstellbarer Luxus! In der düsteren Küche tummelt sich auf dem Fußboden alles, was Beine hat, auch die Kleinsten. Daher kommen bei Kleinkindern durch Kerosinkocher und kochendes Wasser verursachte Verbrennungen tagtäglich vor.

Wo können sich Schüler ungestört auf die gefürchteten Jahresabschlussprüfungen vorbereiten? Sie können eben nicht. Wo Kinder keinen Platz zum Lernen, ja nicht einmal zum Spielen haben, wachsen Analphabeten heran. Halbwüchsige müssen die aufgezwungene Intimität des elterlichen Schlafzimmers ertragen und hegen nur einen Wunsch: raus, und auf eigenen Beinen stehen! Junge Berufstätige halten ihrer Verlobten fünf Jahre lang Händchen, weil sie das Schlüsselgeld für die ersehnte Mietwohnung nicht aufbringen können.

Nur ein Wunsch: raus!

Der täglich erlebte Mangel an Freiraum erzeugt nicht allein Stress, er widerspricht auch ganz und gar den Ansprüchen der offiziellen Moral an eine »anständige« Lebensweise. In der – immer noch lebendigen – Idealvorstellung bewohnen nämlich heute noch Männer und Frauen zwei voneinander getrennte Bereiche.

In der Wirklichkeit können Sie altarabische Wohnkultur höchstens bei reichen Akademikern finden. Beton-Ziegelskelettbauten verdrängten eine alte, wohldurchdachte und dem Klima angepasste Baukunst. Einen Widerschein vom Komfort und Luxus vergangener Tage können Sie im Mamelucken-Kleinod *Bait ʾas Suḥīmī* (بيت السحيمي) im Khan-al-Khalili und im Haus des Kreters neben der Tulun-Moschee in Kairo erhaschen. Die Islamische Altstadt von Kairo rangiert seit 1979 als Weltkulturerbe der UNESCO.

Alte Ideale

Weiße Mauern und Maschrabeen prägen die Fassade eines arabischen Hauses, die Sonne und Blicke Fremder gleichermaßen abwehrt. Maschrabeen – Gittergeflechte aus gedrechselten Holzkugeln und -stäbchen – hielten ursprünglich den Trank im Tonkrug, kühl *(šarab* شرب*)*. Durch die Gitter dringt ein erfrischender Luftzug ein

Maschrabeen

Altarabisches Mauerwerk, Farafra-Oase

oder ein neugieriger Blick aus der Verborgenheit heraus. Gleichzeitig schützt die *mašrabeya* wie eine Jalousie vor der stechenden Sonne. Über den Maschrabeen-Erkern strahlten manchmal bunte Glasscherben in den in Gips geschnittenen Ornamenten *(qamariyāt* قمريات*)*. In der *Šārᶜ ᵓas sukkariya (*شارع السكّرية*)* am Kairiner Bab Zuwayla fädeln die Abu Zeids seit Generationen feine Maschrabeen auf. Neue Maschrabeen-Kunst pflegt auch das NADIM *(National Art Development Industries of Mashrabiya)* in Giza, wo Sie Möbel nach Maß bestellen können.

Kühltürmchen

Auf dem Dach thronte der *malkaf (*ملكف*)* aus Brettern. Von der Zitadelle in Kairo aus können Sie die letzten Überreste dieser angepassten Klimatechnik sehen: Auf den tiefer liegenden Dächern erheben sich schornsteinartige Türmchen mit schräg stehenden Abdeckungen. Der *Malkaf* fängt in seiner nach Norden hin geöffneten Seite Kühle ein und leitet sie nach unten in die Wohnräume. Der Kühle wegen liegen die wichtigsten Zimmer nach Norden und öffnen sich auf den Hof.

Innenhöfe und Dachgärten

Den Innenhof erreichen Sie durch einen rechtwinklig gebrochenen Gang, der verhindert, dass neugierige Passanten zu tiefen Einblick in das Privatleben des Hausherrn gewinnen. Eine ähnliche Anordnung des Eingangsbereichs bewahren noch heute die Häuser in den Oasen, wenngleich ihre Lehmarchitektur weit bescheidener anmutet. *Salamlik* nannte sich die Haushälfte des Mannes, *Harim* jene der Frauen. Beide Teile des Hauses gruppierten sich jeweils um einen Innenhof mit Springbrunnen und Marmorboden. Auf dem mit Maschrabeen umgebenen Flachdach konnte man einst die Abendkühle genießen.

Heute lagert auf den Dächern Sperrmüll und Gerümpel, das Sonne und Staub alsbald in graue Haufen verwandelt. Für Kühle sorgt nun eine teure, dröhnende Klimaanlage, als Sonnenschutz dienen hölzerne Klappläden oder, in Hochhäusern, Plastik-Jalousien.

Ein Park mit großer Wirkung INFO

Müll verschandelte den Sandberg zwischen Totenstadt, Zitadelle und Azhar-Moschee bis zum Jahr 2000. In zehnjähriger Bauzeit schuf die *Aga-Khan-Stiftung* dort einen Schatz, den 30 Hektar großen Azhar-Park. Er veränderte nicht nur die Optik und das Mikroklima des Kairiner Stadtzentrums, sondern auch die Dynamik der angrenzenden Altstadt. Eine unter dem Schutt entdeckte ayubidische Stadtmauer aus dem 12. Jahrhundert trennt den Park vom Arbeiterviertel Darb al Ahmar. »Aus der Idee der grünen Lunge für die Millionenstadt erwuchs uns nach und nach eine viel größere Aufgabe, nämlich der Islamischen Altstadt von Kairo ein ganz neues Gesicht zu geben«, kommentiert der Imam der Ismailiten Aga Khan VI, gebürtiger Schweizer und Aktionär der Lufthansa. Seine Vorfahren, die Fatimiden, haben Kairo gegründet. Begeistert stiegen die *Ford Foundation* und die *Schweizer Kooperation* in das Mammutprojekt mit ein. Haus für Haus entlang der Stadtmauer wird begutachtet und bewertet, die Eigentümer erhalten günstige Kredite für die Renovierung. Religiöse Bauten wie die 600 Jahre alte Sultan-Shaban-Moschee und das Mausoleum Khayrbek mit einer noch 100 Jahre älteren Moschee werden wiederhergestellt. Handwerker erhalten eine Fortbildung in Restaurations- und Verwaltungstechniken. Statt die Menschen aus ihrer angestammten Umgebung herauszureißen, hebt das Projekt den Lebensstandard und das Selbstbewusstsein des ganzen Viertels.

Aber auch in der Mittel- und Oberschicht könnte der Azhar-Park einen Kulturwandel bewirken. Denn die modern und altarabisch zugleich anmutenden Restaurants des Parks präsentieren das Beste an fatimidischer Architektur und Lebensqualität, machen sie nach über acht Jahrhunderten wieder salonfähig. Der Panoramablick vom Hügel auf die großartige Symmetrie der Gärten lässt keinen Ästheten ungerührt. Auf den Sitzkissen der überdachten Terrassen lümmeln junge Leute genüsslich beim Mokka; in den von Teichen und Springbrunnen gekühlten Hallen flaniert es sich auch bei großer Hitze angenehm. *Malkafs* ersetzen lärmige Klimaanlagen und kosten keinen Piaster Strom. Einfach überzeugend.

Bürger-
liches
Wohn-
zimmer

Die sparsame Möblierung mit Steinbänken, perlmutteingelegten Truhen, Ko-
ranständern und Diwanen ist längst einer französisch-türkischen Mischung
aus rotem Plüsch und goldenen Rokokoschnörkeln an Sesseln, Tischen und
Schränken gewichen.

Renaissance
der Lehm-
kultur

Hassan Fathi (1900–1989), Träger des alternativen Nobelpreises – *»… for sa-
ving and adapting traditional knowledge and practices in building and
construction for and with the poor«* – und Preisträger des *Aga Khan Awards
for Architecture,* läutete 1940 die Renaissance der Lehm-Architektur ein. Seine
Botschaft, den Lehm als billigen Dämm- und Baustoff für breite Bevölkerungs-
schichten einzusetzen, fand zwar bei Professor Gernot Minke an der Gesamt-
hochschule Kassel großen Widerhall, aber kaum in Ägypten. Zum einen wollte
man staatlicherseits dem Abbau von Lehm im Niltal ein Ende setzen, um kein
wertvolles Ackerland zu vergeuden; zum anderen haftet dem Lehm der Geruch
des armen Fellachen an. Deshalb stehen Hassan Fathis Projekte heute als Bau-
ruinen in der Landschaft; erst Architekten aktueller Hotelprojekte wie das Dawar
al Umda in Al Gouna griffen seine Ideen auf.

Wohnungssuche

Tipps für
Expatriates

Eigentlich steht Ihnen jede Wahl offen – Hauptsache, Sie bringen Geld mit. Ob
Sie mieten oder kaufen, hängt von Ihrer geplanten Aufenthaltsdauer ab. Seit
1996 dürfen Ausländer Bauland mit einer Gesamtfläche von zweimal 4000 Qua-
dratmetern besitzen. Unbebaute Grundstücke sind innerhalb von drei Jahren zu
bebauen, sonst steigt die Grundsteuer progressiv an.

Die Deutsche Botschaft und die Deutsch-Arabische Handelskammer nennen Ihnen Adressen englisch sprechender Makler, geben Auskunft über Musterverträge und die aktuellen Quadratmeterpreise. Inserate finden Sie im deutschsprachigen »Papyrus«, einem Monatsmagazin für Europäer deutscher Zunge. Auch im Internet werden Wohnungen zu Kauf und Miete angeboten. Erst wenn Sie fündig geworden sind, zahlen Sie den Vermittlern eine halbe bis eine ganze Monatsmiete. Sollten Sie sich in ein zentrales Quartier verliebt haben, sprechen Sie die Hausmeister an. Ein *bawwāb* kennt Geheimtipps, verlassen Sie sich drauf.

Checkliste für die Wohnungssuche in Ägypten

▶ *ʾAl ḥayy (*الحيّ*)*: Untersuchen Sie »Ihr Viertel« auf Lärmquellen wie Moscheen, Schulen, Baustellen. Achten Sie in Nord- und Westrichtung auf wilde Müllplätze, die ihren Duft an lauen Sommerabenden zu Ihrem Balkon hinaufströmen. Von Abwasser überschwemmte Nachbarstraßen lassen Rückschlüsse auf Ihr Leitungssystem zu. Restaurants, Großküchen und Krankenhäuser ziehen Ratten an, vor allem wenn in der Nähe Wasser ist. Befinden sich Kanäle oder langsam fließende Gewässer in Ihrer Nachbarschaft, so verlangen Sie die Anbringung von Fliegengittern vor den Fenstern. Die neuen Compounds prunken mit Squash-Zentren und Gärten eher als mit Postämtern, Schustern, Friseuren oder Kindergärten. Außerdem fehlen oft Wohnräume für dienstbare Geister, weshalb Sie plötzlich alles selber machen oder lange warten müssen, bis ein Handwerker kommt. Auch die Putzfrau braucht eine Menge Zeit und Fahrgeld. Je näher der Freizeitclub und die Schule, desto weniger müssen Sie Auto fahren oder im Stau stehen! *Das Viertel*

▶ *ʾAš šaqqa (*الشقّة*)*: Die Wohnung wird Ihnen angeboten als Ensemble von Schlafzimmern. Eine Dreizimmerwohnung entspricht also einer Wohnung mit Küche, meist zwei Bädern und WCs, einem Ess-, einem Wohnzimmer und drei Schlafzimmern. Vergessen Sie beim Nachrechnen nicht Ihre Gäste! Günstig wirken sich Nord- und Ostfenster und -balkons aus. Ein guter Nord-Südschnitt der Wohnung, hohe Räume und überdachte Balkons können die Klimaanlage entlasten. Dächer erhitzen sich im Sommer auf bis zu 70 °C. Decken-Ventilatoren sollten zum Standard gehören. *Die Wohnung*

▶ *ʾAs sillim (*السلّم*)*: Wer benutzt Ihr Treppenhaus? Die meisten Häuser verfügen über eine Dienstboten- und eine »Herrschafts«-Treppe. Seien Sie nicht überrascht, wenn unter der Schräge des untersten Treppenabsatzes ein Mann schläft oder Tee kocht. Er ist Ihr *bawwāb,* Ihr Hausmeister, der Ihnen Tag und Nacht zu Diensten steht – und von Ihnen auch einen kleinen Monatslohn erwartet. Treppenhäuser lassen keine Rückschlüsse zu auf den Standard der Wohnungen. Wenn Ihnen zusätzlich an einem repräsentativen Eingangsbereich gelegen ist, müssen Sie geraume Zeit suchen. *Treppe*

▶ *ʾAl ʾasensīr (*الاسنسير*)*: Sie liegen richtig, der Aufzug ist nach dem französischen *ascenseur* benannt. Heute müssen Häuser mit mehr als sechs Stockwerken mit einem Lift ausgestattet sein, in älteren Gebäuden baut man ihn häufig *Aufzug* nachträglich ein. Wenn Sie hoch hinaus wollen, etwa in den 10. oder gar 15. Stock, versichern Sie sich lieber, ob zwei oder mehr Aufzüge vorhanden sind. Denken Sie an Extremfälle wie Krankentransporte, Brände oder Erdbeben. Ausfälle gehören zum Alltag! Fluchttüren und -treppen und deren Beleuchtung prüfen!

Elektrische Geräte ▶ *ʾAl kahraba (الكهربة):* Waschmaschine, Geschirrspüler, Heizlüfter, Klimaanlage und andere elektrische Geräte überfordern möglicherweise Leitungsnetz und Sicherungen. Oft fehlt die Erdung an Steckdosen. Von einer Wohnung ohne Telefon ist abzuraten.

Wasser ▶ *ʾAl māʾ / ʾAl mayā (ماء):* Den Alarmruf »Mafīš maya!« (Es gibt kein Wasser!) werden Sie hin und wieder vernehmen. Die Ausfälle dauern aber nur wenige Stunden. Über den größten Durst hilft eine Mineralwasser-Reserve hinweg. Der Wasserdruck wird normalerweise durch eine elektrische Pumpe und einen Hochbehälter auf dem Dach gewährleistet. Vergewissern Sie sich, dass die Pumpe nicht genau über Ihrem Schlafzimmer rattert. In hochgelegenen Stockwerken pflegt der Wasserdruck stark abzufallen. Bei der ersten Begehung sämtliche Hähne aufdrehen! Dabei können Sie auch feststellen, ob das Wasser wieder abfließt.

Küche ▶ *ʾAl maṭbaḫ (المطبخ):* In alten Wohnungen verirrte sich die Herrschaft selten in die Küche, so dass die Räume meist dunkel und klein ausfielen und die Ausstattung eher jämmerlich wirkt. Die helle freundliche Einbauküche ist erst im Kommen. Wenn Sie Glück haben, erwartet Sie eine meterlange prächtige Arbeitsplatte aus Rosengranit, und bei noch mehr Glück laufen sogar die Schubladen wie geölt. Butangasherde mit einer Gasflasche und Einbauschränke samt Kühlschrank mit Dreisterne-Tiefgefrierfach gehören zur Grundausstattung. Eiswürfel produzierende Gefrierschränke mit eingebauten antibakteriellen Wasserfiltern erweisen sich im Sommer als höchst angenehm. Versichern Sie sich auch, ob dienstbare Geister bereitstehen, die Gasflaschen zu wechseln. In den neuen Compounds sind die liebenswürdigen Portiers alter Schule eher rar.

Ungeziefer ▶ *ʾAl ḥašarāt (حشرات):* Ein Besuch nach Sonnenuntergang zeigt, ob Leben im Verborgenen herrscht. Knipsen Sie plötzlich das Licht an, so huschen die sechsbeinigen Untermieter eilends in die Ritzen! An ein naturnahes Leben werden Sie sich gewöhnen müssen. Ameisen, Brotkäfer und Kakerlaken werden immer wieder zu Überraschungsangriffen ansetzen. Zur begleitenden Lektüre sei Taufiq al Hakims »Schicksal einer Kakerlake, Drama in drei Akten« über die Sehnsucht nach Freiheit, empfohlen. In diesem Theaterstück versucht das braune Insekt verzweifelt, aber beharrlich wie Sisyphos, den glatten Badewannenrand zu erklimmen.

Bäder ▶ *ʾAl ḥammām (الحمّام):* Die leuchtende türkische Tradition öffentlicher Bäder ist fast spurlos erloschen. Nur in der Altstadt zeugen noch einige runde Brunnenbauten und Ortsbezeichnungen von vergangener Wasserkultur. Europäische Duschkabinen hielten stattdessen in Stadtwohnungen Einzug. Einziges Relikt muslimischer Reinlichkeit blieb die kleine *ḥanafya (حنفية),* das Metallröhrchen im Toilettenbecken, das heute von Bidets abgelöst wird. Der Gebrauch von Toilettenpapier hat sich in den Städten durchgesetzt. Dennoch sollte man, vor

allem auf dem Land, immer solches parat haben und die linke Hand nie zum
Essen benutzen. In stehendem Wasser zu baden, dies käme einem Muslim niemals in den Sinn. Die Badewannen in Neubauten dürfen Sie als Zugeständnis
an Ihre eigenen merkwürdigen Gebräuche betrachten. Wie kann sich jemand
wohl fühlen, der in seiner eigenen Brühe liegt … Wenn Personal im Hause arbeitet, steht diesem üblicherweise eine gesonderte Toilette zur Verfügung.

▶ *ʾAl ʾuwaḍ* (الاوض)*:* Schon die Berechnung der Wohnungsgröße nach Schlafzimmern (*ʾūdit nūm* اودة نوم) verweist auf die Nutzung der einzelnen Zimmer.
Bestenfalls gibt es einen Salon für den Empfang von Besuchern, ein Esszimmer
für die ganze Familie, ein familiäres Wohnzimmer, in Akademikerhaushalten ein
Büro, Atelier oder Arbeitszimmer. »Ist das Ihre Bibliothek?« so werden Sie angesichts der Bücherregale in Ihrem Wohnzimmer verwundert gefragt. Die gehören
ins Büro oder in den Aufenthaltsraum, wo sich die Familie zum Fernsehen trifft.
Heranwachsende Kinder verfügen selten über eigene Zimmer. Zur Erledigung
ihrer Hausaufgaben müssen sie häufig an den Esstisch oder aufs Bett ausweichen. Hut ab vor allen Studenten, die mitten in brausender Familienunterhal-
tung und bei laufendem Fernsehgerät ihre Prüfungen vorbereiten.

*Wohnungs-
größe*

▶ *ʾAd duḫūl mamnūʿ* (الدخول ممنوع)*:* Eintritt verboten! Ein männlicher Besucher darf das Haus nur betreten, wenn der Hausherr oder ein anderes männ-
liches Mitglied der Familie anwesend ist. Dies stellt sicher, dass Ruf und Ehre
von Frau und Familie gewahrt werden. Einem ägyptischen Mann, der allein
einer Frau in ihrer Wohnung Gesellschaft leistet, fehlt es entweder an Kinderstube, oder er verfolgt eindeutig zweideutige Absichten. Ebenfalls aus Anstand
und Sitte entfernen sich die weiblichen Familienmitglieder, wenn die Herren des
Hauses im Salon Gäste empfangen; und umgekehrt ziehen sich die Männer zurück, wenn Frauen dort ihr Schwätzchen halten wollen. Nur die Verwandtschaft
oder enge Freunde bleiben in gemischten Gruppen zusammen.

*Eintritt ver-
boten!*

Ein leidiges Thema: Schmutz und mangelnde Hygiene

▶ *ʾAt torāb* (الطراب)*:* Staub, pulverisierter Nilschlamm und Straßenschmutz,
fliegt unablässig durch die Luft, dringt durch sämtliche Fensterritzen und unter jeder Tür hindurch. An stürmischen Tagen fegen dichte, graue Schleier von
Staub durch die Gegend.

Staub

Ein pharaonischer Bauernkalender klärt Sie über regelmäßig wiederkehrende Böen
auf. Es ist ein eindrucksvolles Schauspiel, wenn der heiße Südostwind (*ḫamsīn*
الخمسين) den Himmel verdunkelt. Wer kann, flüchtet aus der trocken-heißen, schwe-
felgelben Wolke in geschlossene Räume und schont sich. Viele Menschen spüren
das Herannahen dieses Aprilwindes an einer wachsenden inneren Unruhe und Kopf-
schmerzen. Auch der Juniwind *ʾan nuqṭa* (نقطة) bringt Wüstenhitze; alle anderen
jedoch brausen aus westlichen Richtungen heran und sorgen eher für Abkühlung.
Wer das Bedürfnis verspürt, täglich das Parkett zu wienern, muss kein Putzteufel
sein. Die Umrisse des Buches, das Sie am Vorabend aus der Hand gelegt haben,

zeichnen sich schon am nächsten Morgen scharf auf der staubigen Tischplatte ab. Überfallen Sie allmählich doch Gelüste nach einer Raumpflegerin? Dann sind Sie im Begriff, die Arbeitslosigkeit zu mindern, eine ägyptische Familie zu unterstützen und Ihre eigenen Nerven zu retten!

Müll ▶ *ʾAz zibāla (الزبالة):* Den Müll vors Haus zu tragen, dafür ist normalerweise der Hausmeister zuständig. In vielen Städten drehen europäische Müllautos ihre Runden, während in den Dörfern des Niltals die Entsorgung mit dem steigenden Verbrauch an Weißblechdosen, Plastikflaschen, -tüten und Einwickelpapier nicht Schritt halten kann. So kullern dort die leeren Gefäße über die Böschung in den Kanal, türmen sich an Straßenecken und bieten wilden Hunden ein abwechslungsreiches Freizeitgelände. Mangels Regen, der einen Teil des Abfalls zersetzen oder zumindest am Boden halten würde, wirbeln die unansehnlichen Fetzen eigensinnig durch die Luft.

Mit der Verabschiedung von Umweltgesetzen zur Reinhaltung von Boden, Luft und Wasser versucht die Regierung seit 1994, Umweltsünder aufzuspüren und entsprechend zu bestrafen.

Unsauber- ▶ *ʾAl wesḫa (الوسخة):* Dreck, dicke Krusten, Jahresringe. Robert Koch, Bakterio-
keit loge und Nobelpreisträger, der 1883 während eines Forschungsaufenthaltes in Ägypten den Erreger der Cholera aus dem Darm von verstorbenen Patienten in Reinkultur angezüchtet hatte, würde sich gewiss im Grabe rumdrehen, sähe er die Chirurgen von heute in Straßenschuhen im Operationssaal hantieren. Sie mögen sich voll Widerwillen schütteln oder auch lediglich wundern, doch irgendwann werden Sie Ihren persönlichen Weg finden (müssen), der es Ihnen erleichtert, mit diesen in unseren Augen unhygienischen Verhältnissen zu überleben.

Wohnen
am Nilka-
nal, Luxor

Fellachenfrauen kneten seit Jahrtausenden Rinderdung mit den Händen und stellen daraus Brennstoff zum Kochen her. Mit den gleichen, notdürftig abgewischten Händen bereiten sie das Essen zu. Wenige wissen, dass der im Kanal treibende tote Esel in einem verhängnisvollen Zusammenhang zu dem fiebernden Kind steht und dass die jauchegedüngte Brunnenkresse, obwohl sie so schön grün gesund aussieht, Amöbeneier in Umlauf bringt.

Städtischer Hausputz ist stets mit viel Schaum und Wasserfluten verbunden, gilt es doch, die Berührung mit dem »Unreinen« möglichst zu vermeiden, gleich, ob wir es *afrīt* oder *ǧarǧūf (جرجوف)*, Bazillus oder Virus, nennen.

Reinheit aus dem Glauben

»Reinheit kommt aus dem Glauben« (*ʾAn naẓẓāfa min ʾal ʾimān!* النظافة من امان*)*, mahnen Plakate und Appelle in Tageszeitungen, der Unreinheit wohl gewahr. Tatsächlich sollen sich Muslime vor jedem Gebet wenigstens Hände, Gesicht und Füße waschen. Doch weder das Gebet, zu dem der Muezzin per Tonband fünfmal am Tag einlädt, noch die Waschungen werden strikt eingehalten, ebenso wenig wie alle Christen sonntags zur Kirche gehen.

Schreitet ein Muslim aber zum Gebet, so vollzieht er zuvor die *tawaḍḍuʿ (توضّؤ)*, die rituelle Reinigung, und wenn kein Wasser vorhanden ist, dann eben mit Sand. Nach der Monatsblutung müssen Frauen ihre Reinheit durch die *ṭahāra (طهارة)*, die Ganzkörperwaschung, wiederherstellen. Dasselbe gilt für Männer und Frauen nach dem Geschlechtsverkehr. Unter Beduinen, wo das Wasser knapp ist, zeigt die Plantscherei des Paares der Außenwelt offenherzig an, dass in ihrer Beziehung noch alles stimmt. Stolz und demonstrativ kippt die Frau das Wasser vor die Tür.

Städtische Ägypterinnen betreiben eine weit aufwändigere Körperpflege als ihre europäischen Geschlechtsgenossinnen. Insbesondere Deutsche und Russinnen stehen in Ägypten im Ruf der Ungepflegtheit: Sie entfernen weder die Haare an den Beinen und Armen, oft nicht einmal unter den Achseln, zupfen die Augenbrauen nicht, schämen sich kaum ihres Flaums am Kinn! Ägypterinnen dagegen ziehen mit einer klebrigen Harz-Honig-Masse oder einem Gemisch aus gelöstem Zucker und Zitronensaft gegen jedes noch so feine Härchen zu Felde. Glatt und duftend muss die Haut sein, weich, samtig und ein wenig speckgepolstert.

Seit altägyptischen Zeiten werden die Augen mit antiseptischem antimonhaltigem *Kahal (koḥl* كحل*)* gegen Augenkrankheiten geschützt und dabei zugleich umrahmt und verschönt (vgl. Seite 158).

Amerikanische Frauenärzte lobten den Brauch, die Geschlechtsteile vor und nach dem Intimverkehr zu waschen. Sie schrieben eine deutlich geringere Gebärmutterhalskrebsrate allerdings auch dem Umstand zu, dass Semiten alle Knaben beschneiden lassen. Angeblich sei sogar die AIDS-Rate unter Beschnittenen geringer. Wie dem auch sei, auf Körperpflege wird in Ägypten größter Wert gelegt. Erst danach schenkt man der Kleidung Beachtung und an allerletzter Stelle der Wohnung oder gar – welch abwegige Wertvorstellung – dem anonymen Treppenhaus.

Rituelle Reinigung

Körperhygiene

Einkaufen im Paradies

Ganz Ägypten ist ein Einkaufsparadies: Arabische Lampen, alte Möbel, italienische Modellkleider, Bibliophiles, Stiche von Robertson, handgewebte Teppiche, frischer Fisch, zarte Rebhühner und Gemüse in allen Farben, dass einem das Wasser im Mund zusammenläuft … Es fällt mir kaum etwas ein, was es nicht gäbe.

Sie haben die schmuddeligen Einkaufswagen vor Ihrem deutschen Discounter satt, die abgegrasten Regale, die aufgerissenen Mehltüten? In Kairiner und Alexandriner Supermärkten stört Sie so etwas nicht. Da steigen Sie aus dem komfortabel geparkten Auto, betreten klimatisierte Hallen, die blinken und blitzen vor Sauberkeit. Drinnen locken bayrisches Ökomehl, französische Maronencreme und chilenische Äpfel ebenso wie holländischer Käse.

Moderne Supermärkte

Natürlich finden Sie auch noch die vertrauten Verkäufer im *baʾāl* (بقّال), im Lädchen um die Ecke, die alles besorgen, was sie nicht selbst verkaufen. Aber der Trend geht auch in Ägypten zum motorisierten Großeinkauf.

Angesichts der haarsträubenden Armut in weiten Teilen des Landes, trifft einen der Luxus moderner Malls und Vergnügungszentren wie eine Keule. Und man staunt, welches Leben in den teuren Galerien herrscht. Der Statistik zufolge geben aber nur wenige Schaulustige, die sich am Wochenende in den riesigen Zentren wie *Star City* in Medinet Nasr herumtreiben, wirklich viel Geld aus. Sie wollen sehen und gesehen werden, schlürfen einen Kaffee, genießen die Abkühlung der Klimaanlage und vertreiben sich die Zeit. Noch weniger Umsatz machen die Edelshops in der Innenstadt von Kairo. Sie führen *Escada, Chanel* und *Armani* – wer die teuren Roben bezahlen kann, fragt man sich besorgt.

Der Luxus trifft wie eine Keule.

Auf Schusters Rappen

Wenn Sie fühlen wollen, dass Sie in Ägypten leben, müssen Sie zu Fuß gehen. Einige kleinere Ladenpassagen in den Innenstädten lohnen einen ausführlichen Bummel. Schon von außen können Sie das Warenangebot gut überblicken, denn der Eigentümer stopft alles ins Schaufenster: Er zeigt, was er hat. Weil systematische Lagerhaltung selten vorkommt, sollten Sie sofort kaufen, was Ihnen gefällt. Sonst ärgern Sie sich, wenn Sie am nächsten Tag vor der leeren Vitrine stehen.

Bummeln statt hetzen!

Wer das farbenfrohe Abenteuer sucht, holt alles Frische auf dem Stadtteilmarkt *(sūq)*. Handeln müssen Sie dort nicht, aber für ein Gespräch bleibt immer Zeit und Gelegenheit. Die Festpreise prangen gut lesbar auf Pappschildern. Doch Ihnen bleibt die Wahl zwischen dem Stand mit den kleinen oder jenem mit den großen Tomaten, dem mit dem angewelkten Blumenkohl und jenem mit dem knackig frischen. Hier lohnen sich Leutseligkeit und Kundentreue. »Ihr« Metzger holt das zarteste Filet für Sie, also bestellen Sie großzügig den ganzen Wochenvorrat, stecken dem »Adjutanten« ein gutes Trinkgeld fürs Schneiden und

Links: Kritische Blicke, Händler in der Siwa-Oase

Die ganze
Palette, Su-
permarkt
nach fran-
zösischem
Vorbild

Enthäuten zu, deuten bei dieser Gelegenheit an, dass Sie demnächst eine wichtige Einladung planen und wünschen allen Angestellten Allahs Segen. So bleiben Sie in guter Erinnerung, und Ihre Wünsche verhallen nie ungehört. Haben
sich Ihre Geschäftsbeziehungen gefestigt, untermauern Sie diese mit dem Aus-
tausch von Visitenkärtchen. Ab diesem Zeitpunkt können Sie sogar telefonisch
bestellen und die Ware ins Haus bringen lassen. Voraussetzung ist natürlich,
dass Ihre Einkäufe sich in einer ansehnlichen Größenordnung bewegen.
Einkaufen auf Märkten kostet Zeit. Sie werden aber dafür und für Ihre müden Beine entschädigt, wenn Sie neben dem bisher unbeachteten Fischgeschäft plötzlich
antike Stühle entdecken oder in einem Hauseingang hinter dem Stand mit den
Wasserkanistern den lange gesuchten Scheinwerfer für Ihren Oldtimer finden.

Vorsicht beim Einkauf

Kontrolle ist
besser!

»*Ḥāsib!*« (حاسب) Vorsicht! Auf dem Markt sollten Sie die alten Hausfrauen-
Tricks kennen und beherzigen: Scharfe Zwiebeln erkennt man an ihrer roten
Schale, junge Gänse am gelbroten Steiß und frische Fische an klaren Augen
und roten Kiemen … Meeresfrüchte gelten nur als sicher in den Monaten
September bis April, Fleisch ist im Normalfall zu frisch und verbessert sich
durch ein Paar Tage im Gefrierschrank. Kupferkessel und Messingkannen
müssen gut verzinkt sein, sonst vergiften Sie Ihre Gäste mit Grünspan. Begehren Sie fünf Meter von der prachtvollen ägyptischen Seide, tun Sie gut
daran, das gesamte Stoffstück ausfalten zu lassen und gewissenhaft auf Web-

Ein Natur-
schwamm
gefällig?
Markt in
Alexandria

fehler hin zu prüfen. Sonst werden Sie unter Umständen beim Zuschneiden
von einem daumengroßen, mitten im Rockteil prangenden Loch überrascht.
Oder Sie hinken unversehens mit Schuhen, den rechten in Größe 38 und den
linken in 36. Topfpflanzen können sich als taufrisch abgeschnittener Zweig
ohne ein einziges Würzelchen entpuppen.

Glauben Sie jedoch nicht, als Ausländer würden Sie besonders hart übers Ohr
gehauen. Oft trifft es Verbraucher in den Volksvierteln weitaus schlimmer. Dort
wechseln leicht angeschimmelte Lebensmittel, halb verdorbenes Fleisch und
fauliges Gemüse den Besitzer, weil die Händler ihre Monopolstellung und den
Mangel an Transportmitteln ausnutzen. Zum Trost eine gute Nachricht: Seit
Mai 2006 greift in Ägypten erstmals ein Verbraucherschutzgesetz, das zumindest
Rückgabe- und Klagerecht vorsieht.

Schutz vor
Schlitzohren

Die Basare

Gewürzmarkt (*ʾAl ʿatarīn* العطرين), nennt sich der »Non-Food-Markt« Alexandrias, Antiquitäten aus der Jugendstilepoche finden Sie dort zuhauf, allerdings nicht in den Sommermonaten. Leider wissen die Händler genau, wie viel
Sie in Europa dafür hinblättern müssten und verlangen das Nämliche. Am Basar Kairos Khan-al-Khalili (*ḫān ʾal ḫalīlī* خان الخليلي) kommt keiner vorbei.
In beiden Märkten liegen heute japanische Radios, Schweizer Uhren und Ther-
moskannen aus Taiwan einträchtig neben von alters her gehandelten Gewürzen
und Stoffen.

Mischmasch
aus aller
Welt

Ein Hauch
von Tau-
sendundei-
ner Nacht,
Basar in
Luxor

Orient pur

Dennoch weht noch ein Rest von Tausendundeiner Nacht durch die höhligen Gänge. Einige Merkmale persisch-arabischer Basarwirtschaft haben sich bis in unser Jahrhundert hinübergerettet. So konzentrieren sich noch immer gleichartige Handwerks- und Handelsbetriebe in einem Viertel, in einer Gasse. Hier liegt die Gasse der Kupferschmiede *(ʾAn naḥāsīn* النحاسين*),* da die Gasse der Zeltnäher *(ʾAl ḫayyāmiya* الخيامية*),* dort die Straße der Möbeldrechsler und in Richtung Innenstadt die auf Rohbaumwolle oder Wasserpumpen spezialisierte Zeile.

Dem Käufer bietet dies den Vorteil, sich leicht einen Überblick über Angebot und Preise verschaffen zu können. Wie beim Lebensmittelkauf sichert die persönliche Bindung an einen bestimmten Händler den beiderseitigen Nutzen. Viele Familien vom Lande oder aus weit entfernt liegenden Wohnvierteln kaufen seit Generationen nur bei Am Ahmed. Fehlt ihm ein Artikel, so schickt er schnell einen Jungen zum Nachbarn; wenn dieser nicht aushelfen kann, zum nächsten und übernächsten, bis er seiner Kundschaft endlich mit dem Gewünschten dienen kann.

Vertrauens-
sache

Auch ein Händler, der mit Sicherheit mehrfacher Millionär ist, scheut sich nicht, Sie in einem Hinterhof aus gestampftem Lehm zu empfangen. Hühner gackern aufgeregt, wenn Sie an der Wasserzapfstelle vor der Tür zu seiner Werkstatt zögern und sich fragen, ob Sie wohl richtig beraten sind, sich in diese Höhle zu wagen. Doch Sie vergessen Ihre Bedenken spätestens, wenn man Ihnen, ohne mit der Wimper zu zucken, einen Seidenteppich im Wert von mehreren Tausend Euro unter den Arm schiebt, damit Sie ihn zu Hause in Ruhe begutachten können. Dies geschieht ohne Unterschrift, ohne Anzahlung. Handel ist Vertrauenssache!

Apropos Teppiche: Die Initiative *Rugmark* vergibt Gütesiegel für Teppichproduktion ohne illegale Kinderarbeit. Versuchen Sie getrost bei Ihrem Einkauf danach zu fragen und damit ein wenig Bewusstsein zu schaffen für die Bedürfnisse der Kinder. *Care & Fair, Rugmark,* die Stiftung *STEP* und der ägyptische Verein *Yalla* setzen sich dafür ein, dass wenigstens Zeit für den Schulbesuch bleibt. Denn in Ägypten dürfen Kinder schon ab 12 Jahren arbeiten, auf dem Lande auch früher, während die Grundschulbildung erst mit 15 Jahren abgeschlossen ist und die Sozialversicherung erst ab 18 Jahren greift.

Kinderarbeit

Gold und Silber, Edelsteine und pharaonische Perlen aus Keramik schmücken die Auslagen des Kairiner Zentralbasars Khan-al-Khalili. Gold wird nach Gewicht verkauft. Jeder Juwelier arbeitet Ihnen ein Schmuckstück nach Wunsch. Fertigen Sie vorsorglich eine maßstabsgetreue Zeichnung an, sonst verfangen Sie sich in den Fußangeln des Geschmacks. So mancher Kunde erhielt statt der zierlichen Fassung für seinen Rubin einen wahren Schlagring. Denn Quantität geht bei Schmuck oft vor Qualität.

Schmuck nach Wunsch

Immerhin dient auf dem Lande der goldene Armreif als krisensichere Wertanlage, als Brautgabe und Rücklage der Ehefrau für den Fall der Scheidung. Aus diesem Grund gilt bereits 18-karätiges Gold als minderwertig: Wer auf sich hält, beginnt bei 21 Karat. Erkundigen Sie sich vorher nach dem Tageskurs des Goldes.

Silberner Beduinenschmuck, der inzwischen vorwiegend aus Afghanistan kommt, geht ebenfalls nach *mīzān* (ميزان), nach Waage, über den Ladentisch. Er ist selten älter als 60 Jahre, weil die Sippe den Besitz einer Frau nach ihrem Tode einzuschmelzen pflegt, um ihn für die nächste Braut der Familie aufarbeiten zu lassen. Ältere Stücke tragen Stempel, die Auskunft über den Silbergehalt des Objekts geben. Verlangen Sie eine Lupe, da die Zahlen mit bloßem Auge kaum zu erkennen sind.

Silber aus Afghanistan

Wenn Sie an den duftenden Rosen- und Jasminfeldern des Deltas oder der Oase Fayum vorbeigefahren sind, kennen Sie die Herkunft der Blütenöle, die Ihnen auf dem Basar aufgedrängt werden. Nirgendwo erhalten Sie »Arabische Nächte« oder »Kuss des Scheichs« so frisch wie in Ägypten. Sie können sich Ihren Duft auch mischen lassen. Mit traumhaft sicherer Hand gießt Hagg Ali die Öle durch einen feinen Trichter in mundgeblasene goldverzierte Flakons, die nicht selten teurer sind als ihr Inhalt.

Neben Orangenöl stehen in schöner Eintracht Backzutaten wie natürliche Banenenessenz, Vanille und Kokosöl zum Würzen. Liebhaber exotischer Gewürze werden staunend vor Säcken voller Ingwerwurzeln und kostbarer Safranfäden innehalten. Gewürzläden bieten weiterhin Substanzen an, die zur Herstellung von Schmierseife oder Klebstoffen und zum Desinfizieren, Färben und Konservieren benötigt werden. Von der Decke hängen Knochen oder Teile von Echsen herab; in Säcken liegt Zinkpulver, Eisensulfid oder Alaun. Viele dieser geheimnisvollen Stoffe wandern in die Taschen alter und junger Frauen, die im Vertrauen auf Rezepte weiser Scheichs oder *Schechas* Heilung durch Amulette suchen.

Exotische Öle

Beduinen-
schmuck

*Krokodil-
und Schlan-
genleder*

*Imitate in
Perfektion*

Echsen wehren nicht nur Geister ab: Sie verführen, zu feinsten Schuhen und
Taschen verarbeitet, den europäischen Kunden. Obwohl Artikel aus Kroko-
dil- und Schlangenleder unerhört preiswert angeboten werden, sollten Sie sich
zügeln. Nach dem Motto »Wenn Sie die Natur zu sehr lieben, wird es sie bald
nicht mehr geben« ratifizierte die Bundesrepublik im Jahre 1987 das Internationale Artenschutzabkommen und verbot die Einfuhr von Elfenbein, Kroko- und
Schlangenhaut. Aber auch, wenn Sie bei der Ausfuhr am Flughafen Kairo mit
einer Kobra erwischt werden, können Sie theoretisch hinter Gittern landen.
Rinds- und Ziegenleder dagegen steht Ihnen unbeschränkt zur Verfügung. Ägyptens Schuhmacher und Schneider fertigen mit bewundernswertem Geschick die
Modelle großer Couturiers und Designer nach. Für einen Bruchteil des Preises,
den Sie in Zürich, Wien oder Frankfurt zahlen müssten, können Sie sich in Kairo Lederkostüme maßschneidern lassen.
Humor sollten Sie mitbringen, wenn Sie etwas »echt altes« Pharaonisches oder
Fatimidisches erwerben wollen. Gehen Sie davon aus, dass das, was als alt ange-
priesen wird, in der Regel vor Frische dampft. Geben Sie Ihre Überzeugung aber
erst gegen Ende des Verkaufsgespräches und durch die Blume preis. Ein allzu
schnell durchschauter Partner verliert den Spaß am Handeln.

Regeln für Erst-Feilscher

*ʾAl musāwamāt (*المساومات*)* Auf das Handeln soll sich einlassen, wer Lust und Muße mitbringt. Falls Sie den Basar im Schlepptau eines Touristenführers besuchen, beschränken Sie sich auf das passive Beobachten. Ihr Führer wird versuchen, Sie mit seinen alten Bekannten ins Geschäft zu bringen. Dies kann – muss Ihnen jedoch nicht – zum Vorteil gereichen. Beim ersten Gang durch den Basar lernen Sie das Gassengewirr und Preisgefüge annähernd kennen. Beim zweiten Besuch, diesmal allein oder in der Kleingruppe, versuchen Sie Ihr Glück.

Versuchen Sie Ihr Glück!

ʾAhlan wa sahlan! Ein Hocker wird herbeigeschafft, schwarzer Tee mit Pfefferminze, *šāyy bi naʿnāʿ (*شاي بالنعناع*),* oder Kaffee oder *bībsī* (Pepsi) gefällig? Sind Sie zum ersten Mal in Kairo? Keine Angst, ein Glas Tee verpflichtet zu nichts, es soll lediglich die Atmosphäre lockern. Der Kupferkessel? Den erhalten Sie als Geschenk! Wenn Sie etwas zahlen wollen, bitte. Wie Sie wollen, wie viel Sie wollen, der Händler ist's zufrieden. Natürlich will er nur Ihre Marktkenntnisse prüfen. Fehlen Ihnen diese, so warten Sie auf das erste Gebot.

Erstmal ein Glas Tee

Der Händler richtet sich im Verkaufsgespräch nach zwei Beträgen, die er in Gedanken für sich festgelegt hat. Er geht zum einen aus von dem Preis, den die Ware hier und jetzt erzielen kann. Zum anderen taxiert sein geschultes Auge den Kunden: Was kann er zahlen, wie viel will er zahlen? Versuchen Sie erst gar nicht, Desinteresse zu mimen, wenn das Glitzern in Ihren Augen längst verraten hat, dass die Messinglampe Sie unwiderstehlich anzieht. Ihr Partner weiß schon Bescheid. Er hat die Lampen en gros bei einem entfernten Verwandten in Alexandria eingekauft, das Stück zu 50 Pfund. In Kairo, so weiß er aus Erfahrung, bringen ähnliche Artikel bis zu 75 Pfund. Sie dagegen wären bereit, 120 Pfund springen zu lassen. Deshalb rechnet der Händler mit mindestens 85 Pfund.

Glitzern in den Augen ...

Nun, 99 Pfund lautet sein Angebot, speziell für Sie *(ḫuṣūṣan* خصوصا*)!* Das lassen Sie sich nicht bieten, Sie sind ja schließlich kein Anfänger! Ihr Gegenangebot also: 60 Pfund. Schlagartig erlischt die Freundlichkeit im Gesicht Ihres Gastgebers. Er wendet sich seinem Laufburschen zu, kümmert sich um andere Kunden. Sie scheinen vergessen. Na gut, Sie wollen unbedingt diese und keine andere Lampe und erhöhen auf 70 Pfund. Sie wissen nicht, was Sie dem armen Händler

... verteuert Aladins Wunderlampe.

Feilschen will gelernt sein, Khan-al-Khalili-Basar in Kairo

antun. Soll ein ehrlicher Mann mit einer achtköpfigen Familie verhungern? 95 Pfund und Schluss! Es folgt eine Phase unverbindlichen Geplauders über Messing im Allgemeinen und Aladins Wunderlampe im Besonderen. Sie wagen einen neuen Vorstoß: 80 Pfund. Statt einer Antwort erhalten Sie eine weitere Tasse Tee. Eine halbe Stunde später – frühestens – verlassen Sie stolz und mit der Lampe in der Hand den Laden. Der Verkäufer zahlt 90 Pfund in seine Kasse ein und strahlt ebenso zufrieden wie sein Kunde. Beehren Sie ihn wieder; das gemeinsame Erlebnis verbindet, und ihren Spaß hatten beide.

Das liebe Geld

Dollar-Reserve

ʾAl Filūs (الفلوس) Plastikwährung, Scheckkarten und Bargeldautomaten haben den ägyptischen Zahlungsverkehr erobert. Travellerschecks loszuwerden ist eher umständlich, Banktransaktionen aus dem Ausland können bis zu vier Wochen dauern. Behalten Sie stets eine ansehnliche Dollar-Reserve in der Hinterhand. Sollten Sie in einem Notfall – Allah verhüte ihn – in ein Krankenhaus eingeliefert werden, dann brauchen Sie Bares, und zwar sofort, sonst kommen Sie gar nicht erst durch die Tür.

Trinkgeld dabeihaben!

Dollars (zunehmend auch Euros) wechseln können Sie in den Städten fast überall. Die alltäglichen Ausgaben bestreiten Sie ausschließlich in Pfund. Folglich trägt man in einer leicht zugänglichen Jackentasche Kleingeldscheine für die zahllosen Trinkgelder des Tages. Ohne diese Grundausstattung sollten Sie nicht aus dem Haus gehen. In der Innentasche bewahren Sie einen Packen 50-Pfundnoten für größere Einkäufe. Das Ägyptische Pfund nennt sich Gineh, und die *ǧinīh (*جنيه*),* abgeleitet von Genueser, ist so viel wert wie 100 Ersch (korrekt: *qirš* قرش), von den Engländern einst Piaster getauft.

Wenn Sie Ihr Kleingeld, das Ihnen als angeschmuddeltes Paket in die Hand gedrückt wird, ostentativ nachzählen, haben Sie sich als unhöflicher Geizhals geoutet. Machen Sie das sehr diskret, bitte. Wer will Sie denn schon betrügen, Herr oder Frau *ḫawāǧa!*

Ausländer-preise

Ihre Brieftasche wird wegen all der kleinen Scheine krösushaft anschwellen, aber keine Sorge, Sie werden Ihr Geld sehr schnell wieder los. »Für Ägypter 20 LE *(Livres Égyptiennes),* für Ausländer (ʾaǧānib اجانب) 40 Gineh«, so steht es unbefangen am Kartenhäuschen der Pyramiden und ebenso an allen kostenpflichtigen öffentlichen Einrichtungen. Sie zahlen Ihren Tribut an die ausgleichende Gerechtigkeit. Sind die Österreicher, Schweizer und Deutschen etwa nicht viel wohlhabender als die Ägypter? Na also.

Über Geld darf jeder offen reden, aber schneiden Sie das Thema Ihres Wohlstandes nie von selber an. Sie werden schon unverblümt genug nach Ihrem Gehalt, dem Preis Ihrer Wohnung und Ihres Autos gefragt. Überlegen Sie gut und rechtzeitig, wie ehrlich Sie antworten wollen. Denken Sie daran, mit welch astronomischen Summen Ausländer in den Augen ägyptischer Partner hantieren. Denen könnten sprichwörtlich die Augen herausfallen.

Deine Hand sei gesegnet! –
Essen und genießen

Tislam ʾīdīki (تسلم ايديك)! Deine Hand sei gesegnet! – Dieser in einen Wunsch verpackte, und daher sehr arabische Dank gilt der Köchin; zumeist kochen jedoch mehrere »gesegnete Hände«. Für Gäste und Feste bereiten Frauen gemeinsam riesige Berge winziger Kohlrouladen, gefüllter Mini-Zucchini und Gürkchen vor. Je kleiner, desto feiner. Zu besonderen Anlässen gibt es Truthähne, ganze Gebirge von Lammfleisch, saftige Rindersteaks und jenen üppig beladenen Tisch, der Ausländer manchmal zu der irrigen Meinung verleitet, so berstend wäre er alle Tage. Oh nein! Im Alltag essen Ägypter vorwiegend vegetarisch. Selbst Kostliebhaber, die sich mehr leisten könnten, nehmen bis zum späten Nachmittag nur Tee und Fladenbrot und abends einen Gemüseeintopf zu sich. Leckereien wie mit Honig und Butter beträufelter Grießkuchen *(basbūsa بسبوسة)*, hauchfeine

Bei Festen Gebirge von Fleisch, …

Auf Schritt und Tritt, Kinder mit Fladenbrot

… im Alltag vorwiegend vegetarisch.

überbackene Nudeln *(kunāfa* كنافة*),* oder Konfekt aus rohen Sesamkörnern *(halawa* حلاوة*)* zieren nur den Festtagstisch, auch wenn Konditoreien sie ganzjährig anbieten. Schnell-Pizzas und andere Snacks sind teuer, werden aber mit steigender Tendenz für Kochfaule ausgefahren.

Kochkunst erlernt man von älteren Familienmitgliedern, die streng auf exakter Nachahmung bestehen. Improvisieren oder »mal was Neues ausprobieren«, wie wir das gerne tun, erntet wenig Beifall. Wenn Sie also nicht sicher sind, ob Ihre *molohiya (*ملوخية*),* Ihre grüne spinatartige Soße, wirklich originalgetreu gelungen ist, setzen Sie sie Ihren Gästen besser nicht vor!

Anleihen aus der griechischen und türkischen Küche

So manches ägyptische Gericht mag Ihnen aus der griechischen oder türkischen Küche bekannt vorkommen. Gefüllte Weinblätter *(wara' 'ainab* ورق عنب*)* zum Beispiel kennen Sie schon als Dolmadaki, *bamiya (*بمية*)* mit Namen »Okra« gibt es im ganzen Nahen Osten. Urägyptische Pflanzen und Gewürze, wie sie in reicher Zahl in alten Papyri erwähnt werden, sind entweder ausgestorben, oder ihre Namen lassen sich nicht mehr zuordnen. Zumindest der Kreuzkümmel *(kammūn* كمّون*),* das gilt als verbürgt, hatte seine Ur-Heimat in Ägypten.

In dörflichen Haushalten setzt die Hausfrau alle Speisen auf ein Metalltablett. Fladenbrotstücke dienen als Löffelersatz. Wenn Sie die Schuhe abgelegt haben, dürfen Sie die Matte des Essplatzes betreten. Sie setzen sich, die Beine so nach

Echt ägyptisch: Ful vom Karren, Markt in Hurghada

hinten untergeschlagen, dass die Fußsohle gut versteckt ist, um das Tablett und beginnen zu essen, sobald der Älteste dazu aufgefordert hat. Oft essen Frauen und Kinder in einem anderen Raum, wenn Gäste beim Hausherrn sitzen. Wo mit den Fingern gegessen wird, sollten Sie nur die rechte Hand benutzen. Der Köchin dankt man während und nach der Mahlzeit mit einem herzlichen »Tislam ʾīdīki!«

Vorspeisen

Besonderer Beliebtheit erfreuen sich die Vorspeisen, *mezze* (مزة) genannt. Kleine Schalen mit würziger Geflügelleber, mit einem Brei aus Kichererbsen, Knoblauch und Joghurt (*ḥomoṣ* حمص), die Hackfleischröllchen (*kufta* كفتة) und natürlich *ṭaḥīna* (طحينة) und *babaġanuġ* (باباغنوج) aus Sesampaste reizen den Appetit. Eher fremdartig wird Ihnen das hauchdünn geschnittene Trockenfleisch *basterma* (بسترمة) in Kräuterkruste erscheinen.

Nun, nachdem Ihr Mund schon wässrig ist, Ihr Magen grummelt, wollen Sie endlich einmal richtig ägyptisch essen gehen. Aber wenn ägyptische Freunde Sie ausführen wollen, können Sie fast wetten, dass Sie zu Exotika wie Pizza oder Lachs eingeladen werden, nicht aber zu *lahm fil furn* (لحم في الفرن), den in Papier gegarten Fleisch-Kartoffelpasteten, oder zu *fiṭīr* (فطير), jenen dicken, von Fett triefenden Pfannkuchen.

Bohneneintopf zum Frühstück

Der Ägypter Leibgericht

Keine noch so exquisite französische Kreation vermag einen Ägypter für seine heimatlichen Bohnengerichte zu entschädigen. »Fūl medameees!« (فول مدمس) rufen die Verkäufer mit den bauchigen ʾidra (قدرة) auf ihren Karren, wenn sie morgens durch die Straßen ziehen. Die kleinen dicken Faba-Bohnen müssen eine ganze Nacht in enghalsigen Töpfen bei schwacher Hitze köcheln. Viele Familien holen sich ihr eiweißhaltiges Frühstück beim ambulanten Händler auf der Straße. *Fūl* hält sich trotz des warmen Klimas mehrere Tage. Gewürzt und endgültig zubereitet wird das Gericht erst kurz vor der Mahlzeit. Zum Frühstück isst man's mit Olivenöl und Zitrone; als kleinen Imbiss zwischendurch belädt man Fladenbrot mit *fūl* und gehacktem Salat und gießt *ṭaḥīna* darüber; mit eingelegten Gurken, frischem Salat, Tomaten und hart gekochten Eiern ergibt es ein Hauptgericht. Für manchen bleibt der morgendliche *fūl* die einzige warme Mahlzeit; Brot und Tee müssen für den Rest des Tages genügen.

Ländliche Küche

Auch *taʿmeya* (طعمية) oder *filāfil* (فلافل), kleine, runde Klößchen, werden aus Bohnen und Kräutern hergestellt. Bohnen, Linsen und Erbsen bilden den Grundstock ländlicher Küche. Ihre Würze erhalten die Gerichte durch Knoblauch, frischen Koriander, Zitrone und Kreuzkümmel.

Phantasievoll bemalte Imbissbuden auf Rädern versorgen die Bevölkerung mit *košarī* (كشري). Diese Speise aus Linsen, Makkaroni und Reis zählt bei Kopten zu den »Öl-Gerichten«, die in der Fastenzeit, wenn Tierprodukte verboten sind, auf den Tisch kommen dürfen. Die preiswerte Mischung wird mit dicker, scharfer Tomaten-Knoblauchsoße übergossen und dampfendheiß verzehrt.

Geheimtipp: Knoblauch-soße

Die Zubereitung all dieser im Grunde anspruchslosen Gerichte nimmt Stunden, ja mehrere Tage in Anspruch. Nach zweitägiger Einweichzeit müssen die Bohnen von Hand geschält, dann püriert werden. Knoblauchsoße *(taᵓleya* تقلية*)*, als würzende Zutat brutzelt mit Butter und Salz in einem gesonderten Topf. Sogar *košarī* verlangt vier verschiedene Töpfe, ganz abgesehen von der aufwändigen Reiszubereitung. Reis muss nämlich solange gewaschen werden, bis das Waschwasser klar ist. Nach dem Abtropfen dünstet er einige Minuten in heißem Butterfett oder Büffelschmalz, erst dann darf er im Wasser kochen.

Brot ist Leben

Volksnah-rungsmittel

Fladenbrot *(ᶜaīš baladī* عيش بلدي*)*, warm und noch kugelrund, wohlriechend, dampfend. Wer könnte widerstehen? Zu Dutzenden kommen die Fladen aus dem *furn* (فرن*)*, dem Backofen, werden in Körbe aus Palmblattrippen gepackt, am Straßenrand verkauft, über mancherlei Feuerchen geröstet, mit Tomate und Käse gefüllt. *ᶜAīš* (عيش*)* heißt Brot und Leben zugleich. Aus Weiß- und Vollkornmehl und gerade so viel Hefe zubereitet, dass es eine Tasche und zugleich eine weiche Kruste bildet; so soll es schon vor 2000 Jahren serviert worden sein.
Gerste, Hirse und Weizen gehörten in allen alten Kulturen zum Grundbestand an Getreide. Die ägyptischen Weizensorten enthalten viel Gluten bildende Proteine und ergeben ein besonders lockeres Brot.

Gemüse-händler in Hurghada

Brot als Volksnahrungsmittel wurde im Ersten Weltkrieg erstmals subventioniert. Wer fortan am Brotpreis rüttelte, riskierte seinen Kopf. Sadat musste dies erleben, als die aufgebrachten Hungerleider begannen, alles kurz und klein zu schlagen. Seit 1985 beschwört Präsident Mubarak seine Gläubiger und den Internationalen Währungsfonds inständig, ihn nicht zur Erhöhung der Brotpreise zu zwingen. Inzwischen führte die Daumenschraube der ausländischen Kreditgeber dazu, dass ʿaīš baladī nur noch in bestimmten Bäckereien und auch dort manchmal in miserabler Qualität über den Ladentisch geht. Während einer turbulenten Parlamentssitzung im Jahr 2005 zwang der Oppositionspolitiker Ayman Nour den liberalen Premier Ahmed Nazif und seinen Minister Hassan Khedr, zwei der täglich 270 Millionen subventionierten schlecht gebackenen Brote öffentlich zu verzehren: »Wenn Sie die nicht runterkriegen, sollten Sie zurücktreten«. Zum auf 13 Millionen Tonnen geschätzten Heimbedarf an Weizen trägt die ägyptische Landwirtschaft nicht einmal mehr ein Viertel bei. Ägypten ist vom Weizenimport abhängig.

Nur nicht am Brotpreis rütteln!

Schlemmen in Obst und Südfrüchten

Schlemmen können Sie in Obst und Südfrüchten (*ʾAl fawākih* الفواكه). Wo sonst außer in Ägypten kommt der Orangensaft an 365 Tagen frisch gepresst auf den Tisch? Kaum geht der Winter zur Neige, der Ihren Gaumen mit den saftigsten Pampelmusen und den aromatischsten Mandarinen verwöhnt hat, da bieten die Obsthändler auch schon die gelben Kapkirschen Harankasch an. An Ostern reifen die Erdbeeren auf den riesigen Feldern um Ismailia, gefolgt von den ersten Mangos, Kakis und Kakteenfrüchten. Aprikosen (*Mišmiš* مشمش), die dem Sprichwort »*bokra fil mišmiš*«, (»Morgen, am Sankt Nimmerleinstag, wenn's Aprikosen gibt . . .«) Pate gestanden haben, tauchen nur 20 Tage lang im Mai auf. Den ganzen Sommer über können Sie sich an kernlosen süßen Fayumi-Trauben aus der Oase Fayum laben, die auch dann *fayūmi* heißen, wenn sie aus dem Weingut *Gianaclis* im Delta stammen. Den Herbst läuten die birnenförmigen, stark duftenden Guaven (*ǧawāfa* جوافة) ein, die besonders köstlich mit Limonensaft beträufelt munden.
Waschen sollten Sie Obst und Gemüse immer gründlich, im Sommer auch mit einer Prise Desinfektionsmittel. Leute mit empfindlichem Magen sind gut beraten, wenn sie alles kochen, was sich nicht schälen lässt, und erst dann genießen.

Frisch gepresst auf den Tisch

Gut waschen!

Süß wie die Liebe

Zuneigung beginnt mit Z wie Zucker. *Ḥulw* (حلو), Schönheit, ist auch das Wort für Süße. Ein niedliches Mädchen wird Honig (*ʿasal* عسل) gerufen. Zucker beruhigt die Nerven, stillt – wenn auch sehr kurzfristig – den Hunger; Zucker schmeckt gut und süß, süß, süß . . . Wer Kindern Liebe beweisen will, zieht Bonbons aus der Tasche. Wer es gut mit Ihnen meint, kippt noch einen Extra-Löffel Zucker in Ihren Tee. Desserts schwimmen in Zitronen-Sirup. Zucker steht für Wohlergehen, Fest und Freude.

Zucker steht für Wohlergehen.

*Kein Land
für Mager-
süchtige*

In Kombination mit dem Mangel an eiweißhaltigen Nahrungsmitteln und einem außergewöhnlich hohen Brotverbrauch führt der ägyptische Zuckerkonsum zu typischen Fehlernährungskrankheiten. Man schätzt, dass rund zehn Prozent der Bevölkerung an Diabetes leidet.

Lediglich die gehobenen Damenkränzchen diskutieren ihre (voll-)schlanke Linie. In der breiten Bevölkerung ist Dünnsein jedenfalls kein Schönheitsideal. Kein (ägyptischer) Mann will sich an den Knochen einer Magersüchtigen aufspießen!

Eigentlich verboten – Schweinefleisch und Alkohol

Alle Welt weiß, dass Muslime kein Schweinefleisch essen. In Ägypten betreiben aber die Kopten Schweinezucht und eigene Schweinemetzgereien in den Markthallen, sie räuchern, verwursten und verzehren das geschmähte Tier. Alkohol, so weiß man weiter, verwirrt die Gedanken der Gläubigen und sei zu meiden. Und doch erstreckt sich unmittelbar südlich von Alexandria in Mariut ein großes Weinanbaugebiet. Sesshafte Beduinen schneiden Reben und versprühen deutsche Insektizide.

*Lieber
Lamm- statt
Schweine-
braten!*

Den Verzehr von Borstenvieh und Schweinespeck gewöhnen Sie sich am besten gleich nach Ihrer Ankunft ab. Sollte Sie die Gier dennoch einmal überkommen, dann kochen oder braten Sie die Delikatesse gewissenhaft und lang genug, um auch das letzte Trichinen-Ei auszurotten.

Da dem ägyptischen Fettschwanzschaf nicht jener penetrante Bocksgeruch anhaftet, der Sie an nordischen Hammelgerichten vielleicht stört, können Sie getrost Lamm- statt Schweinebraten auf den Spieß stecken. Sie werden es nicht bereuen.

*Schon
Horaz und
Ovid lobten
die ägyp-
tische Rebe.*

Während Muslime sich vor Schweinefleisch richtig ekeln und es auch im Ausland konsequent zu meiden suchen, lässt sich dieses vom Alkohol nicht behaupten, wiewohl sein Genuss in der Öffentlichkeit untersagt ist. Womöglich haben altägyptische Elemente die Weintradition gegen islamische Neuerungen gestählt. Tänzerinnen kredenzten den Edlen in Theben Kelche mit Wein, wie Wandmalereien in 3000 Jahre alten Gräbern zeigen; auf Hieroglyphentafeln registrierten Weinbauern ihre Ernte. Horaz und Ovid lobten die ägyptische Rebe und viel später geborene Griechen schufen im 19. Jahrhundert das heutige Weinimperium *Gianaclis* am Rande des Nildeltas. Auf historischem Boden, wo Ramses II. bereits ein Weingut betrieben und die Römer ihren *vinum mariticum* gekeltert hatten, reifen heute Trauben aus französischen, griechischen und italienischen Sorten.

*Mäßiges Ni-
veau durch
versalzte
Böden*

Der Flaschenexport in unsere Supermarktregale scheitert an den restriktiven Einfuhrgesetzen der Europäischen Union, aber auch am mangelhaften Ausbau der Weine. Mitschuld am mäßigen Niveau der Traubensäfte tragen die versalzten Böden im Nildelta, aber auch die Touristen, die in ihrer Ferienlaune kritiklos alles trinken, was ihnen serviert wird. Sie trinken sich zuweilen sogar zu Tode: Denn am Tage, wenn die Temperaturen um die 40 °C liegen, droht ein Kreislaufkollaps; und am Abend vor dem Tauchgang strapaziert der Alkohol Magen und Gehirn aufs Gefährlichste. Wer also ein Gläschen heben möchte, soll es bei einem oder zwei belassen und dies auch nur nach Sonnenuntergang!

Die 120 Jahre alte Biermarke *Stella* überholt alle anderen alkoholischen Getränke. *Stella* bietet mittlerweile Pils, Lager und Alkoholfrei in Zusammenarbeit mit dem weltweit größten Bierbrauer *Heineken* aus Amsterdam. Beim Essen in einem internationalen Hotel oder im Biergarten von Maadi können Sie bestellen, wonach es Sie gelüstet. Sind Sie aber privat eingeladen, so muss der Fisch, so sehr er und Sie nach einem trockenen weißen *Village Gianaclis* lechzen mögen, in leicht chlorigem Leitungswasser schwimmen.

Bier ist im Kommen.

Spirituosenläden verschwinden nach und nach aus dem Stadtbild. Auch die staatliche Fluglinie *Egypt Air* serviert seit Jahren nichts Berauschendes mehr, sehr zum Ärger der Pauschaltouristen. Trotzdem oder gerade deshalb haftet einer Flasche Whiskey etwas unwiderstehlich Begehrenswertes an. Unter vier Augen lassen sich manche glückstrahlend mit dieser »Medizin« versorgen, während andere die Flasche zu abenteuerlichen Preisen auf dem grauen Markt verkaufen.

Whiskey nur unter vier Augen

Das Trinken

Das Trinken (*ʾAš šarab* الشراب) ist lebensnotwendig. Spätestens im Sandsturm auf einer Wüstentour lernen Sie, dass nur Wasser allein den Durst zu löschen vermag. Wasser serviert man in allen Lebenslagen, zu jedem Essen. Mit Ihren Gläserbatterien von Sherry-, Rotwein-, Weißwein-, Schnapsgläsern, Sektschalen, Cognakschwenkern, Saft- und Longdrinkbechern können Sie in Ägypten keinen

Wasser

Kühlbox auf vier Rädern: Getränkewagen in Alt-Kairo

Staat machen, sofern Sie nicht mitteleuropäische Perfektion zur Schau stellen wollen. Wassergläser aber müssen sein und Gläser für Tee.

Tee   Ägypter schlürfen den heißen, schwarzen Tee am liebsten aus dem Glas, selbst wenn sie sich dabei die Finger verbrennen. Starker schwarzer Tee mit einigen Blättchen Pfefferminze und reichlich Zucker wird zwischen den Mahlzeiten gereicht. Wer aus Höflichkeit fünf oder sechs Gläschen des Hochlandtees auf leeren Magen trinkt, spürt seine drogenähnliche Wirkung.

Kaffee   »*Maẓbūṭ?*«, fragt man Sie nach dem Essen. *Maẓbūṭ* (مضبوط) heißt eigentlich »gerade richtig« und bedeutet, dass der aufgebrühte Kaffee Ihnen demnächst mit lediglich einem Löffel Zucker pro Tasse serviert wird. Mögen Sie keinen Zucker, dann sagen Sie »*Sāda, min faḍlak!*« (سادة من فضلك), »Schwarz bitte«. »*Qahwa ziyāda*« (قهوة زيادة) wird Ihr Partner vielleicht bestellen: heiß wie die Hölle und süß wie die Liebe … Den knirschenden Bodensatz lassen Sie lieber stehen.

Fruchtsäfte   Schön süß, oft zu süß, schmecken auch die einheimischen Fruchtsäfte. Aber Mango-, Aprikosen-, Trauben- oder Zuckerrohrsirup lässt sich gut mit dem einheimischen Tafelwasser verdünnen. Wasser aus dem Hahn bringt europäische Mägen in ernste Gefahr, deshalb halten wir uns an Mineralwasser in Flaschen.

Blauer Dunst

Cleopatras teeren ägyptische Lungen.

Rauchpause vor dem Kaffeehaus, Rosetta

»*Mabašrabš*« (مابشربش) heißt sowohl »Ich rauche nicht« als auch »Ich trinke nicht«. Weder Rauch noch Getränk dürfen Muslime im Fastenmonat Ramadan genießen. Auch Sie dürfen während dieser Zeit in der Öffentlichkeit nicht rauchen. Zigaretten, häufig Stängel der Marke *Kilobatra* (Cleopatra), billig, stark und ohne Filter aus eigenem ägyptischem Anbau, teeren ägyptische Lungen. Frauen rauchen zwar seit einigen Jahren auch mehr, liegen aber zahlenmäßig weit hinter ihren männlichen Suchtgenossen zurück. Alte Stiche beweisen allerdings, dass vornehme Haremsdamen sich vor 150 Jahren mit Genuss ein Pfeifchen anstecken ließen. Die Wasserpfeife läuft der Zigarette neuerdings den Rang ab, gerade so, als schädige der tiefe durch Wasser gefilterte Zug die Lunge weniger als ein Zug an der Zigarette. Das Gegenteil ist der Fall; im Pfeifenkopf droht eine Nikotinkonzentration von 50 Zigaretten. Rund 50 000 Kaffeehäuser bieten eine Kombination von Kaffee und Wasserpfeife. Junge Mädchen, das ist ein neuer Trend, treffen sich in flotten Innenstadt-Cafés von Kairo, um mit ihren Freundinnen eine *šīša (شيشة)* oder *narğīla (نرجيلة)* zu rauchen, was einst als zweifelhaftes Privileg alter Männer aus der Unterschicht galt.

Jahrelang strotzten die Teleserien, just im Fastenmonat Ramadan, von allem Verbotenen – Alkohol, Drogen und Tabak. Der moderne Starprediger Amr Khaled holt Unbeachtetes ans Licht: Ein Gesetz von 1994 untersagt das Rauchen in öffentlichen Einrichtungen und sieht für Raucher in öffentlichen Verkehrsmitteln ein Bußgeld von bis zu 50 ägyptischen Pfund vor. Den Verantwortlichen der Einrichtung, in der das Rauchen erlaubt wurde, kostet der Spaß von 1000 bis zu 20 000 Pfund. Prediger Amr Khaled beneidet die ungläubigen Europäer um ihre Konsequenz, ein Rauchverbot durchzusetzen: »Allah sei Lob und Preis, wir sind doch diejenigen, welche den Islam und den Koran besitzen und dennoch ist unsere Willenskraft schwächer als die ihre?! Allah hat uns einen ganzen Monat im Jahr geschenkt, damit die Muslime ihre Selbstbeherrschung trainieren: den Monat Ramadan!«

Rauch-verbot?

INFO
Tu & Tabu: Bei Tisch

Tu! Um Magenbeschwerden vorzubeugen, sollte man nur Gekochtes, Gebratenes und Geschältes essen.

Tabu! Eisgekühlte Getränke sowie Speiseeis und nicht abgekochtes Wasser meiden!

Tu! Sorgen Sie dafür, dass Ihr Zuckervorrat nie zur Neige geht, stets ausreichend Zucker auf dem Tisch bereitsteht und der Tee zuckersüß schmeckt!

Tu! Bieten Sie großzügig an, aber fragen Sie nie: »Are you hungry?« Das hört sich ungehobelt an, und keiner würde bejahen.

Tu! Statt »Guten Appetit« können Sie *»Bil hanāʾ!« (بالهناء)* wünschen. Zur Hausfrau, falls sie selbst gekocht hat, ein anerkennend dankbares: *»Tislam ʾīdīki!«*

Tu! Machen Sie sich keine Sorgen, weil das Essen halb kalt ist, wenn Ihre Gäste endlich eintreffen: In Ägypten wird nichts so heiß gegessen, wie es gekocht wird! Bei Tee und Kaffee verhält es sich anders.

Tu! Wenn Sie (bitte nicht »türkischen«!) Mokka kochen, achten Sie darauf, dass beim Aufkochen Schaum *(wiš وش)*, wörtlich: »ein Gesicht«, entsteht. Den Schaum beim Einschenken möglichst gleichmäßig auf alle Tassen verteilen.

Tabu! Wo mit den Fingern gegessen wird, benutzen Sie nie die linke Hand!

Tabu! Servieren Sie nie lauwarmen Tee. Man muss sich die Finger am Glas verbrennen können, sonst taugt er nichts!

Tabu! Verbannen Sie Schweinefleisch von Ihrem Speisezettel!

Tabu! Verschenken und bieten Sie Alkohol nur an, wenn Sie die betreffenden Personen gut kennen und wissen, dass sie sich darüber freuen.

Kleidung:
Lieber over- als underdressed

Schon beim Kofferpacken für Ägypten geraten Sie vermutlich ins Grübeln: Was ziehen Sie dort an? Bei Geschäftskontakten wird vom Europäer erwartet, dass er korrekt gekleidet, in Sakko und Krawatte, erscheint. Die in Ägypten weit verbreitete Spielart des kurzärmligen Safari-Anzuges ohne Hemd würde zwar an Ihnen akzeptiert, aber Sie kämen sich vor wie verkleidet. Lassen Sie sich deshalb schon daheim gut ausstatten: Hemden aus reiner Baumwolle, leichte Anzüge mit einem hohen Anteil an Naturfasern. Dann können Sie auch bei 45 °C und 80 Prozent Luftfeuchtigkeit Haltung bewahren. Hatten sich die Herren vor der Ausreise noch einen superleichten Smoking aufschwatzen lassen, so werden sie diesen höchstwahrscheinlich selten vorführen. Im Winter reicht ein dunkler und im Sommer ein heller Anzug allemal.

Der europäische Herr in Sakko und Krawatte, …

Auf dem offiziellen Parkett verbieten sich Jeans von selbst. Nur Studenten und Arbeitern erlaubt die Konvention diese Art von grober Strapazierkleidung. Da Jeans aber mehr kosten als eine senfgelbe Synthetikhose mit Bügelfalte, ziehen Handwerker, Arbeiter und Angestellte die Kunstfaser vor.

Die Dame vergisst, dass sie einmal Shorts gekannt hat, und schlüpft in ein Kostüm mit langer Jacke und knöchellangem Rock oder dezenter Hose. Pumps mit hohen Absätzen krönen die Erscheinung, selbst wenn Sie Gefahr laufen, sich außerhalb des Hauses auf diesen Stelzen sämtliche Knochen zu brechen. So zurechtgemacht, erweisen Sie Ihrem ägyptischen Partner Ehre und Achtung. Abendroben erhalten leicht »ägyptisiert« neuen Pep: Chiffon entschärft das Dekolleté, die bloßen Arme schützt eine glitzernde Stola.

… die Dame in dezenter Eleganz!

Die »Draußen-und-drinnen«-Etikette

Nachdem Sie sich mit Sakko und Krawatte fein gemacht haben, begrüßt Sie Ihr Chef vom Balkon seines Hauses buchstäblich im Schlafanzug. Sie verstehen die Welt nicht mehr. Wo bleibt die Etikette? Natürlich gilt weiterhin eine Etikette – allerdings in ihrer ägyptischen Spielart. Die wichtigste Frage bei allem, was Sie tun und lassen, lautet: Geschieht es öffentlich oder privat, draußen oder drinnen?

Der ägyptische Chef im Schlafanzug?

Ein wenig overdressed sollen Sie also auf der Straße, im Büro, beim Stehempfang, beim Betriebsausflug und bei Ihren Gastgeberpflichten erscheinen. In Ihren eigenen vier Wänden jedoch können Sie sogar nackt herumhüpfen, sofern das Personal verschwunden und der Fensterladen fest geschlossen ist. Oder in der *Galabiya (ǧalabeya* جلبية*)*, dem bequemsten Kleidungsstück unter der Sonne. Männer wie Frauen können darin auch die größte Hitze erfahrungsgemäß gut ertragen. Luft zirkuliert in den weiten Ärmeln und Stoffbahnen, Baumwolle saugt den Schweiß auf.

Links: Studentinnen vor der Bibliothek in Alexandria

Indischer Look emp- fiehlt sich. In der Freizeit empfiehlt sich den Damen alles, was an indischen Look erinnert. Ob Hose, Rock oder Kleid – Knie und Oberarme sollten bedeckt und alle weiblichen Formen durch weiten Schnitt oder Stoff-Fülle kaschiert sein. In der Hitze fühlt frau sich in Seide und Baumwolle am wohlsten. Sandalen sieht man auch auf der Straße häufig.

Verwirren mag Sie zudem: Sie beobachten junge Mädchen in knappen Boxer-Shorts, die im Club ungeniert mit Gleichaltrigen schäkern, während eine unwesentlich ältere Ägypterin im langen Gewand und mit Kopftuch vermummt vom Korbsessel aus zuschaut. Ein Freizeitclub, so könnte die Auflösung des Rätsels lauten, steht als Puffer zwischen öffentlicher und privater Sphäre. Die Kurzbehoste fühlt sich geschützt vor den Blicken derer, die keine Clubkarte ihr Eigen nennen. Für ihre zugeknöpfte Kameradin wird der private Club zum öffentlichen Raum, weil dort nicht-verwandte männliche Wesen Zugang haben.

Islamischer Chic

Umdenken seit 1967 Nach der verheerenden Niederlage im Blitzkrieg von 1967, der die Euphorie der Juli-Revolution zerstörte und eine Phase wirtschaftlichen Niedergangs einleitete, suchten viele nachdenkliche Ägypter nach Gründen für diese Strafen Allahs: Westliche Waffen hatten die gesamte Luftwaffe in Grund und Boden geschossen, sozialistische Bundesgenossen ließen Gamal Abd an Nasr im Stich, die einstigen Kolonialmächte hielten sich zwar endlich etwas zurück, doch konnten auch sie nicht als Vorbild dienen. Wohin sich also wenden?

Zurück zu den islamischen Wurzeln Man besann sich wieder auf die eigene arabisch-islamische Vergangenheit. Unruhige Jugendliche lehnten sich auf gegen Väter, die in der DDR Marx studiert hatten, gegen Mütter, die damals im Minirock ihrer Werktätigkeit frönten. Zu ei-

Inkognito verhüllt, die Autorin in Azhar Gardens, Kairo

ner Zeit, als langhaarige Hippies den Zorn ihrer europäischen Eltern erregten, probten ägyptische Studenten 1970 den Aufstand in schneeweißen *Galabeen,* den fließenden Gewändern, und mit gepflegtem Kinnbart. Als zehn Jahre später der Friedensschluss von Camp David Ägypten vom Rest Arabiens isolierte, verstärkte sich die Auflehnung an den Universitäten Assiut, Kairo und Alexandria. Von missionarischem Drang erfüllt, versuchten die religiösen Gruppen ihre Kommilitonen zum fünfmaligen Gebet, zu züchtiger Kleidung und »richtiger« politischer Einstellung anzuhalten.

Der Koran gibt es vor:
Weibliche Reize nicht zur Schau stellen!

Die Verschleierten berufen sich auf zwei Suren im Koran: »O Prophet! Sag deinen Frauen und deinen Töchtern und den Frauen der Gläubigen, sie sollen ihre Tücher tief über sich ziehen. Das ist besser, damit sie erkannt und nicht belästigt werden. Und Allah ist allverzeihend, barmherzig.« (Sure 33, Vers 59) »Und sprich zu den gläubigen Frauen, dass sie ihre Blicke zu Boden schlagen und ihre Keuschheit wahren sollen, und dass sie ihre Reize nicht zur Schau tragen, bis auf das, was davon sichtbar sein muss, und dass sie ihre Tücher über ihren Busen ziehen sollen und ihre Reize vor niemandem enthüllen als vor ihren Gatten, oder ihren Vätern, oder den Vätern ihrer Gatten, oder ihren Brüdern ... und den Kindern, die von der Blöße der Frauen nichts wissen. Und sie sollen ihre Füße nicht aneinander schlagen, damit nicht bekannt wird, was sie von ihrem Schmuck verbergen. Und bekehrt euch zu Allah allesamt, o ihr Gläubigen, auf dass ihr erfolgreich seid.« (Sure 24, Vers 31)

Heute sind es vor allem die Frauen, die durch ihre islamische Kleidung religiös, weltanschaulich und politisch Flagge zeigen. Und ihre Männer fördern und hüten dieses Fanal, auch wenn sie selbst hemdsärmlig daherkommen. Viele religiös motivierte Oppositionelle lassen sich Bärte stehen. Während man in den 1980er Jahren nur auf dem Land verschleierte Frauen und in der Stadt ausnahmsweise eine schwarz Vermummte sah, erspäht man heute nur noch selten ein unverschleiertes weibliches Wesen, wo auch immer. »Islamic Chic« ist in. *(Mit dem Schleier Flagge zeigen)*

Das heißt nun aber nicht, dass die Verhüllung vor Fremden an eine Abkehr vom weltlichen Leben gekoppelt sein muss. Hinter den geschlossenen Jalousien des ehelichen Schlafzimmers darf es gern hoch hergehen. Ebenso wenig passt der Vergleich zum lebenslang verpflichtenden Gelübde christlicher Nonnen und Priester zur Ehelosigkeit. »Im Islam schätzen wir die Frauen wie Juwelen und Diamanten«, argumentiert ein Scheich. »Sie sind uns so kostbar, dass wir sie verstecken«. *(Keineswegs Abkehr vom weltlichen Leben)*

Welche Motivation steckt hinter welcher Art von Schleier? Sicherlich überwiegt eine Mischung aus sozialem Druck, allgemeiner Religiosität und einem deutlichen Aufbegehren gegen alles von der Regierung verordnete Westliche und gegen die in Europa und in den USA vermutete Dekadenz.

Viele berufstätige Frauen haben die Erfahrung gemacht, dass sie, wenn sie Kopftuch und ein langes Gewand tragen, eine kessere Lippe riskieren können und trotzdem als Kollegin respektiert werden. Frauen der unteren Mittelschicht ersparen sich das alberne Kokettieren am Arbeitsplatz, den teuren Friseurbesuch zweimal pro Woche, die Jagd nach dem letzten Schrei der Mode. Der Schleier erlöst vom Konsumdruck. Mit drei Sets Tüchern und *Abayas* (Langhemden) in passenden, meist gedeckten Farben, hat frau für Jahre ausgesorgt. Unter dem *(Unter dem Kopftuch eine kesse Lippe?)*

Tiefver-
schleiert
contra
Jeans und
Flipflops,
Gegensätze
in Assuan

preisgünstigen Schleier kann sie gesellschaftlich mithalten und trumpft auch noch in moralischer Hinsicht.

Selbst Nadia Wasif, Aktivistin des Frauenforschungszentrums Kairo verteidigt den Schleier: »Das Kopftuch ermöglicht der Frau von heute Freiheiten, die ihre unverschleierte Mutter nicht hatte. Sie kann sich frei auf der Straße bewegen, arbeiten gehen, sogar mit Männern verkehren und trotzdem respektiert werden. Auch muss sie sich nicht vorwerfen lassen, *mutafarnaǧa (*متفرنجة*)*, verwestlicht zu sein«.

Film- und Fernseh-stars setzen Trends.

Verschleierte Schauspielerinnen wie Abeer Sabry, Ghada Adel oder Mona Liza, die hübsche ägyptische Sängerin Mona Abd al Ghani, und flotte Fernsehmoderatorinnen wie Khadiga Ben Guenna aus Qatar setzen Trends. Die in freizügigen Rollen berühmt gewordene Hanan Turk hat mitten in den Filmarbeiten die Stimme Allahs gehört? *Miš muškila,* dann muss eben das Drehbuch umgeschrieben werden.

In einer Talkshow des libanesischen Senders *LBC* bekannten Journalistinnen, warum sie den Schleier nahmen. Es sei eine rein private Entscheidung, sie fühlen sich einfach besser, können sich freier und wirkungsvoller für die Gesellschaft einsetzen, kommen dem muslimischen Ideal näher. Mittlerweile gehört frau nur noch dazu, wenn sie verschleiert auftritt. Und wer will schon gern Außenseiterin sein?

Junge Mädchen im heiratsfähigen Alter wiederum tragen Kopftuch, um sich besser einen Mann angeln zu können. Denn brav und dennoch sichtbar hübsch kommt bei Heiratskandidaten sehr gut an. Selbstverständlich kleiden sich viele Ehefrauen allein ihren Ehemännern zuliebe islamisch. Immer mehr Bräutigame nehmen ihren Bräuten das Versprechen ab, ihre Reize nach der Hochzeit nur noch für ihn zu reservieren und mit dem Schleier die Ehrbarkeit der Familie zur Schau zu tragen.

Zur islamischen Grundausstattung ...

Eine Frau kann viele Spielarten der Verschleierung wählen. Zur Grundausstattung gehört ein kurzer straffer Schlauch aus Stretchgewebe, der alle Haare nach hinten verbannt, darüber kann entweder eine lange fromme Haube oder ein kokettes Tuch mit glitzernden Nadeln gesteckt werden. Kleid oder Hose spiegeln den Geschmack und den Grad der Strenge wieder.

Manche Mädchen kombinieren Kopftuch und eng anliegende Kleidung – eine brisante Mischung. Kommentar eines Ausländers: »Auf die Haare hätte ich bei der Erscheinung sowieso zuletzt geachtet«.

... auch schon mal Rucksack und Turnschuh

Die Modebranche empfiehlt schlichte zweiteilige Kopftücher für den Beruf, bestickte Hauben für den Nachmittag und perlenbesetzte Kreationen für den Abend. Eine zentrale Rolle spielen dabei die Accessoires in der jeweiligen sozialen Gruppe: Die Frauen und Mädchen tragen die Rucksäcke, Handtaschen, Turnschuhe oder Pumps, die in ihrer Szene gerade *en vogue* sind. So kann die Muslimin mit ihrer Kleidung signalisieren, dass sie zu den anständigen Frauen zählt, und gleichzeitig zur globalen *Gucci*-Handtaschen-Elite.

Der arabische Mantel ist umstritten.

Zur ʿabiʾa (عباء), dem arabischen Mantel, kann der *niqāb* (نقاب) getragen werden. Der *niqāb* kann einlagig sein und nur das Gesicht unterhalb der Augen bedecken, die strengere Version ist mehrlagig und bedeckt das ganze Gesicht, die Augen jedoch nur mit einer durchsichtigen Schicht. Besonders Eifrige tragen dazu schwarze Handschuhe, auch bei 35 °C im Schatten. »Ich war in Mekka und habe meine Pflicht erfüllt, ich bin eine *ḥāǧǧa*« lautet die Botschaft der Trägerin. Der *Niqab* ist in Ägypten umstritten: Das Verfassungsgericht entschied 1999, dass in allen staatlichen Schulen des Landes das Tragen des *niqāb* verboten bleibt. »Der *niqāb* war immer ein Problem während der Prüfungen«, sagte der Lehrer Mahmoud Assem: »Es ist unmöglich herauszufinden, wer die Person unter dem Schleier ist«. Aus dem Grund ist der Zutritt zu manchen Gebäuden für *Niqab*-Trägerinnen nur nach Leibesvisitation durch weibliches Wachpersonal gestattet.

Ein unsichtbarer Schleier?

Eine deutsche Praktikantin wehrte sich gegen die Vermummung in der ägyptischen Hitze und zudem gegen den Zwang zu dem, was sie den »unsichtbaren Schleier« nannte: »Ich fühle mich unfrei hier. Ich muss den Blick zu Boden senken, leise reden, darf nie laut lachen und keinem Mann in die Augen schauen. Das ist gegen meine Natur.« Ihre verschleierte ägyptische Kollegin, ebenfalls Mitte zwanzig, gab zurück: »Ich fühle mich frei und wohl an meinem Platz. Ich habe keine Lust, jeden Leberfleck öffentlich mustern zu lassen, den Bauchnabel zu zeigen und einen One-Night-Stand als Normalität zu betrachten. Wir pflegen eben unsere Werte und zeigen das auch«.

INFO   Der Kopftuchstreit in Europa

Bei der Kopftuchdiskussion bei uns in Europa geht es um mehr als um ein Stück Stoff: Es geht um die Frage, wie religiös unser weltlicher Staat werden darf, ohne seine Identität zu verlieren. Anno 2003 hat das Bundesverfassungsgericht entschieden, nichts zu entscheiden. Es schob das Problem einfach weiter in die Länderparlamente.

Insbesondere das Kopftuch von Lehrerinnen im Unterricht wurde zum Politikum, da Deutschland sich in seiner Grundgesetzgebung zur weltanschaulichen Neutralität verpflichtet hat. Im April 2006 schloss eine Bonner Schule zwei total verschleierte Schülerinnen vom Unterricht aus: wegen Störung des Klassenfriedens und weil die Mitarbeit in Sport und Chemie nicht möglich sei.

Auch in Frankreich, wo es seit 1905 den im öffentlichen Dienst Beschäftigten verboten ist, in »hervorgehobener Weise« Zeichen ihrer Religion zu tragen, meinte die Regierung 2004 noch eins draufsetzen zu müssen und verabschiedete den Kopftucherlass trotz heftiger muslimischer Proteste. Selbst in der Türkei hat sich die politische Debatte am Kopftuch festgebissen. Ägyptens Öffentlichkeit wurde über diese europäischen Diskussionen sofort via Moschee informiert. Seither hat jedes Mütterchen im Niltal eine eigene Meinung dazu.

Gegensätze
auch im
Fernsehen

Ist das Kopftuch nun Zeichen eines demokratiefeindlichen Islamismus? Wie wird argumentiert?

▶ Die einen sagen »ja«:

Das Kopftuch symbolisiere eine fundamentalistische Auslegung des Islam, der zufolge die unverschleierte Frau die öffentliche Ordnung durch ihre Haarpracht gefährde. Durch diese Vermischung von Säkularem und Religiösem werde die Integration der Muslime als drittgrößte Glaubensgemeinschaft in Deutschland verhindert. Die öffentlichen Schulen dürften in keiner religiösen Richtung Einfluss ausüben.

▶ Die anderen sagen »nein«:

Die im Grundgesetz verankerte Religionsfreiheit garantiere, dass jede Frau und auch jeder Mann das Recht habe, ein Kopftuch zu tragen. Ob aus Keuschheit, zum Sonnenschutz bei bäuerlicher Feldarbeit oder als neuestes Disco-Outfit mit Lametta behängt. Der Schweizer Islamwissenschaftler Tariq Ramadan, Enkel des ägyptischen Gründers der Muslimbrüder, forderte im März 2006 bei einer Vorlesung an der Humboldt-Universität in Berlin »totale Loyalität« der Muslime zu den europäischen Staaten, in denen sie lebten. Gleichzeitig ermutigte er die französischen Musliminnen, das Kopftuch vor und nach dem Schulbesuch zu tragen und für ihre französischen Bürgerrechte zu kämpfen.

Trachten am richtigen Platz

Fellachen in Oberägypten tragen gehäkelte Käppchen auf dem Kraushaar, Nubier üppige weiße Tuchturbane, Beduinen mit einer Kordel befestigte Tücher, Scheichs der Azhar-Universität eine rote, von einem weißen Tuch umschlungene Filzkappe. Männergalabeen unterscheiden sich durch Feinheiten, weniger durch Abweichungen in Farbe oder Schnitt. Bleibt der Vater noch beim kragenlosen Gewand, aus dessen U-förmigem Ausschnitt die Bauernweste aus satinierter Baumwolle blitzt, so legt der Sohn vielleicht Wert auf einen modernen Herrenhemd-Kragen, enge Ärmel mit Manschette oder eine aufgenähte kleine Tasche zusätzlich zu den seitlichen Eingriffen. Auf dem Feld gelten Hose und Hemd als eindeutiges Zeichen für die Unfähigkeit, eine Hacke zu schwingen. *Männermode*

Sie sehen, *Galabiya* ist nicht gleich *Galabiya* und Bauernkleid nicht gleich Beduinenkleid *(milāya* ملاية*)*. Die ländliche Jugend prangt mit leuchtend bunt bedruckten Kleidern. Während in Oberägypten taillierte, knielange Modelle, zuweilen begleitet von andersfarbigen Baumwollhosen, vorherrschen, überwiegen im Delta Empirekleider, deren Vorbilder gewiss in Napoleons Tross nach Ägypten gelangt waren. Über diese farbenfrohen Kleider legen die Frauen schwarze Überwürfe *(ḥabara* حبرة*)*, wenn sie sich nach »draußen« begeben. Wasserholen oder die Ziegen zusammentreiben gilt nicht als »draußen«, wohl aber der Einkauf im Dorf oder ein Besuch bei der Tante. *Galabiya in Variationen*

Häkelkäpp-
chen für
jeden Ge-
schmack

*Schwarz
oder Weiß
gegen
Sonne und
Hitze?*

Hat man uns gelehrt, Weiß reflektiere die Sonnenhitze und eigne sich daher in heißen Ländern als Kleiderfarbe am besten, so behaupten Ägypterinnen just das Gegenteil. Ihrer Erfahrung nach ermöglichen schwarze Gewänder, sofern sie weit genug geschnitten sind, gerade dadurch, dass sie Wärme speichern, eine bessere Luftzirkulation zwischen Haut und Stoff und sorgen somit eher für Kühlung. Wer auch immer Recht haben mag, eines stimmt in jedem Fall: Weit und locker geschnitten müssen Kleidungsstücke im Sommer unbedingt sein.

Diese Erkenntnis könnte einen ausländischen Landwirtschaftsberater durchaus dazu verleiten, seinen Dienst im Juli in der *ğalabiya*, anzutreten. Weit gefehlt! Nicht einmal in einem Kuhstall dürfte er so auftauchen. Vom Direktor bis zum Hausmeister fühlten sich alle Ägypter von ihm verhöhnt. Da würden selbst wir humorvoller auf einen Schwarzafrikaner in der Krachledernen reagieren.

Bademoden

*Der Bikini
hat ausge-
dient.*

Betrachten Sie die alten Frauenreliefs in Philae oder Esna einmal genauer. Die Frauen sind nicht nackt: Ihre feinen Formen umschließt ein hauchdünner Schleier, unter dem sich Brustwarzen, Ellbogen und Bauchnabel deutlich abzeichnen. Lenken Sie sodann Ihre Blicke an den sommerlichen Strand Alexandrias, schön früh am Morgen und mit entsprechender Diskretion, dann entdecken Sie die Bilder aus den ptolemäischen Tempeln wieder: Frauen entsteigen den Fluten in langen, dünnen Gewändern, die nass an ihrem Körper kleben und Ihnen mehr verraten als ein knapper Bikini.

Der Bikini hat an öffentlichen Stränden ausgedient. Vergessen Sie Ihren Pareo nicht, um sich und Ihren Einteiligen gleich nach dem Ausstieg darin einzuhüllen. Denn die Prüderie hat sich auf ganzer Linie durchgesetzt. Männer und Frauen baden vielerorts getrennt, entweder zu unterschiedlichen Zeiten oder in unterschiedlichen Becken. Auch in städtischen Freizeitclubs hüpfen Sportlerinnen in Jogging-Anzügen vom Startblock. Besonders sittsame Damen in privaten Compounds schirmen ihre Schwimmbecken mit Wandschirmen gegen neugierige Nachbarn und Angestellte ab. Sie als weibliche *ḫawāǧa* unterliegen solchen Einschränkungen in den Touristenclubs, an eingezäunten Stränden oder am Swimmingpool eines Hotels nicht unbedingt, sollten aber den Unwillen anderer Frauen nicht herausfordern.

Prüderie ist Trumpf.

Und der Mann? Auch er ist am Poolrand mit lockeren Badeshorts besser bedient als mit einem eng anliegenden Boxerslip.

Was außerdem schmückt

Uns lehrte erst die Kapitalsteuerdebatte, dass ein Diamant heller strahlt als ein Pfandbrief und ein Bündel goldener Armreifen Auge und Ohr mehr erfreut als schwarze Ziffern in einem Sparbuch. In Ägypten weiß man dies seit Jahrtausenden. Gold und Edelsteine auf brauner Haut verbinden dort das Angenehme mit dem Nützlichen. Schmuckstücke schmücken, vergrößern den Wohlstand der Familie und bilden eine Rücklage für Krisen und schlechte Zeiten. Das Gewicht dieses Schmucks beweist es aller Welt: Soviel war seine Trägerin ihrem Verehrer wert, und ebensoviel setzt dieser aufs Spiel, wenn er sie verstößt.

Schmuck zur Wertschätzung ...

Sehr viele Schmuckstücke aus beduinischer oder bäuerlicher Tradition erfüllen die Aufgaben eines Amuletts, das Krankheiten, Unglück, Geister und den gefürchteten »bösen Blick« fernhält. Hennarot bemalte Handflächen und Füße sollen ebenfalls die Gesundheit erhalten, die Fruchtbarkeit erhöhen und schön machen. Blaue Tätowierungen auf Wangen und Kinn zeichnen Beduinenfrauen aus und kennzeichnen sie als vom Stamme der *Bega* oder *Aulad Ali* (vgl. Seite 40). Strenge Muslime sehen diese abergläubischen Relikte gar nicht gern.

... und gegen böse Geister

Moderne Tatoos kommen bei verwestlichten jungen Leuten in Mode, aber sie werden nur im engen Familienkreis gezeigt. Vergänglicher als diese lebenslängliche Zeichnung, aber mit viel Geld, Zeit und Aufwand gestaltet, trägt das Make-up zur Vollständigkeit der weiblichen Erscheinung bei. Angelehnt an altägyptische Vorbilder ziert noch heute ein kräftiger schwarzer Lidstrich die dunklen Augen. Make-up ist in Ägypten noch nicht der Sittsamkeit zum Opfer gefallen. So kommt es oft zu widersprüchlichen Signalen: Der Kopf, fest in Tuch eingebunden, weist ab; und die eindrucksvoll umrahmten Augen locken als »Fenster der Seele« mit heftigem Wimpernschlag.

Kräftiges Make-up

*Tücher
über
Tücher,
Hurghada*

Kohl oder *Kahal* zum Schwärzen der Augenlider, aufgetragen mit feinen Stäbchen,
schützt vor Augenentzündungen. Augenbrauen werden sorglich gezupft und nach-
gemalt, an Rouge wird nie gespart, wenngleich vornehme Blässe zu den unerreich-
ten Idealen zählt. Ein winzig kleines Mündchen wünscht sich jede Frau, deshalb
verwendet sie Lippenstift weniger verschwenderisch als Lidschatten und Nagellack.

*Glattes
Haar und
leuchtende
Farben*

Da die Mehrzahl der Ägypter mit krausen Locken das Licht der Welt erblickt,
wünschen sie sich, wie sollte es anders sein, glattes Haar. Betreten Sie als Blond-
schopf den Friseursalon in der Hoffnung, mit einer schwungvollen Lockenpracht
wieder von dannen ziehen zu können, so wird Ihr ägyptischer Figaro im Gegenteil sein Können unter Beweis stellen, indem er Ihr Haupt mit einer Création à
la Schnittlauch krönt.

Äußerste Sorgfalt verwendet die Ägypterin auf die Abstimmung der Accessoires.
Kopfputz, Kämme, Schals, Handtaschen und Schuhe werden im Farbton fein der
Kleidung angepasst, Rosa wetteifert mit Violett und leuchtendem Pink; Braun,
Gold und Sandfarben ergänzen einander harmonisch, und ein roter Rock ver-
langt nach roten Schuhen.

Sollte die Sommerhitze das Tragen von Nylonstrümpfen erschweren, dann ge-
bietet der Anstand, zumindest makellos enthaarte, glatte Beine und zarte, ge-

pflegte Füße vorzuzeigen. Hüte sieht man selten, weder auf Damen- noch auf Herrenhäuptern. An der Größe des Turbans können Sie jedoch in Nubien den Wohlstand eines Mannes ablesen.

Im Gegensatz zum reichen Schmuck zentralafrikanischer Männerhälse und -bäuche beschränkt sich männlicher Schmuck in Ägypten auf religiöses Zubehör. Die Gebetskette mit 33 Perlen – für die 99 Namen Allahs – oder ein silbernes Amulett in Form des Heiligen Buches haben wenig mit Schönheitspflege zu tun. Auch der akkurat gestutzte Kinnbart dient dem Bekenntnis zum Koran. Dagegen reicht die Enthaarung des restlichen Gesichts weit zurück bis zum pharaonischen Brauch der Priester, sich im Zeichen der Reinheit von Kopf bis Fuß scheren zu lassen. Mit zwei gegeneinander gedrehten Fäden entfernen die Barbiere auf offener Straße ihren Kunden sämtliche Härchen, die Stirn, Wangen und Hals verunstalten.

Gebetskette und Bart

Männer mit schulterlangem Haar, Ohrringen oder Kettchen gelten als weibisch. Armbänder und Ketten gefallen aber europäisch orientierten Jugendlichen immer mehr.

Tu & Tabu der Kleiderordnung INFO

Tu! Kleiden Sie sich lieber stets eine Nuance »zu fein« als zu leger!

Tu! Bedenken Sie gut, wohin Sie sich begeben, ehe Sie das Haus verlassen: Was im Club durchaus schick ist, erregt auf dem Markt Anstoß. Frauen sollten für alle Fälle ein dünnes Kopftuch oder einen Sonnenhut in der Handtasche bereithalten.

Tu! Frauen sollten Arme und Knie bedeckt halten.

Tu! Suchen Sie in aller Ruhe eine leichte, bedeckte Garderobe zusammen, in der Sie sich gefallen und wohlfühlen. Es braucht ein wenig Zeit, sich anzupassen, ohne sich zu verkleiden.

Tabu! Enge Jeans ohne verhüllende Jacke können Frauen den Gang über die Straße versalzen.

Tabu! Tragen Sie an öffentlichen Stränden nie Bikini, geschweige denn noch weniger.

Tabu! Eine Frau, die mit nassen Haaren auf die Straße geht, möchte ausposaunen, dass sie gerade Geschlechtsverkehr hatte.

Tabu! Ein Mann mit offenem Hemd und Kettchen gibt sich der Lächerlichkeit preis.

Tu! Vor der Moschee sollten Sie Ihre Schuhe ausziehen. Tragen Sie diese mit gegeneinander gelegten Sohlen. Die Sohlen dürfen niemanden »anschauen«.

Tabu! Turnschuhe gehören auf den Sportplatz oder in die Halle, nicht in Restaurants, Hotels, Wohnungen oder gar Büros!

Tu! Aber: Wenn Sie touristisch unterwegs sind, tragen Sie die bequemsten Wanderschuhe mit griffigen Sohlen. Ihre Knöchel werden es Ihnen danken.

Rollenspiele

Eine konservative Gesellschaft zeichnet sich auch durch klar definierte soziale Rollen aus. Vor Gott sind alle Menschen gleich, aber er schuf unterschiedliche Menschen für unterschiedliche Aufgaben.

Pyramidale Strukturen

Ihre, des Europäers persönliche Rolle jedenfalls liegt fest, sobald Sie den ersten Fuß auf ägyptischen Boden setzen. Als *ḫawāǧa* spielen Sie den Reichen und Besserwissenden. Eines Tages werden Sie meinen, Sie wüssten es tatsächlich besser. Waren Sie zu Hause mit Ihrem sozialen Status nicht so recht zufrieden, so katapultiert man Sie in Ägypten gern eine Stufe höher – allerdings um den Preis, dass Sie jene Verantwortung übernehmen, aus der sich andere stehlen wollen.

Ein ägyptisches Staatsoberhaupt entwickelt sich über kurz oder lang zwangsläufig zum Pharao. Ein von ihm ernannter Gouverneur muss, obwohl er gerne dezentralisieren möchte, alles persönlich absegnen. Pyramidale Strukturen fordern pyramidale Rollenspiele.

Das Verhalten ist also für jeden unmissverständlich vorbestimmt? Nicht mehr ganz, denn die städtische Jugend steckt im Augenblick in einer peinigenden Identitätskrise. Zwei gegenläufige Entwicklungen, die national-arabisch-islamische und die globalisiert westliche kämpfen in jeder Brust. Wissenschaftliche Erkenntnisse rütteln an der Unanfechtbarkeit ehemals einfach hingenommener Fatwas, und die rein technokratischen, angeblich wertfreien Einflüsse aus Nordwest lassen Moral und menschlichen Sinn vermissen. Wie soll eine Frau sein? Wie ein Mann? Wie ein alter Mensch, wie ein junger? Und wie sollen sie sich zueinander verhalten? Die Antworten von einst befriedigen nicht mehr ganz, aber alle neuen noch viel weniger.

Die Jugend steckt in der Krise.

Vom zarten Püppchen zur starken Großmutter

»Ein Junge ist klein wie ein Käfer, aber er erfüllt Haus und Gasse mit Freude. Ein Mädchen ist weich wie ein Kissen, doch das Herz wird seinetwegen schwer.« So die Meinung einer erfahrenen Dorfhebamme. Bei ländlichen Kopten wie Muslimen gilt die Mutter nach der Geburt eines Mädchens länger als unrein als nach der Entbindung von einem Sohn.

In der frühen Kindheit genießt das Mädchen reichlich Freiheit. Und lernen darf es auch. Bildung erfreut sich steigender Wertschätzung, denn ein gebildetes Mädchen kann eine bessere Ehefrau und Mutter werden und notfalls sogar zum Familieneinkommen beitragen. Erst gegen Ende der Grundschulzeit häufen sich häusliche Pflichten und außerhäusliche Verbote. Die kleinen Geschwister müssen beaufsichtigt werden, der Vater will den Tee serviert bekommen, und die Mutter kann das Geschirrspülen nicht alleine bewältigen. Um den Baumwollwurm abzulesen oder die Ziegen auszutreiben und zu beaufsichtigen, ist die zehnjährige *Bint Fuʾād,* die auf den Vaternamen »Tochter des Fuad« hört, längst kräftig genug.

Links: Klar definierte soziale Rollen kennzeichneten bereits die pharaonische Gesellschaft.

Wohin
führt der
Weg?

Verbote Mit einem kräftigen »Pfui!« (ʿaīb عيب) bzw. »Schande« oder »verboten«
(ḥarām) bzw. »Sünde« stecken Eltern und ältere Geschwister den Rahmen ab,
in dem das »liebe Mädchen« sich bewegen darf. Ein Mädchen klettert nicht auf
Bäume, badet nicht im Kanal, geht abends nicht vor das Haus und bewegt sich
nur in Begleitung anderer Mädchen auf der Straße, es sei denn, ein männlicher
Angehöriger begleitet es. Ein Mädchen benimmt sich: brav, bescheiden, lieb, leise und fleißig. Zum Entzücken des Vaters darf das Töchterchen mitunter sogar
tanzen, jenen Tanz, den wir »Bauchtanz« nennen.

»Eine Frau ohne Bauch ist wie ein Himmel ohne Sterne.«
Arabisches Sprichwort

Kaum kündigt sich die Pubertät an, fallen die ersten Anspielungen auf die rei-
zende Braut (ʿarūsa عروسة). Einer schönen ʿarūsa stehen ausgeprägte Run-
dungen, vornehme Blässe sowie ein winziges Mündchen gut. Und keinen Schatz
muss sie mehr hüten als ihre Jungfräulichkeit und ihren guten Ruf (ʿirḍ عرض).

Jungfräulich- Jungfräulichkeit und Ehre, zwei Begriffe, an die sich in Deutschland kaum einer
keit erinnerte, gruben sich mit dem Ehrenmord an der unglücklichen Hatun Sürücü
wieder scharf ins öffentliche Bewusstsein. Die junge Frau aus sunnitisch-kur-
discher Familie hatte versucht, sich gegen deren Willlen in unsere liberale,
bundesdeutsche Gesellschaft zu integrieren und dafür im Februar 2005 mit dem
Leben bezahlt.
In Ägypten endet die Verantwortung der Frau für ihre Jungfräulichkeit nicht
bei ihrem Hymen. Ihr Hymen ist keine Privatsache, sein Verlust kann sogar die
Familienehre (šaraf شرف) zerstören. Ist das Hymen zerrissen, taugt die ganze
Sippe nichts mehr.

In einigen ägyptischen Dörfern warten die Angehörigen des Brautpaares in der Hochzeitsnacht vor dem Zimmer des jungen Paares auf die Herausgabe des blutbefleckten Bettlakens. Das Laken soll die Reinheit der Braut und die Mannhaftigkeit des Bräutigams bestätigen. Werte, auf die man mit Stolz verweisen will.

Erweist sich die Braut nicht mehr als Jungfrau, kann nur ihr Tod die Ehre der Familie wiederherstellen. Ehrenmorde bleiben auf dem Lande fast unbeachtet, wenn sie kollektiv geplant und im Einverständnis mit der Familie durchgeführt wurden. Die Al-Azhar-Gelehrten erschüttert das nicht: »Das ist Sache der Regierung!« »Ihr macht es Euch zu einfach«, hält die junge Städterin Sharon Hamed dagegen: »Unsere Religion verbietet den Ehrenmord. Das steht in Sure 5, Vers 32.« *Ehrenmorde*

Hat die Frau den Hafen der Ehe endlich erreicht, gilt ihr das Sprichwort »Die Frau ist der Schuh des Mannes« als Richtschnur. Sie kocht, strahlt gute Laune aus, gehorcht ihrem Mann, kokettiert mit ihm und bewirtet seine Gäste zu jeder Tages- und Nachtzeit, sodass er den heimischen Herd dem Kaffeehaus vorzieht. Bescheiden im Hintergrund wirkend, verleiht sie dem Ehemann das Gefühl, er hielte das Heft in der Hand. *Gehorsam*

Ausländische Frauen wirken nicht selten ungeschlacht und burschikos neben ihren ägyptischen Kolleginnen. »Why are you so bossy?«, warum sie denn so herrisch aufträten, fragte eine erfolgreiche Stadtplanerin ihre amerikanischen Kolleginnen. Eine alternde Witwe mag nach Herzenslust schreien und poltern oder gar anzügliche Witze reißen, hat sie doch nichts mehr zu verlieren. Eine jüngere Frau hingegen schlägt zartere Töne an und kultiviert das, was in westlichen Ländern seit den 1950er Jahren als »Weiblichkeitswahn« in Verruf geraten ist. *Zarte Töne*

»Oh Schwiegermutter, bist du nicht auch eine Schwiegertochter gewesen?«
Arabisches Sprichwort

Die junge Ehefrau auf dem Lande zieht, wo immer möglich, ins Haus der Schwiegereltern und muss den Ansprüchen der Schwiegermutter genügen. Zu ihren Schwägern darf sie freundlich, aber nicht allzu freundlich sein, um den Ehemann nicht zu reizen. Meist findet sie in den weiblichen Mitgliedern der neuen Familie gute Freundinnen, die ihr beistehen.

In der Stadt leben junge Paare, die es sich leisten können, gern allein in einer Wohnung. Aber Frauen wechseln mit der Eheschließung die Familienzugehörigkeit, dieses ist ihnen von klein auf bewusst. Ihr Verhältnis zur eigenen Mutter steht deshalb von Anfang an unter dem Vorzeichen der bevorstehenden Trennung. Mutter und Tochter halten als Verbündete und Schicksalsgefährtinnen zärtlich zusammen, beraten sich in allen wichtigen Fragen und weihen einander in Geheimnisse ein. *Die Mutter als Verbündete.*

Frauenfreundschaften zeichnen sich durch offenherzige Intimität aus. Allerdings richten sich die weiblichen Bündnisse nie gegen den Mann, gilt doch die Ehe als höchstes Ideal des Zusammenlebens. Schütten sich die Frauen gegenseitig das Herz über die Untugenden des Ehemannes aus, so geschieht dies stets mit dem Ziel, hernach harmonischer mit dem Angetrauten zusammenleben zu können. *Frauenfreundschaften*

»*Dein Sohn ist so, wie du ihn erzogen hast;*
dein Mann so, wie du ihn gewöhnt hast.«
Arabisches Sprichwort

Ein Sohn ist
das Ziel.

Hat die Frau das Ziel ihres Daseins erreicht, so darf sie sich *ʾUmm Muḫtār* (ام مخطار), Mutter von Mukhtar, nennen und den Namen des Erstgeborenen führen. Jeder weiß dann: Sie hat's geschafft. Von den Söhnen hängt ihre Position in der Familie, aber auch ihre Altersversorgung ab. In der Kindererziehung glättet die Mutter Vaters Strenge, beschwichtigt, versöhnt und reagiert häufig nachgiebiger als er. Läuft eines der Kinder aus dem Ruder, so liegt dies einzig am Versagen der Mutter, die nun von allen Seiten mit Vorwürfen bedacht wird.

Gütertren-
nung in der
Ehe

Familienglück oder -unglück wird oft vom finanziellen Spielraum bestimmt, den der Ehemann einräumt. Bittere Armut, die Unmöglichkeit Essen, Schulkleidung und Schuhe zu bezahlen, treibt viele Frauen an den Rand der Verzweiflung. Wo dagegen Wohlstand herrscht, hat die Frau des Hauses freie Hand. Was sie in die Ehe eingebracht hat, Möbel, Kleider oder Goldschmuck, bleibt ohnehin ihr Eigentum. Auf dem Lande erwirtschaftet sie sogar eigene Einkünfte, indem sie die Eier oder Gartenfrüchte auf dem Markt verkauft. Gütertrennung besteht in der Ehe von Anfang an.

Berufstätig-
keit

Wie »frei« eine ägyptische Frau sich bewegen kann, hängt zum einen von ihrer Herkunft, zum anderen aber von den Ansichten ihres Ehemannes ab. Eine Frau aus gebildeten Kreisen, die studiert und eine einträgliche Stelle gefunden hat, erfährt von allen Seiten Ermutigung. Tanten und Großmütter nehmen der *duktūra,* der »Doktorin« , die Kinder ab, entlasten sie in Haushaltsdingen nach Kräften und gewähren ihr jene emotionale Unterstützung, von der deutsche Unter- oder Arbeitnehmerinnen nur träumen können. Ägyptische Physikerinnen, Ingenieurinnen und Lehrerinnen können ohne schlechtes Muttergewissen ihren Weg gehen, selbst ohne Hauspersonal.

Gleichbe-
rechtigung?

Nachdem die Berufstätige im sozialistischen Aufwind der Nasser-Ära und unter der Schirmherrschaft von Gehan Sadat großes Prestige genoss, bemühten sich die Fundamentalisten seit 1980 verstärkt, die Frau wieder an den Herd zurückzurufen. Die Akademikerin legte daraufhin zwar den Schleier an, aber zu Hause blieb sie nicht. Derzeit wird sogar diskutiert, ob eine *Imamin* den Koran in der Moschee lesen darf oder nicht. Auf dem politischen Terrain jedoch bewiesen alle Parteien eher Zurückhaltung, als es 2005 darum ging, Kandidatinnen für die Parlamentswahlen aufzustellen. Die Wähler reagierten ebenfalls zögerlich und hoben nur 4 Frauen auf ihren Sitz. Landesweit bewarben sich 127 Kandidatinnen (und rund 5000 Kandidaten) um die 444 Sitze im ägyptischen Parlament ...

Wie ernst Gesetz- und Arbeitgeber den Wert des familiären Zusammenhalts einschätzen, zeigt sich dann, wenn zum Beispiel eine verheiratete Akademikerin ein Forschungsstipendium im Ausland annimmt. Ihr Ehemann wird, um sie begleiten und beschützen zu können, für die Dauer des Auslandsaufenthaltes von seiner Firma beurlaubt.

Die Bedauernswerten

Einer »alten Jungfer« ab 30 verbleibt die Möglichkeit, mit einer Schwester, einer Tante oder den Eltern zusammenzuwohnen. Da alleinstehende Frauen in ihrer Wohnung keinen Mann empfangen können, andere Frauen aber wenig Zeit für gemeinsame Unternehmungen finden, bedeutet eine Junggesellinnen-Wohnung gleichzeitig Einsamkeit.

Einsamkeit ist das Schicksal lediger Frauen.

Die geschiedene Frau steht ebenfalls vor einem schweren Schicksal. Hat sie ihre Fortpflanzungsfähigkeit unter Beweis gestellt, so erblüht ihr vielleicht ein zweites Eheglück. Eine Scheidung wird als Panne hingenommen. In der Regel zieht die Geschiedene wieder unter das Dach des Vaters und fällt ihren Eltern finanziell zur Last. Nur wenn der Mann Unterhalt zahlt, die Wohnung weiterhin zur Verfügung stellt, bis die Kinder als Halberwachsene in seine Obhut übergehen, kann die Geschiedene ein einigermaßen freies Leben führen.

Die ehrbare Witwe kleidet sich in Schwarz. Sie lebt im besten Fall von eigenem Vermögen, meist jedoch von den Zuwendungen ihrer Söhne, schlimmstenfalls von der Gnade der Nachbarn oder der nächsten Sozialstation von Moschee oder Kirche. Nur durch bescheidenes unauffälliges Dahinleben kann sie die Anerken-

Schülerinnen mit ihrem Lehrer vor der Zitadelle in Kairo

nung ihrer Umwelt erhalten. Junge Witwen senden nach dem Trauerjahr eindeutige Signale aus, um einen neuen Mann zu umgarnen. Ältere Frauen ziehen zu ihren Söhnen, seltener zu den Töchtern, oder sie kümmern sich von der eigenen Wohnung aus fortan um die Enkel.

Kinderlosig-
keit gilt als
Makel.

Die Unfruchtbare schließlich ist nicht zu beneiden. Gegen alle wissenschaftliche Erkenntnis behaupten noch immer viele Männer, es könne keinesfalls an ihnen liegen, wenn die Söhne auf sich warten lassen: »Eine Frau ohne Nachwuchs gleicht einem Gefäß ohne Inhalt«. Sie mag versuchen, diesen Mangel durch beruflichen Erfolg und Frömmigkeit wettzumachen, ähnlich jenen blinden Männern, die sich früher zu Koran-Vorbetern und Sängern ausbilden ließen. Aber sie wird sich in Ägypten immer minderwertig fühlen. Denn der Trost, »Mutter des Abwesenden« *(ʾumm ġaib* ﺍﻡ ﻏﻴﺐ*),* gerufen zu werden, schmeckt recht bitter.

Europäerinnen, die im Interesse der Karriere, des Sportwagens, des Schoßhündchens oder gar mangels Mutterinstinkt auf Kinder verzichten, stoßen in Ägypten auf blankes Unverständnis. »Lieber ein blindes Mädchen als gar kein Kind!«, sagte eine Bauersfrau dazu entsetzt.

Karriere – Luxus für höhere Töchter?

»Die armen Frauen im Orient!« – Ein mitfühlender Ausruf entringt sich den Kehlen vieler deutscher Touristen. Bei Ihrer mehrsprachigen Reiseleiterin wird Ihr Beileid kaum Verständnis finden. Schließlich genießt die ägyptische Frau (theoretisch) alle wesentlichen Bürgerrechte.

Hatschep-
sut und
Nofretete

Starke Vorbilder bietet auch die Antike. Ihre Reiseleiterin wird Sie sicherlich an den weiblichen Pharao Hatschepsut und die als Herrscherin diskutierte Nofretete erinnern. Vielleicht haben Sie auch vor, das Grabmal der Ayyubiden-Sultanin Schagaret ad Durr zu besichtigen.

Mohammed
ein Frauen-
rechtler?

Liberale Muslime werden Ihnen mitunter den Propheten Mohammed als »ersten Frauenrechtler Arabiens« vorstellen. Er verbot, so werden Sie hören, die Tötung weiblicher Neugeborener und die Prostitution der Sklavinnen. Als Mohammeds bedeutendste Frauen werden Ihnen die Unternehmerin *Ḫadiǧa* und die selbstbewusste Geliebte *ʿAīša* geschildert. Er verkündete das Recht der Frau auf Erbschaft (halb so viel wie der Mann) und lehrte, dass »das Paradies zu Füßen der Mütter liege«, beide Ehepartner gegenseitige Rechte und Pflichten besäßen und den Frauen der Weg zur Bildung geöffnet werden sollte. Er begrenzte die Zahl der Ehefrauen von 40 auf höchstens 4. Er bestimmte, Mädchen nicht ohne ihre Einwilligung zu verheiraten, die Frauen in der Ehe glücklich und zufrieden zu machen und äußerte in einem ebenso berühmten wie häufig missachteten *ḥadīt,* Gott liebe »nichts weniger als die Ehescheidung«.

Ägyptische
Suffraget-
ten?

Während der Aufstände gegen die Engländer stürmten Frauen 1919 erstmals die Straßen. 1923 geriet Hoda Shaarawi, die Tochter des damaligen Parlamentspräsidenten, in die Schlagzeilen: Sie schleuderte nach der Rückkehr von einer Frauenkonferenz in Paris ihren Schleier ins Hafenbecken von Alexandria. Sie

Meilensteine der Emanzipation

▶ Kostenlose Ausbildung an allen Schulen und Universitäten seit 1948.

▶ Freie Berufswahl. 1933 absolvierte die erste ägyptische Rechtsanwältin die Prüfung, 1950 schwenkte die erste Ingenieurin ihr Diplom, 1980 amtierte in Bonn Aischa Rateb als Botschafterin und 2003 wurde Tahany al Gebaly zur ersten Vorsitzende des Obersten Verfassungsgerichts berufen. Die Pilotin Captain Aziza bediente bereits 1940 den Steuerknüppel.

▶ Arbeit an allen Universitäten. An den naturwissenschaftlichen Fakultäten der Kairoer Universität sind 35% der Dozenten weiblich.

▶ Bezahlung nach Leistung, nicht nach Geschlecht.

▶ Renten- und Krankenversicherung.

▶ Freie Meinungsäußerung und politische Betätigung, passives und aktives politisches Wahlrecht ab dem 21. Lebensjahr.

▶ Reisefreiheit von Mutter mit Kindern, sogar alleine ins Ausland, garantiert in den Paragraphen 41, 50 bis 52 der ägyptischen Verfassung.

▶ Personenfürsorge der Mutter für ihre Kinder, selbst nach der Scheidung.

war eine Tochter aus gutem Hause, besonders behütet, gebildet und begütert. Viele ihrer Nachfolgerinnen entstammten den gleichen Kreisen.

Die 1996 verstorbene Schriftstellerin Alifa Rifaat, die als verschleierte Schriftstellerin eine Lanze für sexuelle Erfüllung brach, und die Ärztin und Medizinsoziologin Nawal as Saadawi, die den offenen Kampf gegen Mädchenbeschneidung, Inzest und Polygamie führt, stehen allerdings nur im Ausland hoch im Kurs. Letztere saß 1981 wegen »kommunistischer« Tendenzen sogar im Gefängnis. Als »Ketzerin« sollte sie zwangsweise von ihrem Mann, Sherif Hetata, geschieden werden, weil sie, die Ungläubige, für ihn untragbar sei. Übrigens ein Schicksal, das dem bekannten Koraninterpreten Nasr Hamid Abu Zaid, der heute in Holland lehrt, ebenso widerfuhr: Islamisten hatten 1993 vor einem ägyptischen Gericht, ohne Wissen der betroffenen Eheleute, die Scheidung Abu Zaid's von seiner Frau eingereicht, da die Ehe einer muslimischen Frau mit einem Apostaten nach islamischem Recht ungültig sei.

Gegen die Zwangs-scheidung

Die vitale Streiterin Nawal klagte gegen die Zwangsscheidung und gewann den Prozess. Früher lehnte sie den Schleier ab, inzwischen urteilt sie milder: »Die Islamistinnen sind ein wichtiger Teil der Bevölkerung. Es gibt einige sehr Aufgeklärte, die Frauen innerhalb des Islam befreien und den Koran re-interpretieren wollen«. Und sie betont: »Ich habe nie gesagt, dass wir frei sein wollen wie die westlichen Frauen. In meinen Büchern beschreibe ich, wie unterdrückt die Frauen im Westen sind«. Heute erfreut sich die vitale Ärztin mit dem schlohweißen Haar internationaler Berühmtheit und jettet von Lesung zu Lesung rund um den Globus. In Kairo jedoch finden Sie ihre Bücher vor allem unter dem Ladentisch.

Große alte Dame der Emanzipation

INFO   **Tipps für Au-Pair-Mädchen und Praktikantinnen**

Au-Pair-Mädchen aus Europa sind in der Regel zwischen 18 und 25 Jahre alt, gerade dabei, sich vom Elternhaus zu lösen, noch ledig, neugierig auf Neues und unternehmungslustig – in Ägypten ein hohes Konfliktpotenzial.

▶ Bei über dreimonatiger Aufenthaltsdauer muss eine Arbeitsgenehmigung eingeholt werden, an die eine weitere Aufenthaltsgenehmigung gebunden ist. Das Mädchen muss immer eine Kopie des mehr als sechs Monate gültigen Reisepasses mit sich führen.

▶ Geben Sie, außer bei Behörden, stets an, das Mädchen sei Ihre Nichte. Andernfalls betrachten junge Männer es als Freiwild. Eltern, die ihre unverheiratete Tochter allein ins Ausland schicken, fehlt es, so denken viele, entweder an Geld oder an Selbstachtung.

▶ Europäische Mädchen, vor allem wenn sie etwas mollig sind und deshalb in der Heimat weniger hofiert wurden, verlieren nur allzu gern den Verstand, wenn sie in Ägypten als Schönheitsköniginnen verwöhnt werden.

▶ Suchen Sie eine Gruppe für Ihr Au-Pair-Mädchen, mit der es selbstständig etwas unternehmen kann, ohne sich zu gefährden. Andernfalls bleiben Sie sein einziger Ansprechpartner und stellen eben jene Enge wieder her, aus der sich das Mädchen durch den Auslandsaufenthalt eigentlich befreien wollte.

▶ Für Notfälle oder Gesetzeskonflikte sollten Au-Pair-Mädchen in der Botschaft ihres Landes registriert werden.

▶ Das Mädchen sollte sich dem Arbeitgeber gegenüber schriftlich verpflichten, die Landesgesetze und -sitten zu achten. Dazu gehört der Verzicht auf Alkoholgenuss und Herrenbesuch!

Praktikantinnen bringen im Normalfall wichtige fünf Jahre mehr Lebenserfahrung und Selbstsicherheit mit. Dennoch ziehen auch sie in Ägypten Heiratskandidaten an wie die Motten das Licht. Sie verwandeln sich über Nacht in eine Verheißung von Wohlstand, Auslandsreisen und großer Freiheit. Was die charmanten jungen Männer in ihre angebeteten Helläugigen hinein projizieren, sollten diese wenigstens wissen. Es lohnt sich immer, genau zu prüfen, ob ihre vermeintliche persönliche Ausstrahlung oder doch eher die materielle überwiegt. Denn für einen jungen Ägypter ist es im letzten Jahrzehnt immer schwieriger geworden, ein Visum nach Europa zu bekommen. Die Ehe mit einer Europäerin erscheint deshalb vielen als letzte Chance, der häuslichen Misere und Arbeitslosigkeit zu entfliehen. Viel Enttäuschung könnte vermieden werden, wenn die begeisterten jungen Frauen sich mit den Mitgliedern des »Binationalen Austausch-Zentrums Kairo« (BAZ) im Schweizer Club im Stadtteil Imbaba unterhalten und auf den Boden der Tatsachen bringen lassen würden.

Tipps für alleinreisende Frauen

Eigentlich reist eine Frau in Ägypten nicht allein. So einfach ist das. Diese Ausländerinnen aber brüskieren alle Welt. Dass sie keine Ehre im Leib haben und zu jedem ins Bett steigen, belegt jeder Hollywood-Streifen. Mittlerweile haben ägyptische Männer das hinzunehmen gelernt und ziehen ihren Vorteil daraus. Ein ganzes Heer von Verehrern lauert an Touristenorten darauf, nicht mehr ganz so junge einsame Herzen zu beglücken: »Mein ganzes Leben wartete ich nur auf Dich. Lass uns eine gemeinsame Zukunft in diesem herrlichen Klima aufbauen …« Wenn die geprellten Damen am Ende des Urlaubs oder auch erst daheim, um eine Hoffnung, einige Schecks und ihre Ersparnisse leichter, verzweifelt beim deutschen Konsulat in Kairo anrufen, hilft auch kein Anwalt mehr. Denn die Nordlichter haben, überwältigt von der Schönheit arabischer Gesänge und tropischer Nächte, einseitige, für sie undurchschaubare Verträge unterschrieben oder schlimmstenfalls gar einer Scheinehe zugestimmt.

Ein wenig Vorsicht sollten Sie bei allen romantischen Abenteuern schon walten lassen! Kein Ägypter mit respektabler Kinderstube würde versuchen, Sie anzufassen, ohne dass die jeweiligen Familien einbezogen wären.

▶ Versuchen Sie, Kontakt zu weiblichen Reisenden aufzubauen. Dann brauchen Sie nicht dauernd abweisend dreinzuschauen, denn das strengt an. Zu zweit oder in der Gruppe macht die Reise viel mehr Spaß, und aufdringliche Verehrer trauen sich weniger an Sie heran.

▶ Steigen Sie niemals in ein »Privattaxi« ohne amtliche Nummer!

▶ Nehmen Sie Einladungen zum Essen nur an, wenn sie von einem Ehepaar ausgesprochen werden. Sollte Ihr Verhandlungspartner unwiderstehlich sein, so warten Sie mit der Verabredung, bis er Ihr Land besucht. Wollen Sie abends ausgehen, laden Sie einige Frauen einer Firma, mit der Sie geschäftlich zu tun haben, oder andere Ausländer dazu ein. Die Rechnung bezahlen Sie.

▶ Tragen Sie einen Ehering an der linken Hand. Erzählen Sie von – getrost erfundenen – Kindern, setzen Sie sich ins Frauenabteil der Metro, wechseln Sie den Platz im Zug, wenn der Dicke neben Ihnen zu nahe rückt, bleiben Sie nicht mit dem Fremdenführer als Letzte in der Bar hängen, steigen Sie wieder vom Kamel, wenn der Kameltreiber zu hilfsbereit mit aufsteigt. Entfernen Sie sich nicht von der Gruppe!

▶ Wenn Sie sich bedroht fühlen, schreien Sie laut in welcher Sprache auch immer, und suchen Sie Licht und Gesellschaft! Vergewaltigungen, auch nur versuchte, müssen in langwierigen Verhören mit männlichen (!) Polizisten dokumentiert werden, in der Regel ohne Konsequenzen für den Täter. Die meisten Opfer ziehen es schließlich vor, das Land so schnell wie möglich zu verlassen.

Vom gehüteten Stammhalter zum Patriarchen

*Der Erst-
geborene
genießt
Vorrechte.*

Sie werden es ahnen: Als Sohn auf die Welt zu kommen bringt nicht nur Privilegien, sondern auch Verantwortung und Pflichten. Wie ein Augapfel wird der
Spross gehütet, Kinderkrankheiten hängen drohend wie ein Damoklesschwert
über der Wiege. Manchmal hüllt die Mutter ihren Schatz in Mädchenkleider,
damit die Nachbarn nicht neidisch werden.

Selbstverständlich schuldet der Sohn seiner Mutter Respekt, gehorchen jedoch
muss er vor allem dem Vater. Ein Erstgeborener darf als erster seine Ausbildung
beenden und zuerst heiraten. Die nachfolgenden Geschwister müssen warten,
bis sie an der Reihe sind.

Jungen wird zugestanden, dass sie »wild« spielen wollen, auch einmal grob zu-
fassen, Schläge austeilen und einstecken. Man sieht ihnen nach, wenn sie Tiere
quälen, freche Antworten geben oder unsachgemäß an einem Touristenauto
herumhantieren. Kommt der Knabe aus der Mittelschicht, so hat er schulische
Leistung und später beruflichen Erfolg vorzuweisen. Mutter und Schwestern erwarten, dass er sie ab und an zu einem weit entfernten Schneider, ins Kino oder
zum Arzt begleitet oder Besorgungen erledigt, die »einer Frau unmöglich zuge-
mutet werden können«.

Stolzer
Vater mit
seinen
Söhnen,
Nildelta

Ein Heirats-kandidat braucht Geld

Zum Ausgleich verfügt der junge Mann über die Freiheit, abends mit Freunden in Cafés, Nachtclubs oder Sportvereinen unbeaufsichtigt zu tun und zu lassen, was er für richtig hält. Als Freier darf er schmachtende Gedichte zitieren und verzückt die Augen rollen. Ein schöner Mann darf gern etwas braunhäutig (ʾasmar أسمر) sein. Die schönste und verführerischste Zierde des Verehrers aber ist eine ausgebeulte Tasche, die den prallen Geldbeutel verrät. Brautpreis und Wohnung, zwei schwere Lasten, drücken oft jahrelang auf seine Schultern. Hat er sich endlich zur guten Partie entwickelt, muss er sich abrackern, um seiner Frau ein angemessenes Leben zu bieten. Der Zwang, Geld zu verdienen, drückt den Armen Tag und Nacht. Für sich selbst bleibt ihm wenig Zeit, und sein Gefühlsleben droht auf der langen Jagd nach Wohlstand und Wohlanständigkeit zu vertrocknen. Während die Braut über die gesamte Wohnungseinrichtung, Schmuck und Kleidung verfügt, gehören ihm häufig nur einige Kleidungsstücke und persönliche Habseligkeiten.

Ein freundlicher Ehemann erfreut, und wohnte er auch in der Wüste, ein missmutiger Ehemann bekümmert, und wohnte er auch in einem Schloss.«
Arabisches Sprichwort

Männlich-keit

Eine Ehe ohne Kinder kann auch er sich nicht vorstellen. Er genießt es, mit Kindern zu spielen. Es verwundert niemanden, wenn ein Vater seine kleine Tochter zärtlich auf den Armen trägt, mit seinen Kindern scherzt, spielt und schäkert. Seiner Männlichkeit tut dies keinen Abbruch. Auch wenn es an die Hausaufgaben geht, richten sich aller Augen erwartungsfroh auf ihn.
Andere Dinge dagegen kann man beim besten Willen nicht von ihm verlangen: Zum Beispiel offene Kritik von Familienmitgliedern ertragen, Windeln wechseln, Geschirrspülen, Waschen, Putzen oder Kochen. Ein Mann, der seiner Familie oder gar den Gästen seiner Frau Tee servierte, ginge als Revolutionär in die Geschichte ein. Allerdings sind Revolutionäre der Wohnstube in Ägypten derzeit wenig gefragt.

Eine Frage der Ehre

Ehrverlet-zung …

Ehre (šaraf شرف) ist dem Menschen von Geburt an gegeben. Die Ehre muss der Mann schützen und verteidigen. Wer seine Ehre aufs Spiel setzt, indem er Normen missachtet, stellt sich selbst außerhalb der Gemeinschaft. Schande (ʿaib عيب) kennzeichnet den Verlust der Ehre.

… erfordert Revanche.

Wehe, jemand zweifelt an seinen Fähigkeiten oder macht ihn womöglich zum Gespött. Eine abschätzige Bemerkung über ihn oder seine Familie verlangt unweigerlich Genugtuung. Derartige Beleidigungen darf »Mann« nicht auf sich beruhen lassen. Beim Streit kann es daher laut und hitzig zugehen.

Wortge-fechte

Oft liefern sich die Gegner ausgedehnte, lautstarke, dramatische Wortgefechte und bedrohen einander sogar mit Fäusten, Stöcken und Messern. In der Regel aber halten sie mit ernsthaften, körperlichen Angriffen so lange zurück, bis sich genügend Zuschauer versammelt haben. Denn diese – so verlangt es das Ritual – halten alsdann die Kampfhähne mit vereinten Kräften zurück und versuchen, sie zu beschwichtigen, damit niemand wirklichen Schaden davonträgt. Auf diese Weise haben alle Umstehenden öffentlich erfahren, dass beide Parteien den Fehdehandschuh aufgenommen und ihre Ehre verteidigt haben. Zugleich ist es gelungen, eine Eskalation zu vermeiden – ein Kampf um die Ehre ohne Sieger oder Besiegte. Wissen um dieses Werteverständnis hilft Ihnen, wenn Sie sich geschäftlich mit Ägyptern auseinandersetzen müssen. Drängen Sie Ihren Gegner nie in die Ecke. In dieser Phase des Gefechts kann er seinen Fehler um keinen Preis eingestehen. Sie werden auch mit Schriftsätzen und Protokollen nichts erreichen. Erst wenn er scheinbar freiwillig nachgeben kann, lassen sich Kompromisse schließen.

Über Würde und Ansehen

Ehre hat man, Ansehen gilt es zu erwerben:

Ehre hat man. Ansehen erwirbt man. *Karāma* (كرامة) kann der Mann im Gegensatz zu *šaraf* durch eigene Leistung erwerben und vermehren. Freigebigkeit und Großzügigkeit werden unweigerlich mit Ansehen belohnt. Sie wissen, Geiz ist die hässlichste aller Untugenden … Doch muss die Großzügigkeit nicht unbedingt aus bloßer Selbstlosigkeit heraus erfolgen, sie darf gezielt das Ansehen des Gebers in der Öffentlichkeit stützen.

Wer von einer längeren Reise heimkehrt, hat die gesamte ägyptische Verwandtschaft und alle Freunde mit Geschenken zu versorgen. Der Ausflug etwa nach Europa gilt erst dann als besondere, beachtenswerte Leistung, wenn viele andere aus ihm Freude und Nutzen ziehen können.

Erwarten Sie ägyptischen Besuch bei sich zu Hause in Europa und haben für ihn bereits aufwändige Pläne geschmiedet, drei Museumsbesuche, eine Burgbesichtigung, Gespräche mit illustren Personen, so streichen Sie getrost die Hälfte. Der Arme muss in zahllosen Kaufhäusern ellenlange Listen von Mitbringseln abhaken, um daheim in Gnaden wieder aufgenommen zu werden.

durch Großzügigkeit, …

Einen guten Anlass, *karāma* zu mehren, bieten endlose, reich gedeckte Speisetafeln bei Verlobungs-, Hochzeits- und anderen Familienfeiern. Wer viel Geld besitzt, muss davon hin und wieder etwas abgeben, wenn er sich nicht den Ruf eines Geizhalses (*baḫīl* بخيل) einhandeln will. Im Alltag beschränkt sich dies auf eher symbolische Gesten wie Trinkgelder oder Zigaretten. Da Sie als Ausländer im Ruf unermesslichen Reichtums stehen, können Sie sich denken, was von Ihnen erwartet wird …

Frömmigkeit …

Auch Frömmigkeit steht einem Manne gut an. Er hat sich regelmäßig zur Moschee zu begeben, alle religiösen Pflichten zu beachten und innerhalb seiner Nachbarschaft durch Wohltätigkeit aufzufallen.

und Grundsatztreue.

Weiterhin ziert es den Mann, wenn er seinen Grundsätzen treu bleibt. Er fährt am besten sein Leben lang eine gerade politische Linie, behandelt sein Personal gerecht, versorgt seine Eltern im Alter, straft seine Kinder bei Bedarf, bedient seine Kunden zuverlässig und zuvorkommend. Kluges Taktieren geschieht diskret, um nicht als Opportunismus ans Tageslicht zu treten.

Ansehen kann Ihnen auch auf ganz einfache Weise zuwachsen: mit den Jahren nämlich. Besonderen Respekt genießen ältere Menschen, die bei Zwistigkeiten als Schlichter auftreten. Personen mit Lebenserfahrung eignen sich erfahrungsgemäß am besten, um bei Liebeskummer, Erziehungsproblemen und Ehekrisen zu vermitteln.

Das Alter

Das Alter *(ʾAšaiḫūḫa* الشيـخـوخة*)* gereicht zur Ehre. Ein Scheich *(šīḫ* شيـخ*)* ist zunächst einmal ein alter Mann. Weil er auf eine stattliche Zahl von Lebensjahren zurückblicken kann, ernennen ihn die Jüngeren in Dörfern zum Bürgermeister, in der Moschee zum Schriftgelehrten, in Genossenschaften zum Sprecher, an der Universität zum Rektor.

Fällt der Greis zurück in kindliche Hilflosigkeit, nennt man ihn *ʾaǧūz* (عـجـوز*),* der noch immer selten in ein Altersheim *(bait al ʾaǧaza* بيت العجزة*)* zieht. Die älteren ägyptischen Bezeichnungen »Bettler-Asyl« und »Waisenhäuser für Alte« sprechen Bände, denn alte Menschen lebten selbstverständlich bis zu ihrem Tode im Schoße ihrer Familien.

Verwirrt registrieren die heute 60jährigen in Ägypten, wenn ein gleichaltriger Europäer, aufs Unwürdigste in Shorts gekleidet, oder eine halbnackte Seniorin sich aufführen, als steuerten sie gerade auf den 16. Geburtstag zu. Alter verpflichtet zur Verhüllung der nicht mehr so appetitlichen Blößen, dunklen Farben und gemessenem Benehmen.

Der Freund

»Wer Freunde ohne Fehler sucht, bleibt ohne Freund.«
Arabisches Sprichwort

Als »Aufrichtiger«, als Freund *(ʾAṣ ṣadīq* الصديق*)*, füllt der Mann eine wesentliche Rolle in seinem Leben aus. Mit einem Freund streift er Hand in Hand, Arm in Arm durch die Straßen, durch die Büroflure; mit einem Freund lassen sich herrliche Witze reißen, andere Leute necken. Er hilft aus misslichen Situationen, auch wenn man ihn Jahre nicht gesehen hat; er leiht Geld und besorgt Dinge, die sonst kaum zu bekommen sind; er fährt um 4 Uhr früh durch die Stadt, um ein Medikament für Sie zu besorgen; er macht Unmögliches möglich. Nur zwei Dinge nimmt der Freund übel: wenn Sie sich für seine Frau interessieren und wenn Sie ihm Geld anbieten für einen Dienst, der womöglich Gold wert war. Ein Mann, der Sie als Mann zum Freund erkoren hat, muss nicht unbedingt auf der gleichen sozialen Stufe stehen wie Sie. Er mag gut und gern Ihr Bürodiener oder der Grossist sein, mit dem Sie ständig verhandeln. Sieht dieser in Ihnen einen Freund, dann können Sie sich fortan für seine Zuneigung nur noch erkenntlich zeigen, indem Sie Augen und Ohren für seine Bitten offen halten. Weht er eines Ta-

Freunde bezahlt man nicht!

ges mitsamt Familientross zu Besuch herein, dann hat Ihr Stündlein der Dankbarkeit geschlagen. Als sein Freund bringen Sie ihm von jeder Heimreise Geschenke mit und bemühen sich, auch seinen Neffen in Ihrer Firma unterzubringen.

Seelenwär- mer und Gesprächs- partner

Da die Ehefrau, eingesponnen in ihre Rolle, oft ein völlig andersartiges Leben führt und daher kein Interesse an den Themen der Männerwelt entwickeln kann, benötigt der Mann seine Freunde dringend als Seelenwärmer und Gesprächspartner: Sie allein verstehen ihn wirklich.

INFO

Tu & Tabu von Frau zu Frau

Tu! Alles, was Ihre Großmutter unter »Dame« verstand, dürfen Sie jetzt ungehemmt spielen: Beine nebeneinander, Rock übers Knie, Ausschnitt hoch, Hände gepflegt, Beine unter züchtigen Strümpfen enthaart.

Tabu! Laute Stimme, lautes Gelächter, besserwisserische Bemerkungen.

Tabu! Flirten mit Unbekannten in der Öffentlichkeit. Schon intensiver Augenkontakt mit fremden Männern kann als Nötigung gedeutet werden.

Tu! Tritt Ihnen, was selten geschieht, jemand tatsächlich zu nahe, so prüfen Sie schnell die Situation. Sind Sie allein mit dem Angreifer, so müssen Sie sich, genau wie zu Hause, mit kluger Hinhaltetaktik aus der Affäre ziehen und versuchen, wieder in die Nähe von Menschen zu gelangen. Diese werden für Sie Partei ergreifen und den Übeltäter in die Flucht schlagen. Ein schrilles »Lass ab!« *(ḥallīk!* خليك), »Sünde!« *(ḥarām!* حرام) »Benehmen Sie sich!« *(ᵓiḥtirim nafsak!* احترم نفسك) alarmiert. Auch ein Schrei nach der Polizei wirkt: »*Būlīs!*« Gewährenlassen bedeutet Zustimmung.

Tabu! Auch wenn Sie es gewohnt sind: In Gesellschaft zupfen Sie nicht an Ihrem Freund oder Ehemann herum, zeigen keine Zärtlichkeit und erst recht keine Meinungsverschiedenheit.

Tu! Im Beruf honigsüß und knallhart bleiben: eine Lederfaust im Seidenhandschuh.

Tabu! Bei Abendeinladungen dürfen Sie nur unter Männern herumschwirren, wenn andere Frauen es auch tun. Auch wenn Sie sich im Damenkränzchen abgestellt fühlen, müssen Sie interessante weibliche Gesprächspartner suchen. Hilft nichts, dort ist Ihr Platz.

Tu! Versuchen Sie, den manchmal sehr seichten Ton einer Frauenunterhaltung zu ertragen. Plaudern Sie mit über Kinder, Schuhmode, Brustoperationen und Sonderangebote. Auf einmal entpuppt sich irgendeine Frau als sympathisch, hochintelligent und beschlagen, der Sie es nie zugetraut hätten. Denn auch sie hat möglicherweise »nur ihre Frauenrolle« gespielt.

Tu! Rufen Sie Ihre Freundin lieber einmal zu viel als einmal zu wenig an. Zögern Sie nicht, sie um eine Gefälligkeit zu bitten. Sie wird sich geehrt, gut und großzügig fühlen.

Tu & Tabu von Mann zu Mann

Tu! Begrüßen Sie ältere Männer stets zuerst und erweisen Sie ihnen besondere Achtung. Der Jüngere schlüpft immer in die Rolle des Sohnes.

Tabu! Stellen Sie sich nicht auf eine Stufe mit Jüngeren. Alter verpflichtet. Wer sich kumpelhaft anbiedert, zieht schlechte Karten.

Tabu! Lassen Sie keine ironischen Bemerkungen über die Familie des Partners fallen, vor allem nicht über deren weibliche Mitglieder!

Tabu! Lassen Sie keine freundlichen Grüße an die Frau, Tochter etc. ausrichten.

Tabu! Rügen oder verbessern Sie Fehler eines Kollegen nie vor Dritten, auch wenn seine Patzer zum Himmel schreien.

Tu! Äußern Sie Kritik nur unter vier Augen und bei geschlossener Tür.

Tabu! Reagieren Sie nicht erbost, wenn Ihr Partner seine Fehler nicht korrigiert. Er hält sich an die Weisheit »Sich entschuldigen ist schlimmer, als sich vergehen«.

Tu! Erwidern Sie als Mann die Männerfreundlichkeit. Rückt der andere Ihnen im Gespräch auf »die Pelle«, freuen Sie sich. Distanz bedeutet Zurückweisung.

Tu! Erstatten Sie die erfahrenen Liebenswürdigkeiten bei passendem Anlass, das heißt, Sie bezahlen sie nicht!

Tu! Auch wenn Sie sich bei einer Abendeinladung lieber mit den Damen unterhalten würden, bleiben Sie da, wo Sie hingehören: in der »Männerecke«.

Tabu! Anspielungen auf Homosexualität werden übel, Potenzprotzereien begeistert aufgenommen.

Händchenhalten als Freundschaftsbeweis, diese Szene hat nichts Anrüchiges.

Die Liebe

ʾAl ḥubb (الحبّ) – die Liebe umfasst die Liebe zu allen Geschöpfen Gottes, die Liebe zum Vaterland, die Liebe zu unnahbaren, fernen Idealen. Umm Kulthum, die »Nachtigall vom Nil«, eine mollige Sängerin, habe, so schwärmen viele ältere Ägypter, die Liebe neu gelehrt. Sie sang von 1930 bis 1973 allwöchentlich Liebeshymnen im arabischen Stil. Wenn Sie sich einmal in einer stillen Stunde eine Kassette von Umm Kulthum anhören, die schrillen und die dunklen, die minutenlang gezogenen Töne, ihre Refrains, immer und immer wieder mit winzigen Abweichungen wiederholt, wenn Sie sich dann vorstellen, dass beim Klang dieser Lieder ganz Arabien in Tränen ausbrach, dass zu ihren Live-Sendungen im Fernsehen die Straßen leergefegt waren wie bei uns während des Endspiels einer Fußballweltmeisterschaft – dann beginnen Sie zu verstehen, dass »Liebe« in Ägypten einfach anders klingt.

Ein allumfassender Begriff …

Als da wären: Die geteilte Liebe, die Gottesliebe (maḥabba محبّة); der Wunsch, die Liebesglut (ʾišq عشق); der glühende Wunsch, die Sehnsucht (šauq شوق); die starke Neigung (hawā هوى); brennende Liebe (kalaf كلف); Leidenschaft (ǧaram جرم); Liebeskummer (lauʾa لوعة); verschlingende Liebe (lāʾiǧ لاعج) – das sind nur einige Ausdrucksformen für Liebesgefühle. Wenn der Liebende liebeskrank wird, heißt es tabl (تبل); taim (تيم), wenn der Liebende ein Sklave seiner Leidenschaft wird; tadlīh (تدليه), wenn er den Verstand und huyām (هيام), wenn er die Hoffnung verliert und irre wird … Welche Kultur der Liebe, wie viele Nuancen enthüllt dieser reiche Wortschatz!

… mit vielen Nuancen.

Gönnen Sie sich das Vergnügen, melodramatische Spielfilme anzuschauen, in denen Vaterliebe, Mutterliebe, Geschwisterliebe, Gattenliebe, Sohnesliebe, heimliche Liebe, verbotene Liebe und tragische Liebe die Hauptrollen prägen. Man staunt, wie viel Leidenschaft sich Bahn bricht, und was die Zensur alles durchgehen lässt!

Den Teufel im Leib – die Sexualität

Eva, die den Apfel pflückte und weitergab, diente dem Satan als Werkzeug und entwertete die Nacktheit zur Sünde. Eva prägte die Geschlechterbeziehung in jenen drei großen Religionen, die alle im Nahen Osten entstanden: Für Juden, Christen und Muslime hat die Frau den Teufel im Leib.

Mohammed legte, im Unterschied zu früheren Propheten, präzise Regeln für Liebesleben und Alltag fest, an denen wenig zu deuteln bleibt. Er definierte Sexualität nicht als Sünde, sondern als eine Freude des Lebens, ja sogar eine der Wonnen, die den gläubigen Muslim nach dem Tode im Paradies erwarten.

Präzise Regeln für das Liebesleben

Die Auflösung der gottgewollten Ordnung (fitna فتنة) droht jedoch von Eva her und könnte die irdische Gesellschaft in den Untergang treiben. Der Prophet sah das so: »Kein anderes Wesen, dem es an Geist und Glauben mangelt, ist so wie ihr Frauen imstande, Männer von Vernunft und Weisheit zu besiegen.« Er

Den Teufel im Leib? Ägypterinnen in Suez

warnte eindringlich:»Geht nicht in die Häuser jener, in denen Getrennte, das heißt Frauen, deren Männer abwesend sind, wohnen. Denn einen von euch wird der Satan packen, plötzlich, wie ein Zornesausbruch.«

Letzten Endes stellte bereits Mohammed die Einehe als Ideal dar, wiewohl er selbst sich nicht daran hielt. Es blieb schließlich beim Recht des Mannes auf vier Frauen, die alle gleichberechtigt zu behandeln sind. Dies gilt auch noch heute in Ägypten!

Ausgehend von der Unfähigkeit einer Frau, sich gegen körperliche Gewalt zu verteidigen, und überzeugt von ihrer Macht zu betören, entwickelten Philosophen wie Abu Hamid al Ghazali eine Gesellschaftsordnung, die sich tausend Jahre hielt. Sobald mehr als vier Augen zuschauen, ist in Ägypten alles verboten, was nicht ausdrücklich erlaubt wurde. Ein Mann schaut keine Frau an, die ihm nicht angetraut oder nicht mit ihm verwandt ist. Er unterlässt es sogar, sie im Fahrstuhl zu grüßen, um sie nicht zu kompromittieren. Er betritt ihre Wohnung nur, wenn sie männlichen Schutz bei sich hat. Der strenggläubige Frauenarzt untersucht seine Patientinnen auch in Anwesenheit der Sprechstundenhilfe nur unter einem schützenden Tuch. Ein junger Mann verkehrt vor der Hochzeit mit keiner Frau, meist wird er mit seiner Verlobten kaum allein gelassen. Zeitschriften mit unzüchtigen Bildern muss er meiden, Prostitution verschwand – offiziell verboten – nach der Revolution in den Untergrund. Selbstbefriedigung ist für Mann und Frau tabu.

Stellen Sie sich einen 30jährigen vor, der noch immer nicht genügend verdient, um eine Familie zu gründen und seinen Gefühlen rechtmäßig freien Lauf zu lassen. Wenn ihm nun die berüchtigte Kreuzfahrt-Touristin über den Weg läuft, das blonde Haar wallend, der Busen im trägerlosen T-Shirt hüpfend, die Beine unter den Shorts schlicht nackend, dann erfüllt sie für ihn den Straftatbestand der sexuellen Nötigung.

Frauen müssen alles unterlassen, was fremde männliche Begierde wecken könnte. Vom »gefährlichen Klirren der Armbänder und Fußreifen«, bereits im Koran erwähnt, bis zum offenen Haar, das einen beschämenden Mangel darstellt (*'aura* عورة) soll sie jede Provokation meiden. »Das Gesicht soll frei sein von Puder, Aussehen und Stimme der Frau sollen Respekt einflößen«, rät der Groß-Scheich.

»Ein Mädchen«, sagt man, »ist wie ein Streichholz: Du kannst es nur einmal entzünden.« Die »Ehre« kann bei den Reichen von kunstreicher Ärztehand vor der Hochzeitsnacht oder bei den Armen mit Hühnerblut in der Hochzeitsnacht wiederhergestellt werden. Abtreibungen dagegen bleiben oft Laien überlassen und enden nicht selten tragisch. Derlei Korrekturen der Natur dürfen natürlich nicht ans Licht gelangen.

Sexualität sollen Frau und Mann in der Ehe hinter verschlossener Tür genießen. Genau dort aber klappt es oft nicht. Die vielfachen Verklemmungen der Erziehung hindern junge Paare am Glück zu zweit. Filmemacher Salah Abou Seif durfte nicht mehr erleben, wie sein Aufklärungswerk »Sex-Schule« uraufgeführt wurde. Dreißig Jahre kämpfte er gegen die Windmühlenflügel der Zensur. Erst sein Sohn Mohammed konnte den Film unter dem Titel »Pfau und Vogel Strauß« in Szene setzen. Die Story: Pfau Hamdy stolpert in seine ersten Erfahrungen mit Prostituierten, weil Liebe und Sex für ihn wenig miteinander zu tun haben, während seine von ihm geliebte, scheue Frau, der Vogel Strauß, ihn flieht. Sie wurde als Kind beschnitten und ihr graut vor seinen Annäherungsversuchen. »Ich halte das nicht mehr aus. Ich bin seit drei Jahren mit einer Mauer verheiratet!«, schreit der Pfau sie endlich an. Das Publikum erlebt sodann die Therapie der beiden, sehr dezent bebildert.

Interessant, das Verhalten der Zensur an diesem Beispiel zu verfolgen: Im moralisch liberaleren Nasser-Zeitalter wurde dieser Film, der in puncto Freizügigkeit nicht einmal Beate-Uhse-Niveau erreicht, verboten, in der wesentlich konservativeren Gesellschaft des Jahres 2002 jedoch erlaubt. Warum? Die Zensurbehörden wollen offenbar extrem frommen Strömungen ein liberales Gebaren entgegensetzen und konzentrieren sich heute auf Verbote von religiösen Tabubrüchen, um eben jene Fundamentalisten nicht auf die Barrikaden zu locken.

Gelockerte Zensur

Wie alle Dinge, lässt sich die Sexualität nicht losgelöst vom sozialen Status betrachten. Was der Marktfrau ziemt, kann die Chemikerin nur schaudern lassen. Scham und Schleier waren bereits im Mittelalter Privilegien der Frau aus gehobenem Stande. Wer weit unten in der gesellschaftlichen Rangfolge lebt, muss sich um viele Ge- und Verbote hingegen nicht scheren.

Homosexualität ist tabu und es gibt, zumindest in Oberägypten, nichts Schmählicheres als die sexuelle Beziehung unter Männern. Dabei zieht der passive Partner die Ehre seiner Familie tiefer in den Schmutz als der aktive. Eine Parallele also zum vernichtenden Urteil über eine vergewaltigte Frau, die den Überfall manchmal auch noch mit dem Tode bezahlt. Als die Polizei 2001 zur Jagd auf Homosexuelle blies, lautete die Anklage auf »Erregung öffentlichen Ärgernisses, Ausschweifung und Perversion«; den Hauptangeklagten wurde Verunglimpfung des Islam vorgeworfen. Darauf stehen bis zu fünf Jahre Gefängnis.

Homosexualität ist tabu.

Das 2006 verfilmte Buch des Zahnarztes Alaa El-Aswani, der die Bewohner des »Jakobinischen Hauses«, einen Zuhälter, einen Homosexuellen, einen Drogendealer und einen religiösen Fanatiker schonungslos als zeitgenössische Wirklichkeit beschreibt, löste in Ägypten eine breite Diskussion über Tabus und Heuchelei aus.

Die Beschneidung

Durch den Brauch der Beschneidung soll auch der letzte Rest anatomischer »Ähnlichkeit« zwischen den Geschlechtern getilgt werden. Einige Anthropologen vermuten, dass der afrikanische »Urmensch« im Pleistozän bisexuell angelegt war, so dass er erst durch diesen rituellen Eingriff seine vollständige Weiblichkeit und Männlichkeit erlangen sollte. Die Schamlippen des Mädchens wurden den Naturgottheiten geopfert. Initiationsriten verlangten, dass der Penis des Jungen befreit und gereinigt werde am siebten Tage seines Lebens. Um diese *ḫitān* (ختان) zu feiern, strömt noch heute die ganze Verwandtschaft zusammen.

Initiationsriten

In einigen Dörfern ist die Beschneidung von Mädchen noch üblich.

Proteste gegen die weibliche Verstümmelung

Ein kontroverses Thema

Die pharaonische Beschneidung der Mädchen, noch immer gängige Praxis im Sudan, in Somalia und einigen Dörfern Südägyptens, entfernt nicht nur Teile der Schamlippen und ein Stück der Klitoris, sondern umfasst auch das Zunähen der Scheide bis auf eine kleine Öffnung, durch die Sekret abfließen kann. Frauen- und Menschenrechtsorganisationen in aller Welt nennen diese Verstümmelung kurz »FGM« *(Female Genital Mutilation)*.

Das ägyptische Recht verbietet die Beschneidung von Mädchen, worum sich aber wenige scheren. Trotz enormer Widerstände von Ärztinnen und Nichtregierungsorganisationen verletzen Hebammen und Kurpfuscher täglich kleine Mädchen mit Glasscherben und unsterilen Messern. Den Gegnern und Gegnerinnen ist bewusst, dass sie ihre Ziele nur mit gesundheitlichen Argumenten, keinesfalls aber mit der Forderung nach sexueller Befreiung erreichen. Aber glauben Sie nur nicht, Ihre Unterstützung sei gefragt. Weit gefehlt! Die engagierten ägyptischen Frauen verwahren sich lautstark gegen westlichen Applaus. Dass das Thema in Talkshows heute in Ägypten öffentlich erörtert wird, verdanken die Frauen, oh Wunder, dem Schleier. Unter dem Schutz der Ehrbarkeit lässt sich auch über sehr Heikles reden.

Viel Aufsehen erregte eine Talkshow im kuwaitischen Sender *Al-Rai TV* im März 2006. Der Theologie-Dozent der Azhar-Universität Muhammad Wahdan stritt sich öffentlich mit der ägyptischen Juristin Malika Zarrar über die Beschneidung von Mädchen. »Beschneidung ist ein Verbrechen, sowohl im Sinne des bürgerlichen wie des islamischen Rechts«, darauf besteht die Universitätsdozentin Zarrar. Die Argumentation des Theologen dagegen ist so interessant wie bestürzend, dass ich sie hier in Auszügen zitiere:

»... Sara war sehr eifersüchtig auf Hagar, als diese von Abraham schwanger wurde. Sie schwor bei Gott, dass sie Hagar drei Körperteile abschneiden würde. Weil Abraham fürchtete, dass sie Hagar Nase und Augen ausschneiden würde, befahl er ihr, Hagars Ohren zu durchstechen und sie zu beschneiden. So begann die Beschneidung von Frauen in der Geschichte ...

Wenn die Beschneidung heute für so viel Aufregung sorgt, dann liegt das daran, dass falsch damit umgegangen wird ... Ich sage all unseren Zuschauern, dass ich gegen die pharaonische Beschneidung bin, die in Ägypten immer noch praktiziert wird ... Sie ist verboten. Ich bin absolut gegen das komplette Entfernen der Klitoris, weil das verboten ist und Gott nicht gefällt... Auch Kalif Omar sagte zur Beschneidung: ›Wenn Du die Verkleinerung *(ḥifaḍ* خفاض*)* durchführst, lasse immer einen Teil übrig.‹ Dies beweist, dass die Beschneidung bei den Arabern zu Zeiten Omars gebräuchlich war ... Die *ḥifaḍ* ist aber nicht für alle Mädchen gedacht, sondern nur für einige ... Einmal rief mich ein Mädchen an – es ist ja kein Grund, sich zu schämen, wenn man Fragen zur Religion hat – und fragte: ›Wenn ich mit der U-Bahn fahre und enge Jeans trage, dann erregt es mich sehr, was soll ich tun?‹ ... Ich habe einen Arzt gefragt, der mir sagte, dass die Klitoris dieses Mädchens wohl sehr hoch sitze und ein kleiner Teil abgeschnitten werden müsse ... Wir müssen alle Mädchen zu einem muslimischen Arzt bringen, der darauf spezialisiert ist und bestimmt, ob sie eine *ḥifaḍ* brauchen oder nicht. Wenn ein Mädchen eine Beschneidung benötigt, sollten wir sie durchführen und falls nicht, dann sollten wir es lassen. Soll ich etwa einen islamischen Brauch und ein Gesetz Gottes leugnen?«

Die Argumentation des Azhariten Wahdan zeigt, was alle Theologen bestätigen, dass es nämlich keinen Text im Koran gibt, der die weibliche Beschneidung rechtfertigt. Er kann das angebliche »Gesetz Gottes« nicht belegen und beruft sich auf Traditionen. Nachgewiesen sind dagegen die medizinischen Komplikationen, die aus den Eingriffen entstehen. Auch von offizieller Seite wird gewarnt vor Entzündungen, Blutvergiftung und Sterilität. Von den verheerenden psychischen Folgen ganz zu schweigen.

Hinter vorgehaltener Hand bricht sich die Erkenntnis Bahn, dass eine beschnittene Frau sich ihrem Ehemann eher verweigert als eine unbeschnittene. Dies war in Zeiten, als neben den »Ehrbaren« auch Konkubinen zur Auswahl standen, kein Problem. Doch je mehr sich die Einehe durchsetzt und der Mann auf diese eine Partnerin angewiesen ist, die heute alle Funktionen erfüllen muss, die sich früher viele teilten – die kocht, Kinder gebärt und stillt –, desto größere Bedeutung gewinnt die Befriedigung der Sexualität innerhalb der Ehe.

Bestürzende Argumentationen

Der Koran rechtfertigt die Beschneidung nicht.

Die Ehe – eher ein Vertrag

»Im Jahr 1995 waren in Ägypten 1200 polygame Ehen mit vier Frauen, 9000 mit drei und 12 000 mit zwei Frauen registriert. In jenem Jahr unterschrieben 519 000 Ehepaare ihren Vertrag und 83 000 Paare ließen sich scheiden«.
Courrier International, No. 488, März 2000

Für die Kopten ist die Ehe ein Sakrament …

Für Kopten steht die Ehe *(النكاح)* als Sakrament in einer Reihe mit den geheiligten Vorgängen der Taufe, Firmung, Beichte, Krankenölung, Priesterweihe und des Abendmahls. Mit dem »Tempelschlaf« stärkten gläubige Ehepaare früher ihre Bindung an Gott: Sie übernachteten an bestimmten Tagen des Kirchenjahres in der Kirche. Eheleuten klingen die Bibelworte im Ohr: »Sie sind ein Fleisch«. Die ebenfalls biblische Weissagung, das Paar werde Vater und Mutter verlassen, widerspricht aber ägyptischer Tradition, auch unter Kopten.

… und gilt als unauflöslich.

Viele koptische Eltern halten ihre erwachsenen Kinder an der Leine, weil sie fürchten, ihr Glaube könne den Anfechtungen der muslimischen Umwelt nicht widerstehen. Eheschließungen unter entfernt oder näher Verwandten waren lange üblich und lassen sich auf dem Lande manchmal immer noch nicht vermeiden, weil zu wenige koptische Anwärter zur Verfügung stehen.

Als Sakrament lässt sich die koptische Ehe nicht durch Scheidung lösen. Nur den nicht-katholischen Christen wurde 1981 die Scheidung im Fall von Ehebruch und ähnlich schweren Vergehen zugestanden. Entscheidend in allen Rechtsfragen ist, dass die streitenden Parteien dem gleichen Bekenntnis angehören müs-

Brautpaar
in Luxor

sen. Nur dann greifen konfessionelle Gesetze. Haben die Gegner verschiedenen Glauben, tritt das islamische Staatsrecht in Kraft. Erst seit kurzem lehnt sich der selbstgekürte koptische Erzbischof Maximus gegen das Scheidungsverbot auf.

Ganz anders dagegen bei Muslimen. Hier wird die Ehe *(nikāh النكاح)* als reiner Zivilvertrag zwischen dem Bräutigam oder dessen Vater und dem *wāli (والي)*, dem nächsten männlichen Verwandten der Braut, geschlossen. Gegenstand des Vertrages ist die Braut. Und er kann, wie jeder Vertrag, wieder gekündigt werden, und zwar vom Mann wesentlich leichter als von der Frau.

Die Muslime schließen einen zivilen Ehevertrag.

Als Deutsche sich im Gespräch über den nüchternen Umgang mit der Ehe entsetzten, rechtfertigte eine ägyptische Ärztin ihre Landessitte: »Ihr Europäer verliebt euch, verliert den Kopf und heiratet eure große Liebe. Wenn alles gut geht – und laut eurer Statistik geht es höchstens bei jedem zweiten Paar gut –, dann entwickelt sich eine dauerhafte Freundschaft zwischen den Ehepartnern. Wir dagegen streben nach dem hohen Ziel, eine Familie zu gründen, in der gesunde Kinder aufwachsen können. Wir prüfen unseren Partner mit Herz und Verstand, ob er zu diesem Ziel taugt. Und wenn alles gut geht, entwickelt sich auch bei uns eine gute Freundschaft zwischen Mann und Frau. Wo liegt denn da der große Unterschied?«

Vernünftige Zweckehen?

Die Unterschiede beginnen freilich schon bei der Partnerwahl. In ländlichen Gebieten herrscht die Meinung, eine Ehe zwischen Vetter und Cousine garantiere den Fortbestand von Landbesitz und Erbgut. In Krisenzeiten schweißt die Eheleute das gemeinsame Interesse zusammen, und Onkel und Tanten können schneller schlichten und versöhnen. Die »Risikoversicherung« für die Frau, die Morgengabe *(mahr مهر)*, liegt bei einer verwandten Braut niedriger als bei einer Fremden. In der Oberschicht sichern Brautväter ihre Töchter dagegen mit einem hohen Brautpreis ab.

Risikoversicherung Morgengabe

Allmählich verschwindet die Verwandtenehe, weniger durch Einsicht oder gehäuft auftretende Erbkrankheiten – in Oberägypten besonders oft Kurzsichtigkeit –, sondern dadurch, dass viele Familienmitglieder in die Stadt oder die Öl-länder abwandern und dort ihre Partner frei wählen.

Gewiss, in der Stadt lockern sich alle Regeln, doch dass eine Ehe sorgfältig zu planen sei, steht fest. Diese so weit reichende Zukunftsentscheidung kann man doch nicht romantischer Gefühlsduselei überlassen. Wo Gesundheit und Wohlstand aufs beste bestellt sind, prüfen die Großfamilien, ob beide Partner über ein annähernd gleichwertiges Ausbildungsniveau verfügen. Ein Handwerker und eine studierte Frau, das tut nicht gut! Eine ungebärdige Frau benötigt einen starken Mann, der sie im Zaum hält, und umgekehrt.

Die Familien bestimmen über das Eheglück ihrer Kinder.

Eine Studentin und ein Student aus gutem Hause hatten sich an der Universität lieben gelernt, die Verlobung wurde als rauschendes Fest gefeiert. Kurz danach stellte sich bei der Braut ein Nierenleiden heraus, das operativ behandelt werden musste. Als sie aus der Narkose erwachte, hatte die Familie des Bräutigams die Verlobung gelöst: Gesunder Nachwuchs geht vor! Kaum genesen, legte das Mädchen für ein Jahr den Schleier ab, und ihre Familie machte sich erneut auf die Suche.

»Für die Frau ist es besser, den Mann zu heiraten, von dem sie geliebt wird, als den Mann zu nehmen, den sie selbst liebt.«
Arabisches Sprichwort

Hat die Braut den Bräutigam akzeptiert, darf das Paar sich unter strenger Aufsicht von Brüdern und Müttern einige Male unterhalten. Alsdann muss es warten, bis die eigene Wohnung samt Schlafzimmer bezugsfertig ist. Fürchten die Eltern Gefahren für die Ehre der Braut während der Verlobungszeit, wird der Ehevertrag sogleich unterschrieben. Dann können die beiden immerhin ihre Möbel ohne Anstandsdame aussuchen, da sie auf dem Papier bereits vermählt sind. Das Bett wird aber erst bestiegen, wenn die prächtige Feier überstanden ist.

Hindernisse für eine Ehe

Objektive Hindernisse sehen die Behörden für eine Ehe, wenn zwischen den Partnern mehr als 25 Jahre Altersunterschied besteht oder die Künftige nicht an Gott glaubt. Andersgläubige Männer müssen zum Islam übertreten, wenn sie eine Muslima heiraten wollen, und das ist in Ägypten nicht mehr rückgängig zu machen. Die christliche Ehefrau eines Muslim muss sich einverstanden erklären, dass ihre gemeinsamen Kinder islamisch erzogen werden. Ein Mann kann nach der Scheidung sofort, die Frau erst nach drei Monaten wieder heiraten. Bei Todesfall ihres Mannes muss die Frau vier Monate und zehn Tage warten.

Mehrehen

Mehrehen schließen Männer aus allen Gesellschaftskreisen, allerdings höchst selten mit mehr als zwei Frauen. Immerhin muss der Mann beide gleich gut

Ohne feste Eheverein-barungen keine Sicherheit, Frauen im Nildelta

behandeln, das kann ganz schön anstrengend werden! Die zweite oder gar dritte Geige zu spielen schmerzt immer, aber erstaunlich viele Frauen finden sich damit ab, nicht die Einzige zu sein und suchen sich untereinander anzufreunden oder finden Erfüllung in der Betreuung der bunten Kinderschar.

»Wilde Ehen« nennt man in Ägypten *zawāg ʿurfī (*زواج عرفي*)*, Ehe nach Gewohnheitsrecht. Ohne wenigstens diesen Trauschein kann kein Paar ein gemeinsames Hotelzimmer beziehen. Es genügt, die Heiratsabsicht in Gegenwart von zwei Zeugen mündlich zu äußern; ein Vertrag über das Brautgeld wird ausgehandelt, allerdings nicht amtlich registriert. Für eine Frau birgt die *Urfi*-Ehe mehrere Risiken: Ihr guter Ruf kann leiden; der Verdacht auf – erlaubte – Polygamie liegt nahe. Stirbt der Partner, erhält die Frau keine Rente; lässt der Mann sich scheiden, kann er den Ehevertrag leugnen. Eine europäische Frau, die sich auf eine *Urfi*-Ehe einzulassen gedenkt, sollte sich auf alle Fälle bei ihrer Botschaft oder beim »Binationalen Austausch-Zentrum Kairo« (BAZ), nach der Rechtslage erkundigen. Ägyptische Partner deutscher Frauen, die in Europa leben wollen, sind durch eine *Urfi*-Ehe benachteiligt, weil diese dort nicht anerkannt wird.

Ehen nach Gewohnheitsrecht

Der Ehevertrag

INFO

Wer im Taumel des Verliebtseins meint, ein Ehevertrag störe die Idylle und verrate Misstrauen in den Partner, der denkt nicht ägyptisch. Eheverträge müssen sein in einem System, das fest mit einer schriftlichen Vereinbarung zwischen den Lebenspartnern rechnet. Deshalb keine falsche Scham und Augenmerk auf diese drei Punkte:

▶ Erstens die Morgengabe in zwei Teilen. Einer, der bei der Heirat fällig wird *(muqaddam* مقدّم*)* und der zweite, der bei Scheidung oder Todesfall der Frau zustehen würde *(muʾaḫḫar* ماخّر*)*. Die Morgengabe dient der Sicherheit der Frau und ist ihr gutes Recht. Üblich: Geld, Gold oder der Kauf einer Eigentumswohnung auf ihren Namen. Europäerinnen reagieren empfindlich, wenn die Summe verhandelt wird. Aber das Gefühl »Ich lasse mich nicht kaufen« ist völlig fehl am Platze. Kann denn einer das Schicksal vorhersehen? Der Eintrag der Morgengabe kostet prozentuale Gebühren und Steuern, die sich manche sparen wollen und deshalb nur eine symbolische Summe nennen. Davon ist dringend abzuraten!

▶ Zweitens herrscht Gütertrennung, nicht die in Deutschland übliche Zugewinngemeinschaft. Jeder der Ehepartner bleibt Besitzer seines eingebrachten Vermögens und behält alleiniges Verfügungsrecht. Zur Dokumentation braucht es schriftliche Nachweise, Rechnungen auf den eigenen Namen und Hausratslisten.

▶ Drittens sollte die Frau eine Lebensversicherung abschließen, weil die Altersversorgung in Ägypten nicht zum Leben reicht. Christliche Ehefrauen sind gar nicht erbberechtigt, aber sie können wenigstens ihre Morgengabe als eine Schuldverpflichtung des Mannes vor der Verteilung der Erbmasse beanspruchen.

Scheidung, gar nicht leicht gemacht

*Die Rechts-
lage begün-
stigt Dauer-
konflikte.*

Im Fall einer drohenden Scheidung soll ein Schiedsrichter, möglichst ein Ver-
wandter, versuchen, den Zwist beizulegen. Die Beteiligten könnten sich jahre-
lange tragische Zermürbungskriege sparen, wenn sie sich versöhnten, denn die
Rechtslage begünstigt Dauerkonflikte.

Der Mann kann entweder eine einfache Scheidung mit Rücknahme-Option
aussprechen oder die endgültige Form wählen. Die Scheidung kann ohne An-
gabe von Gründen und in Abwesenheit der Frau erfolgen. Die Frau wird schriftlich vom Standesbeamten benachrichtigt, vorausgesetzt, der Mann gibt die
richtige Adresse an. Es geschieht zuweilen, dass die Frau nach Hause kommt,
die Wohnung verkauft ist und sie von der Scheidung überrascht wird. Dann
beginnt die dreimonatige Frist des Rechts auf Widerruf (ʿidda عدة), falls die
Frau ein Kind von ihm erwarten sollte. Der Mann kann in dieser Zeit seine
Frau zurücknehmen, ohne dass ein neuer Ehevertrag nötig ist. Holt er sie nicht
zurück, gilt die Ehe als geschieden und kann nur mit einem neuen Ehevertrag
wieder geschlossen werden. Während der Zeit der ʿidda kann die Frau im Haus
des Mannes bleiben.

*Nicht im
Zorn, sagt
der Koran.*

Da liest sich die religiöse Regelung fast humaner: Laut Koran sollte die Scheidung mündlich mitgeteilt werden. Die Scheidung ist nicht möglich während
der Periode der Frau, nicht wenn Geschlechtsverkehr stattfand zwischen den
zwei Perioden, und auch nicht im Zorn. Während der Zeit der ʿidda soll die
Frau im Haus des Mannes bleiben und muss voll versorgt werden. Nach dieser

*Bis zu vier
Frauen und
Scheidung
mit Rück-
nahme-
Option*

Zeitspanne soll der Mann die Frau entweder »auf gute Art entlassen oder auf gute Art behalten«.

Der Frau fällt eine Scheidung entschieden schwerer. Sie kann wählen zwischen einem normalen Gerichtsverfahren, das Jahre dauern kann und dringende Gründe wie Impotenz, Unfruchtbarkeit oder Gewaltanwendung erfordert, und dem »Freikauf« *(ḫulʿa* خلع*)*. Bei der seit 2001 neu eingeführten *Khola*-Scheidung braucht die Frau keine Gründe vor dem Familiengericht anführen, verliert jedoch alle nachehelichen Rechte und muss sogar alle Geschenke, einschließlich der Morgengabe zurückgeben. Sozialarbeiter und Psychologen versuchen das Paar zur Versöhnung zu bewegen, dann aber ist die Frau frei. Bei der Rückgabe der Geschenke liegt die Beweislast beim Mann. Bei *Khola*-Scheidung verfällt das Recht auf eine Entschädigungszahlung *(badal al muṭʿa* بدل المطعة*)*, die sonst beträchtlich sein kann.

Für die Kinder ist gesorgt.

Die Wohnung steht nach der Scheidung den Kindern zu. Außerdem muss der Mann für den Unterhalt der Kinder und der geschiedenen Frau zahlen, die für die Kinder sorgt. Während die Mutter für die Pflege *(ḥaḍana* حضانة*)* aufkommt, steht dem Vater die gesetzliche Vertretung zu. Ist die Mutter Christin, können ihr die Kinder bei Scheidung oder Todesfall des Vaters durch ein von der Verwandtschaft angestrengtes Gerichtsverfahren entzogen werden, sie behält dann lediglich ein Besuchsrecht.

Familienplanung

Tanẓīm ʾal ʾusra تنظيم الاسرة – Familienplanung, ist nach wie vor ein heißes Eisen. Jeden Abend steigt die ägyptische Bevölkerungszahl um rund 3000 hungrige Mäulchen. Alle 29 Sekunden kommt ein Kind zur Welt, während die Lebenserwartung dank moderner Medizin ständig steigt. In den letzten 30 Jahren sank die Geburtenzahl der Durchschnittsfamilie von fünf auf drei Kinder pro Frau, doch die Bevölkerung wächst und das Niltal nicht. Die Regierung legt Eltern diskret nahe, ihre Nachkommenschaft auf vier Kinder zu begrenzen. Sehr lautstark traut sie sich das nicht, obwohl Al Azhar die amtliche Kampagne erlaubt *(ḥalāl* حلال*)* nannte. In den staatlichen Gesundheitszentren werden Mütter beraten und mit Verhütungsmethoden vertraut gemacht. Familienplanung, die sich nur an Frauen wendet, muss scheitern: Erstens sieht die Frau sich selbst als Gemeinschaftswesen – ihr Bauch gehört nicht ihr allein. Zweitens hängt an ihrer Fruchtbarkeit ein guter Teil des männlichen Selbstbewusstseins.

Alle 29 Sekunden kommt ein Baby zur Welt.

Was denkt die Bauernfamilie mit ihren acht Kindern darüber? Wie die Beduinenfrau? Sie zitieren den alten Spruch: »Hast du sieben Söhne, so hast du sieben Soldaten zu deinem Schutz.« Und die frischgebackene Ehefrau aus Beni Hassan? Ihr Mann kann sich von ihr scheiden lassen, wenn sie ihm keine Kinder schenkt. Und die Beamtin in Kairo, deren zwei Töchter Privatschulen besuchen? Sie nimmt die Pille schon seit Jahren. Und der 40jährige kleine Angestellte? Ihm

Mehr Kinder in der Unterschicht

reichen die zwei Söhne kaum. Wer soll ihn im Alter versorgen, da das Leben in der Stadt so teuer geworden ist?

*Familienpla-
nung nur für
die Elite?*

Wollen Eltern ihrem Nachwuchs eine längere Ausbildung zukommen lassen, so fallen die Kinder als Arbeitskräfte aus und kosten sogar Geld. Doch in dieser Hinsicht stehen die Zeichen in Ägypten günstig, denn Bildung steht beim ganzen Volk hoch im Kurs. Wenigstens theoretisch. In der Wirklichkeit bewältigen städtische Grundschulen bis zu drei Schichten täglich, eine Vormittags-, eine Mittags- und eine Abendschicht mit Klassen zwischen 60 und 100 Schülern. Zum Lehrerstudium werden auch Abiturienten mit den niedrigsten Punktzahlen zugelassen. Zu welchem Ergebnis ein solcher Unterricht führt, lässt sich an fünf Fingern abzählen. Die Gebildeten jedenfalls, die dem Appell der Regierung zur Familienplanung Folge leisten, haben häufig Privatschulen besucht.

Familien-
planung ist
für sie ein
Fremdwort,
Dorfbe-
wohner im
Nildelta

Eine orientalische Besonderheit – Bauchtanz

»So etwas tue ich nicht – ich bin eine anständige Frau!«, entrüstete sich 1905 Wagner-Sängerin Marie Wittich, als sie den »anstößigen Tanz der sieben Schleier« als Salome auf die Bühne bringen sollte. Anstößig oder nicht – das fragen sich ägyptische Sittenwächter seit 1500 Jahren. Doch die nordafrikanische Tradition erwies sich stärker als alle Moralapostel.

Nur Nicht-Araber nennen den orientalischen Tanz *(raqs šarqī* رقص شرقي/ »Bauch«-Tanz. Die Grazie der Hände, Kult und Witz, musikalische und rhythmische Harmonie zeichneten ihn bisher aus. Bisher, denn die großen alten Damen des Bauchtanz Fifi Abdu und Soher Zaki klagen über Nachwuchssorgen. Das aktuelle »Fettgeschüttel« der mehrheitlich russischen Einwanderinnen habe nichts mehr mit der Raffinesse ägyptischer Tanzkultur gemein.

Während in Ägypten der Niedergang der alten Kunst betrauert wird, verbreitet sich der Bauchtanz über die ganze Welt. Öffentlich bauchgetanzt wird in Ägypten nur noch für Touristen in großen Hotels oder auf Schiffen. Religiöse Prüderie schüchtert das lokale Publikum ein. Je besser der Tanz, desto erotischer, gewiss, sollte er doch ursprünglich den Mann zur Erhaltung der Art animieren. Aber die Erotik kommt heute eher verfremdet daher: Ägyptischer Bauchspeck zeigt sich von Netzgewebe umhüllt, dessen klobiger Reißverschluss Ästheten empfindlich stört.

Früher konnte sich kein Ägypter ein richtiges Fest ohne Bauchtanz vorstellen. Heute hat sich das Zeremoniell hinter die Stahltüren der zahlreichen Nachtclubs zurückgezogen. Dort wird ab 21 Uhr getafelt, dann lauschen alle selbstvergessen den Vierteltonschritten arabischer Unterhaltungsmusik. Erst ab 23 Uhr beschweben die ersten Bauchtänzerinnen das Podium. Arabische Gäste pflegen den Tänzerinnen auf dem Höhepunkt der Begeisterung Geldscheine in den Ausschnitt zu stecken. Dem Durchschnittsbürger gelten diese Stätten des Jetset als Sündenpfuhl.

Es muss ja auch kein Bauchtanz sein. Disco für die frühe Jugend und Gesellschaftstanz für die reifere bieten alle großen Hotels, in denen auch reiche Ägypter und arabische Gäste mit Vorliebe ihr Vergnügen suchen. Machen Sie sich darauf gefasst, dass man Sie als Frau plötzlich ins Rampenlicht zerrt. Für diesen Fall könnten Sie vorsorglich ein bisschen üben. Bereits einige Kamelschritte und ein kleiner *Shimmy* wirken Wunder: Ihre Zuschauer werden vor Entzücken außer sich geraten! Dies gilt nicht nur für Frauen – weit gefehlt! Männer produzieren sich gern mit dem Stocktanz, den die Schalmei *(mizmār baladī* مزمار بلدي/ begleitet.

Feiern und Feste

Im Jahr 2005 wurden die Tage Freitag und Samstag gegen erbitterten Widerstand der Christen zum offiziellen Wochenende erklärt. Der Sonntag ist somit der erste Arbeitstag der Woche. Geschäftsleute, die mit Ägyptern kommunizieren, sollten das im Kopf behalten.

Es fehlt nicht an Gelegenheiten zum Feiern: Vier große islamische Feste eröffnen den Reigen, die Christen reservieren sich Weihnachten, Ostern fällt mit dem pharaonischen Frühlingsfest zusammen und schließlich gilt es vier staatliche und eine Menge private Anlässe zu begehen.

Viel Gelegenheit zum Feiern

Wenn Sie bei Ägyptern extra punkten wollen, gratulieren Sie auch noch an folgenden Gedenktagen: Vatertag – 4. Februar; Lehrertag – 3. März; Muttertag – 18. März; Tag der Ärzte – 21. März; Tag der Künstler – 25. März.

Feiertage

▶ 7. Januar: Koptisches Weihnachtsfest
▶ 25. April: Gedenktag an die Räumung des Sinai 1982
▶ 1. Mai: Tag der Arbeit
▶ 23. Juli: Gedenktag der Revolution 1952
▶ 6. Oktober: Tag der Streitkräfte (Überquerung des Suez-Kanals 1973)

Jahr der Hedschra	Islam. Neujahrsfest	Mohammeds Geburtstag	Ramadan	Opferfest	Ostern
A. H. 1429	10. Jan. 2008	20. März 2008	2. Sep. –2. Okt. 2008	9. Dez. 2008	23. März 2008
A. H. 1430	29. Dez. 2008	9. März 2009	22. Aug. –21. Sep. 2009	28. Nov. 2009	12. Apr. 2009
A. H. 1431	18. Dez. 2009	26. Feb. 2010	11. Aug. –10. Sep. 2010	17. Nov. 2010	4. Apr. 2010
A. H. 1432	5. Dez. 2010	20. März 2011	24. Sep. –24. Okt. 2011	7. Nov. 2011	24. Apr. 2011

Links: Für die Kinder am Brunnen der Farafra-Oase ist jeder Tag ein Fest.

Kalender – viermal Neujahr!

Kalender-ordnung

Alle ägyptischen Tageszeitungen führen drei verschiedene Kalenderdaten auf dem Titel: das gregorianische, das koptische und das islamische.

▶ Der pharaonisch-koptische Kalender, auch bis heute gültiger Bauernkalender, beginnt mit der Thronbesteigung des durch seine Christenverfolgung bekannten römischen Kaisers Diokletian am 29. August 248 unserer Zeit. Er teilt das Jahr in zwölf Monate mit je 30 Tagen und einen kurzen Ergänzungsmonat mit fünf oder sechs Tagen. Die Monatsnamen lauten: *Tut, Babah, Hator, Kehiak, Tuba, Amschir, Barmahat, Baramuda, Baschans, Bauna, Abib, Misra* und *Nasia*.

▶ Dem islamischen Kalender, der bei der Übersiedlung des Propheten Mohammed von Mekka nach Medina am 15. Juli 622 unserer Zeit ansetzt, liegt ein reines Mondjahr von 354 Tagen zugrunde, eingeteilt in zwölf Monate mit abwechselnd 29 und 30 Tagen. Die Monatsnamen heißen: *Muḥarram (*محرم*), Ṣafar (*صفر*), Rabīᶜa ᵓal ᵓawwal (*ربيع الاول*), Rabīᶜa ᵓat ṯānī (*ربيع الثاني*), Ğamād ᵓal ᵓawwal (*جماد الاول*), Ğamād ᵓat ṯānī (*جماد الثاني*), Rağab (*رجب*), Šaᶜbān (*شعبان*), Ramaḍān (*رمضان*), Šawāl (*شوال*), Ḏū ᵓl qiᶜda (*ذو القعدة*), Ḏū ᵓl ḥağğa (*ذو الحجّة*).

▶ Unser gregorianischer Kalender ist maßgebend für alle profanen Veranstaltungen, für Behörden und staatliche Feiertage.

Das Siebentage-Fest

Begrüßung des Neuge-borenen

Die *sebūᶜa (*سبوعة*)* ist am siebten *(sabaᶜ* سبع*)* Tag eines Neugeborenen fällig. Um sieben launische Engel freundlich zu stimmen, werden kunstvoll bemalte Tongefäße aufgestellt, die wie Taubenhäuser geformt sind. Ursprünglich gab man jeder Kerze auf dem Leuchter einen Namen, und das Kind erhielt schließlich den Namen der Kerze, die am längsten brannte. Zwölf Stunden vor dem Fest füllen die Frauen der Familie ein Tongefäß mit Wasser und stellen es auf ein großes Tablett, auf dem Bohnen, Salz und verschiedene Getreidesorten liegen. Das Wasser sickert durch den Ton und befeuchtet so Bohnen und Körner, ein alter Wachstumszauber.

Das erste Amulett

Das Kind erhält an der *sebūᶜa* sein erstes wichtiges Amulett. Sieben Bohnen werden auf einen Faden gezogen. Daran hängt ein Stoffsäckchen, in dem möglichst sieben Sorten Getreide und Gewürze, die abgefallene Nabelschnur des Kindes und ein kleiner Kerzenrest verpackt sind. Oder aber ein Armbändchen mit sieben Keramikperlen in der Schutzfarbe Türkis.

Feierlicher Umzug

Am Abend des siebten Tages treffen sich Freunde, Nachbarn und Verwandte zu einem lauten, feierlichen Umzug durch das Wöchnerinnenhaus. Dabei werfen sie Bohnen, Linsen und Salzkörner in die Luft. Alle Erwachsenen halten eine Kerze in Händen und folgen dem Baby, das von der Großmutter oder einer anderen Respektsperson getragen wird. Wie bei allen Freudenfesten stoßen die Frauen den Freudentriller *(zaġarīd* الزغريد*)* aus und singen. Nach dem Umzug bettet man das Kind auf einem Tablett oder in seinem Körbchen auf den Boden.

Unmittelbar neben dem Baby schlagen die Tanten mit einem Mörser ohrenbetäubend Lärm, damit das Kind die Stimmen der bösen Geister nicht hört. Dabei rufen die Gäste laut: »Gehorche deiner Mutter, gehorche deinem Vater!« Danach muss die Mutter siebenmal über ihr Kind steigen.

Einer *sebūᶜa* beiwohnen zu dürfen, können Sie als hohe Ehre verbuchen. Entsprechend ehrenvoll darf das Geschenk ausfallen: Goldschmuck passt immer. Aber auch Geld, hübsche Babykleidung oder blaue Perlen erfreuen die Eltern. Legen Sie Ihre Gabe auf oder unter das Kopfkissen. Aber nicht vergessen: Erweckt das Kind mit seinem schwarzen Schopf Ihr helles Entzücken, dann sollten Sie sich unverzüglich an den bösen Blick erinnern und sachlich bleiben.

Geschenke

Jeder Gast soll eine Erinnerung an das Kind mit nach Hause nehmen: Erdnüsse, Johannisbrot, Bonbons, Mandeln oder Nüsse und ein Schildchen mit dem Namen des gefeierten Kindes und seinem Geburtsdatum.

Geburtstage

Kennen Sie das Geburtsdatum eines Bekannten, so versuchen Sie pünktlich zu gratulieren, vielleicht schon am Vortag. Denn während bei uns einige Abergläubische fürchten, Vorab-Glückwünsche brächten Unheil, gilt in Ägypten eher das Gegenteil. Zumindest wirkt ein nachträglicher Gratulant recht nachlässig.

Pünktlich gratulieren!

ᵓAl Maulid ᵓan Nabawī (مولد النبي), die Gedächtnisfeier der Geburt des Propheten im dritten islamischen Monat *rabīᶜa ᵓal ᵓawwal* soll Anlass geben, zu beten und Almosen zu verteilen. Wer kann, verschenkt einen Karton mit süßen Leckereien an alle, die ihm nahestehen. In den Städten werden an den Zuckerwa-

Ägypter feiern gern ausgelassen, hier wird ein Schulabschluss betanzt.

▶ Mohammeds Geburtstag: *Rabīᶜa ᵓal ᵓawwal* in ganz Ägypten
▶ Gedenkfest für Hussein: *Rabīᶜa ᵓat ṯānī* in Kairo
▶ Fest der Schutzpatronin Kairos, der Sayyida Zeinab: *Šaᶜbān* in Kairo
▶ Fest des Sidi Mursi Abu al Abbas: *Ḏū ᵓl qiᶜda* in Alexandria.

Zwei Heiligengedenktage richten sich nicht nach dem Mond-, sondern dem Sonnenkalender:
▶ Fest des Ahmad Al Badawi: Oktober in Tanta
▶ *Mawalid* des Ibrahim ad Disuq: Oktober in Disuq, eine Woche nach dem Fest in Tanta. Beide Feste fallen in die Zeit der Baumwollernte.

renständen riesige Puppen (*ᶜarūsa* عروسة) aufgebaut. Lichterketten schmücken Berge von türkischem Honig, Bonbons, Nuss-, Pistazien- und Rosinengebäck. *Mawālīd* (مواليد), Geburtstage heiliger Frauen und Männer, unterliegen der staatlichen Genehmigungspflicht und können unter Umständen abgesagt werden. Denn *mawālīd* sind immer mit ausgelassenem Volkstreiben und regem nächtlichen Trubel verbunden.

Verlobung und Hochzeit

Familien-gründung

Die Familiengründung ist der Höhepunkt des individuellen Lebens. Entsprechend langfristig und gründlich wird das Ereignis vorbereitet. Wenn ein heiratsfähiges Kind der Familie unter die Haube gebracht werden muss, haben die Frauen Hochkonjunktur. Da wird beratschlagt, getuschelt, intrigiert, vorgefühlt und gedrängt. Bei jungen Paaren schließen nicht die Betroffenen, sondern deren männliche Vertreter den Vertrag über den Bund fürs Leben.

Verlobung

Man unterscheidet zwei Grade der Verbindlichkeit bei Verlobungen:
▶ Der Bräutigam überreicht ein gemeinsam ausgesuchtes Schmuckstück (*šabka* شبكة) möglichst aus 24-karätigem Gold. Auf dem Land erhält die Braut eine goldene Hochzeitskette (*kirdān* كردان). Von diesem Augenblick an gelten die beiden als *ᶜarīs* (عريس) und *ᶜarūsa*.
▶ Der Ehevertrag wird unter Zeugen unterschrieben. Dann dürfen sich die Verlobten bereits ohne Aufsicht verabreden und allein treffen. Denn nach dem Gesetz sind sie nach Vertragsabschluss verheiratet.
Die Eltern des Bräutigams bezahlen Hochzeit und Wohnung, die Brauteltern übernehmen die Möblierung.

Abschied von der Braut

Am Vorabend der Hochzeit nehmen die Frauen der Familie Abschied von der Braut. Sie singen, tanzen und spielen rhythmische Volksmusik.
Reicht es bei Muslimen bereits hin, dass die Vertragspartner einander unter einem Tuch die Hände reichen und die Eröffnungssure sprechen, um die Ver-

bindung ihrer Familien zu besiegeln, so begeben sich christliche Paare am Hochzeitstag in die Kirche. Koptische Paare empfangen das Sakrament, werden mit Öl gesalbt und müssen vor der Gemeinde bekennen, dass sie einander aus freiem Willen heiraten. Viele muslimische Familien besuchen die Moschee, ehe sie zu Tische schreiten.

Während der Feier im Hotel, Club oder zu Hause sitzen die Hauptdarsteller des Tages auf einem großen geschmückten Thron und nehmen Glückwünsche entgegen. Sie haben lediglich die Aufgabe zu grüßen, zu danken und zu lächeln, manchmal auch eine Hochzeitstorte anzuschneiden. *Immense Feierlichkeiten*

Als dritte Hauptperson der Feier muss der Fotograf genannt werden. Bei ihm verbringt das Paar mindestens eine Stunde, um mit kunstgerecht drapiertem Schleier der Nachwelt ein perfektes Konterfei zu übermitteln.

Wer es sich leisten kann, engagiert Sänger, professionelle Witze-Erzähler, die eine Pointe nach der anderen wie Maschinenpistolen in die Menge schießen. Je nach Weltanschauung und Geschmack darf die Bauchtänzerin ihre Show präsentieren. Wird die Braut danach auf die Bühne gebeten, um mit ihr zu konkurrieren, hat sie mit einer Schleppe von mehreren Metern Länge kein leichtes Spiel!

Auf dem Dorf und in den ländlich geprägten Volksvierteln wird getrillert, in die Luft geschossen vor Freude und mit Hundertschaften von Gästen gefeiert – eine überaus kostspielige Angelegenheit für den armen Brautvater. Für alle, die keinen Platz im Festzelt finden, packen die Brauteltern Lebensmittelpakete, die verteilt werden, ehe sich die Familie zu Tisch begibt. Traditionell Gesinnte richten getrennte Buffets für Männer und Frauen her. *Im Dorf wird getrillert.*

Werden Sie zu einer Hochzeit eingeladen, können Sie bedenkenlos Geld schenken. Sie dürfen sicher sein – es wird benötigt! Oder aber Sie schicken einen schönen Bildband über Ihre Heimat an die Adresse der Eltern. Dank dürfen Sie nicht erwarten.

Ein Engel zu deinen Häuptern steht

Bei einer bedeutenden koptischen Beerdigung schreitet hinter dem Zugordner eine Kapelle mit Bläsern und Trommlern. Weiß gekleidete Mädchen mit schwarzen Schärpen halten Kreuzesfahnen, Männer in dunklen Gewändern tragen den Sarg, der Priester und die Trauergemeinde bilden den Schluss des Zuges. *Beerdigungsriten*

Auf dem Lande schreien und weinen Klagefrauen gegen Entgelt, manchmal tagelang, in und vor dem Haus des Toten. *Klagefrauen*

Dieser Brauch wird aber sowohl von Muslimen als auch von koptischen Städtern als archaisch abgelehnt. Warum klagen, wenn das Paradies doch wartet! Obwohl Kopten wie Muslime an das Jüngste Gericht, an Paradies und Hölle und ein ewiges Leben glauben, unterscheiden sich muslimische Bräuche deutlich von den christlichen Bestattungsriten.

Jeder Muslim möchte im Kreise seiner Familie sterben. Dabei erinnern ihn Freunde und Verwandte an alles Gute, das Gott ihn erleben ließ. Er soll die Welt *Im Kreise der Familie* dankbar verlassen. Die Anwesenden bitten Gott um Vergebung für alle Verfehlungen des Sterbenden.

Selbstverständlich versuchen sie auch, die Not des Sterbens, vor allem den Durst, zu lindern. Viele verstehen dies zugleich als Erquickung für den Weg zum Paradies. Die letzten Worte vor dem Tod sollten jene des Glaubensbekenntnisses sein. Dann soll die Waschung des Toten möglichst rasch erfolgen, damit er zur Ruhe kommt. Danach hüllt man ihn in Leinentücher, die oberhalb des Kopfes, in der Leibesmitte und unterhalb der Füße mit einer aus dem Stoff des Tuches geflochtenen Schnur zusammengebunden werden.

Die männlichen Verwandten bringen den Leichnam zur nächsten Moschee, wo ein Gebet gesprochen wird. Die Trauergemeinde verlässt die Moschee rechtzeitig, um den Toten am Grab in Empfang zu nehmen. Dort wird er auf der rechten Seite liegend begraben, das Gesicht Richtung Mekka gewandt.

Nur wer als Märtyrer sein Leben verliert, gelangt direkt ins Paradies.

Die Angehörigen sprechen ein letztes Gebet im Gedanken an die Prüfung, welche die Engel Munkar und Nakir im Grab vornehmen werden. Die Engel stellen, so die Tradition, drei Fragen an den Verstorbenen: »Wer ist dein Gott? Wer ist dein Prophet? Was ist deine Religion?« Fallen die Antworten richtig aus, erleichtern ihm andere Engel das Warten auf den Jüngsten Tag. Andernfalls muss er bereits in der Zeit bis zur Auferstehung Strafe erleiden. Nur wer als Märtyrer sein Leben verliert, gelangt direkt ins Paradies.

Abends treffen sich die Kondolierenden zur Koran-Rezitation im rot-bunten Trauerzelt auf der Straße. Die Frauen versammeln sich in der Wohnung des Verstorbenen und hören dort Koranverse. Diese Rezitationen wiederholen sich jeden Donnerstag während der folgenden 40 Tage. Das Beileid wird bekundet mit ʾal baqīya fi ḥayātak! (حياتك البقية في) oder tᶜāzīna ʾl muḫlīsa! (تعزينة المخلصة). Können Sie nicht persönlich anwesend sein, müssen Sie unbedingt schriftlich kondolieren.

▶ **Wichtig:** Schenken Sie keine Blumen, denn die würden einen unangebracht freudigen Tupfer in die Feier bringen.

Rieche den Frühling

»Rieche den Nordwind oder den Frühlingswind!« Diese Aufforderung überhört nilauf-, nilabwärts niemand. *Šamm ʾan nessīm* (النسيم شم) wird begangen am Montag nach dem koptischen Osterfest, das wiederum erst nach dem ostkirchlichen Frühlingsanfang am 5. April gefeiert werden darf.

Alle Familien rüsten zu einem Ausflug ins Grüne. Einige Gesundheitsbewusste baden am Mittwoch vor dem Fest in einem Sud des Krauts, das Hiob einst geheilt haben soll. Am Samstag vor dem Fest schützt eine zusätzliche Schicht *kohl* die Augenlider vor den Folgen der kommenden Sandstürme. Kinder werden geschrubbt und fein herausgeputzt, damit nicht die legendäre *šammāma*, die »Schnüfflerin«, sie bestraft.

An *šamm ʾan nessīm* packen Jung und Alt Zwiebeln, Zuckererbsen, Eier und *fiṣīḫ* (فصيخ), gesalzenen Fisch, in den Picknickkorb. Parks und Nilufer wimmeln von festlich gekleideten Menschen. Das ganze Land wiegt sich in Hochstimmung, sogar die Geschäfte schließen ihre Pforten. Für fromme Kopten, die während der Kar-Fastenzeit auf jede tierische Nahrung verzichtet haben, sind Ei und Fisch am Frühlingsfest ein besonderer Leckerbissen.

Schon in altägyptischer Zeit soll man dem Gott Osiris zum Frühlingsfest Weizenkörner geopfert haben. Ihre frische grüne Saat bedeutete den Sieg des Lebens über den Tod. Denn Osiris sei, so sagt die Legende, als Kind der Erde und himmlischer Götter, nach der Ermordung durch seinen Bruder vom Tode wiederauferstanden. Welch bedeutende Rolle Zwiebeln gespielt haben, beweisen Opferdarstellungen in Theben. Über der Tür oder über dem Bett aufgehängt, so glaubt man, hält ein Kranz Zwiebeln Unglück und Krankheit fern.

Sieg des Lebens über den Tod

Selbst die Vorläufer bunter Ostereier sollen, rot gefärbt, als Symbole der Fruchtbarkeit und Unsterblichkeit, im alten Theben entdeckt worden sein.

Koptische Feiertage

Der Festkalender der koptisch-orthodoxen Kirche kennt nicht weniger als 23 Feiertage. Der ägyptische Staat berücksichtigt nur Ostern, da es mit *šamm ʾan nessīm* zusammenfällt. Die anderen Feste wirken sich zum Teil dadurch auf das Geschäftsleben aus, dass Kopten Urlaub nehmen oder ihre Läden schließen.

An ihren Festen nehmen Kopten Urlaub.

Weihnachten wird in der Regel am 7. Januar begangen. Der Tag der Beschneidung folgt am 14. Januar, die Taufe Christi am elften Tag des koptischen Monats *Tūbā*. Am 12. Juli, an dem wir Peter und Paul begehen, steht Pfingsten im Kalender.

Zur Vorbereitung vieler Feste, so zum Beispiel für das Marienfest am 22. August, werden Fastenzeiten eingelegt. Nicht wenige Kopten halten sich an das wöchentliche Fasten: Mittwochs wird an Judas' Verrat, freitags an die Kreuzigung Christi gedacht. 55 Tage dauert die Kar-Fastenzeit, die längste und strengste Prüfung für alle, die gern essen. Zeitlich beginnt das Fasten, im Wesentlichen die Abstinenz von tierischen Produkten, um Mitternacht und endet um die neunte Gebetsstunde, etwa um 15 Uhr nachmittags. Mönche und Priester nehmen oft erst spät nach Sonnenuntergang Nahrung zu sich.

Das Fastenbrechen

Wenngleich nicht das wichtigste, so doch das freudigste Fest des Islam ist das dreitägige Fastenbrechen (*ʿĪd ʾul fiṭr* عيد الفطر) am Ende des heiligen Monats Ramadan. Fasten im Sinne des Koran hat wenig mit Wehklagen, Sack und Asche zu tun. Es bringt vielmehr den Dank der Menschen an Allah zum Ausdruck, der ihnen sein Buch der Offenbarungen geschenkt hat.

Freudigstes Fest des Islam

Deshalb schmücken Papierfähnchen und Blechlaternen die Häuser und Gassen. Kinder ziehen singend durch die Dörfer: »Endlich ging *Šaʿbān*, und *Ramaḍān* erschien, *wahawī ya wahawī, eyahā ya wahawī …*«

Vorfreudige Unruhe erfüllt die Fastenden vor Sonnenuntergang. Streng genommen darf man tagsüber nicht einmal eine Zigarette rauchen, selbst den Speichel nicht schlucken. Nach Sonnenuntergang wird dann allerdings ausgiebiger geschmaust, getrunken und geraucht als je bei Tage. Viele gehen deshalb erst kurz vor der Morgendämmerung schlafen, stehen spät auf und verrichten ihre Arbeit langsam und müde. Telefonate und Besuche am Vormittag stören den Privathaushalt außerordentlich, die Arbeitswelt läuft nur auf halben Touren.

Übung in Selbstdiszi-plin

Kranke und Schwangere müssen nicht fasten, Kinder erst ab dem zehnten Lebensjahr. Das Fasten, diese Übung in Selbstdisziplin, wird von allen Familienmitgliedern lobend anerkannt, auch wenn sie zunächst nur einige Tage währt. Besonders Fromme verbringen das letzte Drittel des Monats in Klausur, da sie glauben, dass in einer der fünf letzten ungeraden Nächte des Ramadan, in der Nacht der Offenbarung *(lailet ʾul qadr* ليلة القدر*)* Mohammed seine erste Weisung von Gott erhielt. Die Bittgebete dieser Nacht sollen mit Gewissheit erhört werden.

Ein Böllerschuss läutet das Fastenende ein.

Wenn am letzten Abend der Böllerschuss vom Kairiner Hausberg Muqattam ertönt, trinkt man zunächst ein wenig Wasser und nimmt dann in Milch eingeweichte Datteln oder *qamar ʾad dīn,* Saft aus getrockneten Aprikosen (wörtlich: Mond des Glaubens) zu sich. Eine besondere Rolle beim Ramadan-Frühstück am Abend spielt die spinatähnliche Soße *moloḫīya* und vor allem Fleisch. Fleisch sollte man auch verschenken an alle, die es sich selbst nicht leisten können. Wenn Sie nicht zu einem solchen Frühstück, genannt *ʾifṭār (*إفطار*),* eingeladen werden, dann begeben Sie sich auf eigene Faust ins Basar-Viertel und genießen Sie die Atmosphäre und das Gemeinschaftsgefühl an den langen Tischen im Freien. Gegen Morgen treffen sich die Familien manchmal zu einer weiteren Mahlzeit *(ṣuḥūr* سحور*).*

Ausländer und ägyptische Christen versuchen ihren Urlaub auf den Ramadan zu legen und an die sonst restlos überfüllten Mittelmeerstrände zu fahren. Denn ein Muslim muss in diesem Monat tagsüber auf jede erotische Verlockung verzichten.

Almosen-abgabe

Am ersten Tag des Festes muss die *ṣadaqāt ʾul fitr,* die Almosenabgabe, geleistet werden. Hausangestellte erwarten eine Spende in bar von jedem (!) Mitglied Ihrer Familie, etwa so viel, wie in vier Tagen benötigte Lebensmittel kosten.

Das Opferfest

70 Tage nach dem Fastenbrechen

Wenn 70 Tage nach dem Fastenbrechen Schafherden durch Ihr Viertel ziehen, wenn es plötzlich auf dem Dach oder in der Garage mäht und muht, heißt das: der zehnte Tag des islamischen Monats *ḏū ʾl ḥaǧǧa* naht und damit das Opferfest *(ʿĪd ʾul ʾaḍha* عيد الاضحة*).*

Wer sich eine Pilgerfahrt nach Mekka leisten kann, schlachtet im saudischen Mina ein Opfertier zur Erinnerung an den Widder, den Abraham an Stelle seines Sohnes Ismael (nicht Isaak!) opferte. Wie in allen islamischen Ländern wird auch in Ägypten morgens am *ʿĪd ʾul kibīr (*عيد الكبير*),* auch genannt »Großer Bairam«, ein Tier geschächtet. Begüterte Familien gönnen sich zu

Ramadan-Frühstück am Abend

diesem Anlass ein Kalb, während sich bei Armen ein Schaf auf bis zu zehn Familien verteilt. Leber, Herz, Niere und Hirn werden mit Brot zum Frühstück verzehrt. Danach klopfen Angestellte und Bedürftige an, die es mit Fleisch zu beschenken gilt.

Am Nachmittag steht das große Festmahl mit Reis, Fladenbrotstücken in Knoblauch-Ölsoße *(fatta فتة)*, und viel, viel Fleisch auf dem Programm. Kinder und Erwachsene werden neu und festlich eingekleidet. Viele Angestellte erhalten ein 13. Monatsgehalt, und das Hauspersonal erwartet von allen Familienmitgliedern Geld oder kleine Geschenke.

Wenn am Festmorgen in aller Frühe der Metzger ins Haus kommt, um das Opfertier zu töten und zu zerlegen, holt man alle Kinder im Haus herbei, um sie am Opfer teilhaben zu lassen. Sollten Ihre Kinder noch nie gesehen haben, wie ein Tier geschlachtet wird, ist es sicher besser, wenn ein Erwachsener ihnen die Vorgänge erläutert, um ein Trauma zu verhüten.

Die Kinder sind beim Opferritual dabei.

Menschenopfer waren in vielen frühen Kulturen üblich; die Geschichte von Abraham symbolisiert den Übergang zum Tieropfer. Das Tier stellte für die Nomaden der damaligen Zeit den wertvollsten Besitz dar. Wenn wir heute einen stattlichen Scheck für eine gute Sache ausschreiben, abstrahieren wir diesen Brauch um einen weiteren Schritt. Der Islam nimmt für sich in Anspruch, dass er das Opfer, das in früheren Epochen Naturgötter befrieden sollte, in eine gemeinschaftsbezogene Aktion umdeutete. Denn an diesem besonderen Opferfest erhalten alle, die einem Wohlhabenden im Laufe des Jahres einmal einen Dienst erwiesen haben, eine Spende. Sie können schon mal eine Liste anlegen!

Symbolik

Sprache und Kommunikation

Geübt darin, sich behände in anderen Denk- und Sprachstrukturen zurechtzu-finden, sind die Ägypter in der Lage, uns zu verstehen, wenn wir auf Arabisch radebrechen. Seien Sie nicht enttäuscht, wenn Ihr »Küchenarabisch« dennoch nur mit höflicher Begeisterung zum Auftakt eines Gesprächs geduldet wird. An-sonsten nur Mut: Sie wissen mehr als Sie glauben. Mindestens 100 arabische Vokabeln kennen Sie schon. Wetten?

Nur Mut!

Wörter arabischen Ursprungs INFO

Alkohol, Algebra, Algorithmus, Almanach, Alkoven, Albatros, Admiral, Amal-gam, Amulett, Aprikose, Arsenal, Banane, Diwan, Elixier, Fakir, Gamasche, Gi-tarre, Haschisch, Havarie, Intarsien, Jacke, Kabel, Kadi, Kaffee, Kaliber, Kaper, Karaffe, Karat, Koffer, Kuppel, Lack, Lava, lila, Magazin, makaber, Makramee, marode, Marzipan, Massage, matt, Mohair, Mumie, Natron, Orange, Rasse, Razzia, Reibach, Risiko, Safari, Satin, Sesam, Sirup, Sofa, Tarif, Tasse, Watte, Zenit, Ziffer, Zimt, Zucker, ...

What's your name?

»What's your name?«, damit erschöpft sich oft der englische Wortschatz des Kindes, das Sie sofort als Fremden erkannt hat und strahlend um Auskunft bittet. Ihr eigener englischer Sprachfundus ähnelt vermutlich einem Sieb mit mehr oder weniger großen Löchern. Gleiches gilt für die ägyptischen Gesprächs-partner. Ein Trauerspiel der Miss-Verständigung entwickelt sich dadurch, dass die Löcher in den beiden Sieben sich nicht decken.

Englisch versickert.

In der älteren Generation des Bildungsbürgertums, die noch reichlich Gelegenheit hatte, im Ausland zu studieren, erhielt sich Französisch, Deutsch und Englisch auf einem guten Niveau. Die Jüngeren dagegen kommen seltener über die Landesgren-zen, und wenn doch, dann in andere arabischsprachige Länder. Um einen Doktorti-tel an der Universität zu erwerben, ist heute kein Auslandssemester mehr nötig. Der Anreiz, Englisch nebenbei im Kino zu lernen entfällt zunehmend, weil die meisten Filme in arabischer Sprache oder arabisch untertitelt auf den Bildschirm kommen. Dennoch betrachten sowohl Mittel- als auch Oberschicht Sprachkenntnisse als die wichtigsten Bausteine der Karriere. Viele Eltern schieben Überstunden, um das Schulgeld eines Privatgymnasiums französischer Nonnen oder englischer Lehrer bezahlen zu können. Die *Deutsche Evangelische Oberschule* (DEO) in Kairo belegt in der Hierarchie der »Fremdsprachenschulen« einen der obersten Ränge und ist zudem finanziell erschwinglich. Sie versteht sich als eine der weltweit 26 deutschen »integrierten Begegnungsschulen«.

Links: Fremden-führer vor altägyp-tischen Hierogly-phen, dem ältesten Schrift-system.

Generationen perfekter Fremdsprachen-Sekretärinnen brachten die privaten katholischen Institute der Borromäerinnen in Kairo und Alexandria hervor. Die beiden Mädchenschulen führen nur zum ägyptischen Abitur, während die DEO beide Lehrpläne, den deutschen wie den ägyptischen, parallel durchzieht.

In Bildung wird investiert.

Wer von seinen Eltern dazu auserkoren wurde, mehrsprachig aufwachsen zu dürfen, dessen Kindheit endet am dritten Geburtstag. Dann beginnt der Hürdenlauf: Aufnahmeprüfung zum Kindergarten, jährliche Arabisch-Prüfungen, jährlicher Kampf ums Bestehen an der Privatschule, Hauptschul-, Realschulabschluss, zweimal Abitur. Zwei von drei Monaten Sommerferien fallen in der Regel dem Privatlehrer zum Opfer – bei 37 °C im Schatten. Wenn die ägyptischen Schulkameraden Ihrer Kinder »keine Zeit« zum Spielen haben, sollten Sie darin weder Desinteresse noch Hochmut wittern: Es stimmt!

Deutsche Institute

Das Goethe-Institut mit Bibliotheken, Gärten und Villen in Alexandria und Kairo genießt einen ausgezeichneten Ruf und bietet interaktive Internetseiten, Austauschprogramme, Sprachunterricht, kulturelle Veranstaltungen in Hülle und Fülle. Es wendet sich mit seinem Sprachangebot an junge Erwachsene, denn die deutsche Universität in Kairo zum Beispiel schreibt Deutschkenntnisse vor, obwohl sie auf Englisch unterrichtet. Seit 2003 steht die *German University Cairo* technisch orientierten Studenten offen. Diese private ägyptische Hochschule, kurz GUC genannt, mit den Schwerpunkten Ingenieurwissenschaften, angewandte Naturwissenschaften und technisch orientiertes Management wird unter anderem vom Land Baden-Württemberg unterstützt.

American University

Wer auf sich hält, studiert wenn nicht gleich in Europa oder in den USA, dann aber an der *American University* in Kairo, einer Kaderschmiede, die seit 1920 Söhne und Töchter von Privilegierten ausbildet. Deren sprachliche Gewandtheit lässt uns mitunter vor Neid erblassen.

Die Sprache des Koran

Offenbarung …

»Wir haben ihn als einen arabischen *Qurʾān (القرآن)* hinab gesandt, an dem nichts Schiefes, Zweideutiges ist«, lässt Prophet Mohammed seine Gläubigen wissen. Arabisch ist nicht irgendeine Sprache auf diesem Erdball, es ist die Sprache, in der sich Allah offenbart hat! Es ist die Sprache des Koran *(لغة القرآن).* Der Mensch nehme sich in Acht, dass er sie nicht verunstalte.

… in 114 Suren

Jedes ägyptische Kind, wie wenig Ausbildung es auch erhalten mag, nimmt einige der insgesamt 114 Suren und damit ein Stück Hochsprache, ein Stück Dichtung und Kulturgeschichte, in sich auf. Wer von uns dagegen kennt etwa mittelhochdeutsche Verse des Nibelungenliedes auswendig, wer hat je Bekanntschaft mit dem Urtext der Bibel geschlossen?

In den 90er Jahren des siebten Jahrhunderts erhob Kalif Abd al-Marik das klassische Hocharabisch zur Verwaltungssprache des islamischen Reiches. In der ungebrochenen Kontinuität von Sprache und Religion, die sich in 1300 Jahren kaum verändert hat, liegen die Wurzeln arabischen Selbstbewusstseins.

Selbstbe-
wusst und
sprachlich
gewandt,
junge Kairi-
nerinnen

Die gemeinsame arabische Sprache als unantastbares Vermächtnis überspringt
Klassen- und Rassenschranken. Wer zum Islam übertritt, muss wenigstens das
Glaubensbekenntnis und die Eröffnungssure in arabischer Sprache sprechen
können. Ein Widerschein von Heiligkeit fällt auf die Kunst der Aussprache, der
Intonation und der Grammatik. Unerbittlich wacht die »Akademie zur Erhaltung der arabischen Sprache« in Kairo über den Kulturschatz und integrierte
1980 mit dem »Wörterbuch für moderne Zivilisation und Kultur« behutsam
neues technisches Vokabular in die Hochsprache.

*Wurzeln
arabischen
Selbstbe-
wusstseins*

In Ägypten wird nichts so heiß gegessen, wie es vom Herd kommt. Und so beherrschen zwei Drittel der Bevölkerung ihre Muttersprache lediglich unvoll-
ständig. Das Schulkind am Nil muss die Hochsprache, von der es möglicherweise bisher nur einige Koranworte kennt, erst lesen und schreiben lernen. Im
täglichen Leben dagegen spricht es einen Dialekt *(ḍāḍ),* der von der Schrift so
verschieden ist wie Schwyzerdütsch vom Deutschen. Wenn Gebildete meinen,
sich korrekter und gehobener ausdrücken zu müssen, gelingt auch ihnen dies
– welch ein Trost für uns – nicht immer ohne Mühe. Der Präsident wählt für
seine Regierungserklärung den Mittelweg: Die ersten fünf Sätze ertönen in der
Schriftsprache, die weiteren 500 in der Mundart.

*Ägyptischer
Dialekt und
Hochspra-
che sind
zweierlei.*

Seit 1900 fanden regelrechte Literatenkämpfe statt, beispielsweise um den Gebrauch des Dialekts im Drama. Der Nobelpreisträger Nagib Mahfuz (1911–2006)
übersprang die Barriere der Hoch- und Literatursprache und ließ seine Roman-
figuren sprechen, wie ihnen der Schnabel gewachsen war. Deshalb eroberte er
auch die Herzen von Halb- und Analphabeten. Mahfuz? Seine Romane? Sein
Werk? Wen immer Sie auf der Straße fragen, jeder erkennt sich wieder in den Geschichten der Geknechteten in engen Gassen und ausweglosen Situationen. Und

*Nagib
Mahfuz*

es schmälert keineswegs seinen Ruhm, dass mehrere seiner Bücher als »unisla-misch« auf dem Index stehen. Posthum ehren ihn sogar die Fundamentalisten. Der ägyptische Dialekt, verbreitet durch die blühende ägyptische Filmindustrie, wird in anderen arabischen Ländern gut verstanden. Seit einem Jahrzehnt je-doch verschwindet unter dem massiven Gegendruck der Fernsehsendungen aus Saudi-Arabien, Qatar und Libanon und immer zahlreicherer Koranlesungen im Radio der Dialekt langsam aus den Städten.

Fremder, benimm dich!

»Wenn du den Pfeil der Wahrheit abschießt,
tauche zuvor seine Spitze in Honig.«
Arabisches Sprichwort

Höflichkeit

Höflichkeit, Erziehung, aber auch Bildung und Dichtung vereint die arabische Wortwurzel ʾadab in sich. ʾAdab (ادب), ein alter, sehr hoch stehender Wert aus der Beduinenwelt, hat sich ins Industriezeitalter hinübergerettet.
Offenbar muss man es Fremden erst beibringen: In Ägypten ist Höflichkeit an-gesagt. Andernfalls gäbe es wohl kaum die Redensart: »Fremder, sei höflich!« *(Ġarīb, kun ʾadīb* غريب كون أديب). Höflichkeit drückt sich aus in Respekt, zum Beispiel vor Höherrangigen oder Älteren und in der Achtung der Frau gegenüber dem Mann. Frauen erheben sich bei der Begrüßungsrunde. Respektspersonen lässt man den Vortritt. Wenn sie den Raum betreten, erhebt man sich und senkt die Stimme. In der Anrede muss deutlich werden, dass der Sprecher sich des Ranggefälles bewusst ist. Einwände müssen vorsichtig formuliert werden, lauter Widerspruch verbietet sich von selbst.

Ein Morgen mit dem Duft des Jasmin

Wenngleich die Formeln der Höflichkeit oft zum Ritual erstarren, so findet doch der Gärtner allmorgendlich Gefallen daran, immer neue graziöse Varianten zu erfinden, sobald der *Ful*-Verkäufer um die Ecke biegt. »Einen guten Morgen«, wünscht der eine zunächst. Darauf: »Einen Morgen voller Licht!« Dann: »Einen Morgen mit dem Duft des Jasmin!« Weiter: »Rosen soll er bringen!« Schließ-lich: »Reichtum und Wohlstand dazu!«.

»Wenn du redest, so muss deine Rede besser als dein Schweigen sein.«
Arabisches Sprichwort

Friede sei mit euch!

Andere Formulierungen dagegen dulden keine Abwandlungen, so etwa das ko-ranische »*ʾAs salāmu ʿalaykum*« (السلام عليكم). Die Überlieferung ergänzt, der Prophet habe versprochen, Allah rechne dem, der »Friede sei mit euch« sage, zehn gute Taten an. Wer hinzufüge »und Gottes Erbarmen« *(wa raḥmatu ʾllah* و رحمة الله), dem vergüte er 20 gute Taten, und gar 30, wenn er mit »und sei-ne Segnungen« *(wa barakātuh* وبركاته) den Gruß beschließe. Dieser Wunsch kann, genau genommen, nur unter Gläubigen ausgetauscht werden.

Bedienen Sie sich!

»Ich lade Sie in mein Haus ein! Sie müssen mich unbedingt besuchen!« Blumige Schwüre schon nach zweistündiger Bekanntschaft verpflichten zu gar nichts, wenn sie nicht von genauen Angaben begleitet waren. *Vorsicht Fettnäpfchen*

Nun aber sind Sie wirklich eingeladen und bewundern, womöglich aus reiner Höflichkeit, eine Vase im Hause Ihres Gastgebers, woraufhin dieser Ihnen das edle Stück mit großartiger Geste und den Worten »Sie gehört Ihnen!« in den Arm drückt. Sie lehnen leicht verwirrt ab: »Aber nein, das kann ich nicht annehmen!« Handeln Sie so, bleibt es dabei: Sie werden das Haus nicht ohne die Vase verlassen. Ihr Gastgeber aber murmelt verbittert in seinen Bart: »Unverschämter!« und Sie müssen überlegen, wen Sie mit dem unerwarteten Geschenk nun beglücken können.

Hier haben sich zwei gleichermaßen, doch in unterschiedlicher Weise höfliche Menschen missverstanden. Wie hätten Sie sich – vorausgesetzt, Sie wollen nicht zielstrebig schnorren – verhalten sollen? Ihre Bewunderung für etwas sollte maßvoll und allgemein ausfallen. Ein einfaches Nein gilt nicht als Nein, sondern als Ja. Also: auf das Angebot »Bedienen Sie sich!« *(ʾItfaḍḍal!* تفـضـّل*)* hin stellen Sie die Vase wieder an ihren Platz und entgegnen freundlich lächelnd: »Vielen Dank!«

Gott sei dank!

»Gott sei Dank« *(ʾAl ḥamdu lī ʾllah!* الحمد لله*)*, hören wir ständig und meistens ernst gemeint. Nie würde es einem Ägypter einfallen, auf die Allerweltsstandardfrage »Wie geht's?« mit einem langen Gesicht und »Miserabel« zu antworten. Wer Kummer und Sorgen oder eine schlimme Krankheit erträgt, gesteht dies erst im Laufe der Unterhaltung ein, nie am Anfang des Gesprächs. Gott sei Dank, *ʾal ḥamdu lī ʾllah,* auch wenn der Bankrott droht, der Bruder soeben beerdigt wurde oder die Verlobte gestern ihre Morgengabe zurückgeschickt hat. Gott sei Dank, der weiß, warum das Leben so verläuft und nicht anders. Klagen ist nicht schicklich, schließlich käme es einer Auflehnung gegen Allahs Willen gleich. *Zu allen Gelegenheiten*

Gott wird auch zitiert, sobald es um die Zukunft geht: »Wenn Gott will« *(ʾin šaʾ ʾAllah* ان شاء الله*)*. Und dies macht sich so manches Schlitzohr zunutze. Morgen früh kommt der nette junge Mann vorbei, um Sie pünktlich zum Flugplatz zu bringen, *ʾin šaʾ ʾAllah.* Die Lieferung Mais aus Staatsbeständen erreicht nächste Woche die neu eingerichtete Hühnerfarm, *ʾin šaʾ ʾAllah.* Doch wer – Gott ist fern – bürgt dafür, dass der nette junge Mann nicht ausgerechnet morgen früh einen platten Reifen reparieren muss? Wer kann wissen, ob die Maislieferung nicht im Zoll verfault? Mögen Ihnen keine Magengeschwüre erwachsen, *ʾin šaʾ ʾAllah!* *Wenn Gott will!*

Nicht Bequemlichkeit, sondern das Gebot der 18. Sure motiviert zu dieser vorsichtigen Formulierung: »Und sage ja nicht im Hinblick auf etwas: ›Ich will dies morgen tun‹ ohne ›Wenn Gott will!‹ … und sage: ›Vielleicht wird mein Herr zu etwas leiten, was eher richtig ist als das, was ich vorhatte!‹«

Sag niemals nie!

Die Kunst der Beschönigung

ʾ*Adab,* Schönfärberei, ist Wortkunst, die Fertigkeit, seinen Partner aufs Angenehmste und Feinste zu unterrichten. Da die Welt jedoch nicht immer angenehme und feine Dinge hervorbringt, blüht die Kunst der Beschönigung, der Ausreden und der Umschweife im Umgang der Menschen miteinander.

Brüskieren Sie also den liebenswürdigen Kellner nicht, wenn er Sie inständig bittet, seinem Vetter ein Visum und eine Arbeitsstelle in München zu beschaffen. Erwidern Sie einfach: »Wir wollen sehen, was sich machen lässt.« Damit haben Sie höflich und überdeutlich »nein« gesagt.

*Mumkin (*ممكن*),* »möglicherweise«, als Antwort auf eine konkrete Frage lässt besorgt aufhorchen: Die Schneiderin hat die Bluse also doch nicht zugeschnitten, die Sie morgen Abend anziehen wollten?

Wer seine Schulden heute nicht bezahlen kann, bemüht sich, die Peinlichkeit *bukra (*بكره*)* zu erledigen. Unangenehme Neuigkeiten rückt man erst auf wiederholtes Nachfragen heraus. Die Auskunft »alles in Ordnung« *(kullu tamām* كل تمام*)* nimmt niemand für bare Münze.

Wenn der besorgte Familienvater allabendlich von seinem Arbeitsplatz im Ausland zu Hause anruft, dann beginnt nach den üblichen *ḥamdu li ʿllah* und *kullu tamām* die Erforschung der wahren Sachverhalte: Hat der Kleine wirklich kein Fieber? Ist die streitsüchtige Nachbarin tatsächlich verreist? Hat der Bruder das Auto nicht zu Schrott gefahren? Oft stellt sich die Schönfärberei selbst ein Bein. Da keiner an sie glaubt, nimmt jeder zunächst das Schlimmste an.

Schlechte Nachrichten sollen, wenn möglich, schonend und nicht am Abend überbracht werden. Und der bedauernswerte Empfänger möchte keinesfalls allein gelassen, sondern von vielen lieben Mitmenschen getröstet werden.

Freundlichkeit kostet keinen Piaster

> *»Ein Narr trägt sein Herz auf der Zunge,*
> *ein Weiser seinen Mund im Herzen.«*
> Arabisches Sprichwort

Deutschen geht der Ruf voraus, zu direkt, steif, kalt und trocken zu kommunizieren. »Die Deutschen verwechseln Liebenswürdigkeit mit Lüge, und wir fühlen uns vor den Kopf gestoßen«, klagt eine vielgereiste Betriebswirtin. Freundlichkeit kostet keinen Piaster. Gehen Sie mit Wärme auf andere zu, auch wenn Sie einmal Nein sagen müssen. »Wir sehen keinen Widerspruch zwischen verbindlichen Umgangsformen und knallharten Geschäften«, betont eine Ministerialbeamtin.

Heute schon gelobt?

Ein Autoaufkleber auf deutschen Heckscheiben in den 1970er Jahren fragte: »Haben Sie Ihr Kind heute schon gelobt?« Ach ja, es fällt uns so schwer, bei Komplimenten dick aufzutragen. Geben wir uns einen Stoß! Bewundern wir einfach mal unsere Partner so richtig herzhaft! Sie brauchen übrigens weder die

Schauspielschule zu besuchen, noch zu heucheln. Wenn Ihnen spontan nichts einfällt, überlegen Sie zu Hause, bevor Sie Ihre wichtige Kontaktperson treffen: Was bewundere ich ehrlich an ihr? Was unterscheidet sie positiv von anderen? Wann hat sie mir eine Freude bereitet, und welche? Irgendetwas steigt auf jeden Fall aus Ihren grauen Zellen auf. Solchermaßen gewappnet treffen Sie Ihr Gegenüber und lassen Sie allen Honig aus den Waben fließen, der Ihre Beziehung sogleich auf eine neue Stufe hebt und alle künftigen Interaktionen erleichtert. Na, wie fühlen Sie sich? Hervorragend, genau wie Ihr ägyptischer Partner!

Hand aufs Herz – beredte Zeichen

Mit der rechten (!) Hand auf dem Herzen grüßen Sie besonders respektvoll. Denn erst durch den Einklang von Mimik, Gesten und Umgangsformen entsteht gegenseitiges Verstehen. Während Ihr Mund artige Höflichkeiten sprudelt, können Ihr weit abgerückter Sessel und Ihre fest verschränkten Arme Hochmut und Ihre hochgestellten, dem Partner zugewandten Schuhsohlen Ablehnung ausdrücken. *(Einklang von Mimik und Gestik)*

Zu einem angenehmen Gesprächsklima gehören in Ägypten körperliche Nähe – nur bei gleichem Geschlecht! – einschließlich Bruderkuss und Schulterklopfen. Schon bei der Begrüßung beginnt die Herzlichkeit: Zwei alte Bekannte, die sich auf der Straße treffen, weichen ein wenig zurück, schwingen die Arme, schlagen die Hände zusammen, drücken und schütteln sich, als ginge es um eine Kraftprobe. Frauen, die einander zum ersten Mal begegnen, geben sich nur die Hand, spätestens beim zweiten Mal tauschen sie Wangenküsschen aus, erst rechts, dann links. *(Dramatik der Herzlichkeit)*

Während der Camp-David-Verhandlungen umrundete 1978 ein Foto die Welt: Präsident Sadat im vertraulichen Gespräch mit Präsident Carter. Sadat legte dabei eine Hand auf Carters Knie, die andere auf Carters Schulter. Wer hätte sonst geglaubt, dass sich die beiden gut verstehen?! Amerikaner fanden die Szene komisch, Ägyptern fiel nichts Merkwürdiges auf. Hingegen missfiel ihnen sehr wohl, dass Carter vor der Fernsehkamera Sadats Frau Gehan küsste. Mit der offensiven Schuhsohle seines übergeschlagenen rechten Beins beleidigte Carter alle Zeitungsbetrachter, die ihre Vorurteile über ungehobelte Amerikaner wieder einmal bestätigt sahen. Ebenso erregte Anstoß, als Bundeskanzler Kohl vier Jahre später Suzanne Mubaraks Hand ergriff und einen Handkuss andeutete. Auch wenn Angela Merkel sich bei Berliner Pressekonferenzen kumpelig an Kollege Mubarak lehnt, schmeckt das dem ägyptischen Publikum keineswegs. Körperkontakt also nur zwischen Mann und Mann oder unter Frauen! *(Fußsohle beleidigt Gefühle)*

Spielen mit den Fingerspitzen ist eine derbe Beleidigung. Im Sitzen sollten Sie sich nicht zu weit zurücklehnen, die Beine nebeneinander stellen, den Oberkörper leicht nach vorne neigen, die Arme auch im unbequemsten Stuhl nicht aufstützen. Das in Amerika übliche grinsende Zähneblecken brauchen Sie nicht nachahmen. Es reicht auch, wenn Sie ganz natürlich lächeln. Beim Lachen brüllend den Rachen aufzureißen und das Gaumenzäpfchen zu zeigen, gilt als unkultiviert. *(Ordentlich sitzen und natürlich lächeln!)*

Glaubwür-
dig bleiben!

Wichtig ist, dass Sie glaubwürdig bleiben, dass Ihre Worte und Gesten übereinstimmen, sonst erwecken Sie Misstrauen. Am besten beobachten Sie eine Weile ganz
aufmerksam, wie welche Menschen sich aufeinander zubewegen, sich berühren,
sich grüßen und verabschieden. Jedes Volk veranstaltet sein ganz eigenes Ballett.

Trillern

Ein hohes, schrilles Freudentrillern *('Az zaġarīd* الزغريد*)* werden Sie bei Hochzeiten und anderen Jubelfeiern hören. Um die aufgeregte Zunge nicht entblößt
zur Schau zu stellen, bedecken die Frauen den Mund mit der Hand.

Volkssport
Finger-
knacken

Bei soviel Regeln muss die aufgestaute Aggression sich einen Weg bahnen. Sie
findet im Volkssport »Fingerknacken« bei Mann und Frau ein Ventil. Da sitzt
sie, die arme 25jährige mit fünf Kindern, von der Schwiegermutter ausgenutzt,
vom Ehemann vernachlässigt, bleich und entschlossen vor dem Dorfpolizisten
und bittet zum neunten Male um die beantragte Genehmigung. Ihre Hände auf
dem Tisch gefaltet, zieht und dehnt sie jeden einzelnen Finger aus den Gelen-
ken: knack, knack, knack … Für den Polizisten kein Druckmittel, für die Bitt-
stellerin eine Erleichterung.

Wollte der Polizist sie auf die rüdeste Weise abfertigen, so zöge er den linken
Mundwinkel hoch, schnalzte mit der Zunge und äußerte mit dieser Mimik unmissverständlich: Nein, vergiss es!

Der Frieden kommt durch Verständigung, nicht durch Vereinbarung.
Arabisches Sprichwort

Kulturspiel

Im Ohrsessel gemütlich lesen und verstehen ist eine Sache – sich in ungewohnten Situationen vor Ort spontan richtig zu verhalten eine andere. Auf den folgenden Seiten können Sie deshalb Ihr kulturelles Verständnis schon einmal testen.

▶ Versuchen Sie die Situation zu erfassen und entscheiden Sie sich für die Lösung, die Sie intuitiv für richtig halten. Im Kommentar verraten wir Ihnen, welches Verhalten angemessen ist und warum man andere Reaktionen besser vermeidet.

Küchennotstand
Wie verhalten Sie sich?

Aufdringliche Freier
Was tun?

Misshandeltes Auto
Wie gehen Sie vor?

Mutige Touristin
Wie bereiten Sie sich vor?

Bärenhunger
Machen Sie das Spiel mit?

In flagranti
Wie reagieren Sie?

Situation I

Küchennotstand

Sie leben seit geraumer Zeit in Kairo und haben einen ägyptischen Geschäftspartner für 14 Uhr zum Essen nach Hause eingeladen. Gegen 12:30 Uhr vermeldet Ihre Frau verzweifelt am Telefon, sie sei soeben erst heimgekehrt und habe eine Küche ohne Koch und ohne Einkäufe vorgefunden. Selbst mit Zauberei könne sie kein Mittagsmenü mehr auf den Tisch bringen. **Wie verhalten Sie sich?**

a) Sie bestellen Essen in einem Lokal, das auf solche Blitzanrufe eingerichtet ist, und lassen es sich ins Haus bringen.

b) Sie rufen Ihren Gast an, erfinden eine glaubwürdige Ausrede und verabreden einen neuen Termin, an dem Sie dann – ʾin šaʾ ʾAllah – mit einem Prachtmahl aufwarten werden.

c) Sie erzählen Ihrem Gast von Ihrem Missgeschick und führen ihn in ein Restaurant, wo Sie ihn mit üppigen Speisen und Getränken verwöhnen.

Kommentar

Vorweg sei gesagt, dass eine ägyptische Hausfrau – Koch hin oder her – unter allen Umständen ein Mittagessen herbeizuzaubern hätte. Müsste ein Gast eine Stunde länger auf das Mahl warten, könnte er sich die Zeit mit einem Getränk, Salaten und Brot vertreiben. Als Ausländer sollten Sie jedoch entweder Lösung a) oder notfalls auch b) wählen, nicht aber Lösung c). Wenn Sie einen ägyptischen Gast nach einer ausdrücklichen Einladung ins eigene Heim – wie charmant Ihre Entschuldigung auch klingen mag – plötzlich wieder aus Ihrem Hause ausladen, wird er sich vor den Kopf gestoßen fühlen und rätseln, ob Sie ihm nicht mehr trauen, er Ihnen als Gast nicht fein genug ist oder er sich falsch verhalten haben könnte.

Aufdringliche Freier

Der Bus quillt über. Sie, eine Europäerin, werden von zwei Herren der Schöpfung aufdringlich eng in die Mitte genommen. Während Sie von beiden Seiten mit einem Wortschwall zweideutiger Komplimente überschüttet werden, hegen Sie nur noch einen Wunsch: Nichts wie weg! Sie wissen jedoch, dass Sie sich im Gedränge weder vorwärts noch rückwärts bewegen können und die nächste Haltestelle erst in einigen Minuten erreicht sein wird. **Was tun?**

a) Sie vermeiden jedes Aufsehen, schweigen tapfer und harren bis zur nächsten Haltestelle aus.
b) Sie lachen und klopfen den beiden kräftig auf die Finger.
c) Sie äußern in scharfem Ton, die Herren mögen sich gefälligst anständig benehmen.

Kommentar

Ganz sicher falsch wäre b). Ihre Reaktion würde geradezu als Ermutigung aufgefasst, und Sie würden die aufdringlichen Freier überhaupt nicht mehr los. Ob Sie Lösung a) oder c) wählen, hängt auch vom Publikum ab, das Sie umgibt. Fahren in dem Bus mehrheitlich Beamte, Angestellte, Fahrgäste, die der Auffassung sind, Ausländer müssten zuvorkommend behandelt werden, dann könnten Sie es mit Lösung c) versuchen. Befinden sich im Bus aber Menschen, die sich in Kleidung und Aufmachung stark von Ihnen unterscheiden, so kommt nur Lösung a) in Frage. Denn schlimmstenfalls drehen die Anmacher den Spieß um und behaupten, Sie seien diejenige, die sich an ägyptischen Männern vergreift …

Situation 3

Misshandeltes Auto

Seit einigen Tagen treibt sich ein einfacher Ägypter unablässig vor Ihrem Haus herum. Mit großer Erfindungskunst bemüht er sich, Ihnen irgendeine Aufmerksamkeit aufzuzwingen. Heute nun »reinigt« er die eigentlich saubere Windschutzscheibe Ihres Autos mit einem leider sandigen Lappen. Sie müssen etwas unternehmen. **Wie gehen Sie vor?**

a) Sie lassen ihn Ihre Tasche tragen und drücken ihm einige nicht allzu hochwertige Münzen in die Hand.

b) Sie sagen ihm laut und unmissverständlich, dass Sie seine Dienste nicht wünschen.

c) Sie zücken einen Geldschein, denn Bakschisch ist aus Ägypten nicht wegzudenken, und hoffen, dass der Mann endlich aufhört, Ihren Wagen zu misshandeln.

Kommentar

Sehen Sie sich in der Lage, einen weiteren Menschen mit einer Dienstleistung zu beschäftigen und dafür zu bezahlen, dann wählen Sie Lösung a). Brauchen Sie aber niemanden mehr in Ihrem ägyptischen Hofstaat, dann wählen Sie Lösung b) und geben dem Mann an einem der nächsten (!) Tage ein Almosen. Bei Lösung c) stehen Ihre Aussichten auf klare Sicht denkbar schlecht und Ihre nächste Autofahrt könnte ein bitteres Ende nehmen.

Mutige Touristin

Ein freier Nachmittag in Kairo. Sie sind eine weltoffene Frau, neugierig, des Arabischen nicht mächtig, haben viel gehört von Überfällen und Übergriffen und möchten dennoch gerne durch Kairos Altstadt streifen. **Wie bereiten Sie sich vor?**

a) Sie verschieben das Vorhaben vernünftigerweise bis sich jemand findet, der Sie begleitet, und unternehmen so lange etwas anderes.

b) Sie verstecken auch noch das letzte blonde Haar unter einem Kopftuch, ziehen ein bodenlanges, hochgeschlossenes Kleid an und packen eine Sprayflasche mit Tränengas in Ihre Handtasche.

c) Sie kleiden sich bedeckt, aber städtisch-elegant, schlingen ein modisches Tuch um den Kopf und steuern ein bestimmtes Ziel an, das Sie vorher auf der Karte erkundet haben.

Kommentar

Wenn Sie der Mut verlässt und Sie sich fürchten, wählen Sie Lösung a) oder bleiben Sie zumindest in Sichtweite des Hotels. Andernfalls entscheiden Sie sich für Lösung c), denn mehr als eine orientalische Verkleidung wie in Lösung b) bewirken Gang und Blick. Eine Frau, die zielstrebig und selbstsicher vorangeht, wird weitaus seltener belästigt als eine, die ziellos schlendert oder ratlos suchend umherblickt.

Situation 5

Bärenhunger

Trotz Ramadan beobachten Sie, dass der eine oder andere ägyptische Mitarbeiter Ihrer Firma doch heimlich Nahrung zu sich nimmt. Sie selbst überfällt gegen elf Uhr ein Bärenhunger. Leider fällt die ansonsten so gemütliche Tee- und Sandwich-Pause wegen des angeblichen Fastens aus. **Machen Sie das Spiel mit?**

a) Sie sind, wie jeder weiß, kein Muslim. Also packen Sie Ihr Käsebrot aus und essen.

b) Sie bieten den Kollegen auch etwas an und sagen augenzwinkernd: »Habt euch nicht so. Ich weiß Bescheid!«

c) Sie suchen einen anderen Raum auf, um dort in aller Ruhe und unbeobachtet zu frühstücken.

Kommentar

Nur in den seltensten Fällen werden Sie auf Lösung c) zurückgreifen können. In Ägypten gibt es immer mehr Leute als Räume! Sie finden wahrscheinlich kein ungestörtes Plätzchen. Mit Lösung b) verscherzen Sie sich ein für alle Male sämtliche Sympathien, weil Sie die Kollegen voreinander bloßstellen. Sollte Ihr Hunger Sie allzu sehr quälen, dann wählen Sie in der Not Lösung a). Keiner will schließlich, dass Sie verhungern.

In flagranti

Ihr ägyptischer Geschäftspartner lässt sich einen Bart stehen, seine Frau zeigt sich stets nur tief verschleiert. Eines Abends jedoch, Sie trauen Ihren Augen kaum, treffen Sie ihn in einer Hotelbar mit offenherziger Begleitung und einem Glas in der Hand, in dem Eiswürfel in einer blassgelben Flüssigkeit schwimmen. Da Sie wissen, dass die Bar keinen Zitronentee ausschenkt, sind Sie leicht irritiert. **Wie reagieren Sie?**

a) Sie machen auf dem Absatz kehrt und geben vor, ihn nicht gesehen zu haben.
b) Sie grüßen höflich und begeben sich lässig an einen anderen Tisch, als stünde sein Betragen nicht im geringsten Widerspruch zu seinen üblichen Moralpredigten.
c) Sie drohen scherzend mit dem Finger und setzen sich zu ihm an die Bar – ein heiteres »Na, Sie sind mir ja ein Schlawiner!« auf den Lippen.

Kommentar

Ob Sie Lösung a) oder Lösung b) wählen, hängt davon ab, ob Sie eines Tages auf die Gnade dieses nicht sehr charakterfesten Individuums angewiesen sein könnten. Falls ja, ist zu Lösung a) zu raten, denn oft brüten in flagranti Ertappte nach ihrer Entlarvung Rachepläne aus. Mit Lösung b) zeigen Sie Souveränität und Selbstbewusstsein. Lösung c) allerdings ist indiskutabel. Übrigens nicht nur in Ägypten.

Literaturtipps

Al Aswani, Alaa: *Der Jakubijan-Bau.* Basel 2007.

Al Shamy, Hasan (Hrsg.): *Folktales of Egypt.* Chicago 1980.

Al Saadawi, Nawal: *Eine Frau auf der Suche.* München 2004.

Al Tahawi, Miral: *Die blaue Aubergine.* Zürich 2003.

Amin, Galal: *Whatever Happened to the Egyptians? Changes in Egyptian Society from 1950 to the Present.* Kairo 2001.

Amin, Galal: *Whatever Else Happened to the Egyptians? From the Revolution to the Age of Globalization.* Kairo 2004.

Atia, Tarek & Sonbol, Sherif: *Mulid! Carnivals of Faith.* Kairo 1999.

Basan, Ghillie & Basan, Jonathan: *Die orientalische Küche.* München 2001.

Ben Jalloun, Taha: *Papa, was ist der Islam? Gespräch mit meinen Kindern.* Berlin 2002.

Ben Jalloun, Taha: *Papa, was ist ein Fremder? Gespräch mit meiner Tochter.* Berlin 1997.

Ben Jalloun, Taha: *Papa, woher kommt der Hass? Gespräch mit meiner Tochter.* Berlin 2005.

Härtel, Susanne (Hrsg.): *Mit Jeans und Schleier. Geschichten von muslimischen Frauen.* München 1994.

Hussein, Taha: *The Days: His Autobiography in Three Parts.* Kairo 1997.

Gosh, Amitav: *In an Antique Land.* Kairo 1994.

Ibrahim, Sonallah: *Der Prüfungsausschuss.* Basel 1987.

Kamil, Jill: *Coptic Egypt: History and Guide.* Kairo 1990.

Lane, Edward: *An Account of Manners and Customs of the Modern Egytians.* Kairo 2003.

Mahfouz, Naguib: *Die Midaq-Gasse.* Zürich 1991.

Mahfouz, Naguib: *Das Hausboot am Nil.* Berlin 1993.

Mahfouz, Naguib: *Echnaton. Der in der Wahrheit lebt.* Zürich 2001.

Mahfouz, Naguib: *Ein ehrenwerter Herr.* Zürich 2004.

Maxwell, Virginia, Fitzpatrick, Mary & Jenkins, Siona: *Ägypten.* Hamburg 2006

Paret, Rudi: *Der Koran.* Stuttgart 2004.

Rauch, Michael: *Ägypten.* München 1997.

Rifaat, Alifa: *Die zweite Nacht nach tausend Nächten.* Berlin 1991.

Rifaat, Alifa: *Zeit der Jasminblüte.* Zürich 1997.

Rugh, Andrea: *Family in Contemporary Egypt.* Kairo 1985.

Schimmel, Annemarie: *Weisheit des Islam.* Stuttgart 2003.

Semsek, Hans-Günter: *Ägyptisch-Arabisch Wort für Wort.* Bielefeld 2006.

Tomek, Jiri (Hrsg.): *Ägyptische Märchen.* Hanau 1987.

Utvik, Bjørn Olav: *The Pious Road to Development.* London 2006.

Zaki, Moheb: *Egyptian Business Elites.* Kairo 1999.

Register

Jungfräulichkeit 162
Justiz 40

K

Kaffee 73, 97, 98, 131, 137, 146, 147, 163, 201
Kahal 129, 158
Kalender 43, 59, 192, 196, 197
Kamele 16, 25, 39, 40, 63, 64, 88, 101, 112, 113, 169, 189
Kapital 40, 97
Karawanen 41
Karikaturenstreit 49
Katharinenkloster 42, 105, 109, 111
Kino 37, 79, 86, 170, 201
Kopftuch 52, 81, 150–155, 159
Kopten 42–44, 47, 79, 141, 144, 161, 182, 194–197
Korallenparadies 25
Koran 20, 25, 38, 47, 48, 54, 56–58, 61–64, 95, 120, 124, 146, 147, 151, 159, 164, 166, 167, 178, 181, 186, 196, 197, 202–204
Körperkontakt 208
Körperpflege 129
Körpersprache 95
Korruption 76, 78, 93
Krankenhaus 72, 88, 125, 138
Krankenversicherung 167
Krankheiten 21, 59, 87, 107, 157, 196, 197, 205
Kriege 18, 19, 44, 52, 54, 58, 73, 114, 115
Kritik 10, 28, 144, 171, 175
Küche 44, 71, 89, 91, 121, 125, 126, 140, 141, 201
Kühlschrank 30, 86, 91, 126
Kulturschock 15, 16, 18

L

Lehmarchitektur 122
Libanon 19, 56, 204
Libyen 41, 53

Liebe 11, 67, 82, 138, 143, 146, 162, 166, 167, 177–189
Lob 28, 32, 129, 144, 146, 147, 183, 194, 198

M

Mahfuz, Naguib 47, 79
Maschrabeen 121–123
Maulid 58
Medien 13, 22, 48, 49, 77
Mehrehen 184
Menschenrechte 39, 55, 76, 77, 180
Metro 102–104, 169
Militär 20, 26, 27, 29, 30, 35, 39, 41, 100, 109, 111, 113, 114
Mimik 207, 208
Minderheiten 35, 43, 44, 58, 60
Mohammed 27, 37, 43, 45, 48, 50, 51, 54, 56, 58, 64, 78, 86, 111–113, 166, 167, 177–179, 192, 198, 202
Mohammed Ali 27, 112, 113
Monatsgehalt 91, 199
Moral 76, 78, 91, 121, 161
Moschee 14, 21, 29, 30, 47, 52, 58–60, 71, 82, 88, 119, 123, 125, 154, 159, 164, 165, 172, 173, 194–197
Mubarak, Hosni 21, 35, 73, 143, 208
Müll 28, 44, 81, 91, 123, 125, 128
Muslimbrüder 75, 79, 155
Muslime 43, 47, 50, 54, 56, 57, 60, 73, 75, 79, 102, 103, 129, 144, 146, 147, 155, 157, 166, 167, 177, 183, 194, 195

N

Napoleon 27
Nasr, Gamal Abd an 35, 150
Naturschutzgebiete 111
Nil 10, 13, 14, 17, 20, 23, 32, 37, 47, 68, 78, 84, 106, 114, 117, 177, 203
Nilfahrt 107
Niqab 153
Nomaden 30, 39, 199

Das Buch-&-Welt-Team dankt
Katrin Liska
für unermüdliches Korrekturlesen.

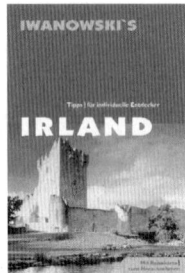